41

DAS ANDERE

A CLÁUSULA
DO PAI

DAS ANDERE

Jonas Hassen Khemiri
A cláusula do pai
Pappaklausulen

© Editora Âyiné, 2022
© Jonas Hassen Khemiri, 2018
Todos os direitos reservados

O custo desta tradução recebeu apoio do Conselho de Artes Sueco,
a editora reconhece com gratidão.

Tradução do sueco: Clarice Goulart
Preparação: Tamara Sender
Revisão: Fernanda Alvares, Luis Eduardo Campagnoli
Projeto gráfico: Luísa Rabello
Produção gráfica: Clarice G Lacerda
ISBN 978-65-5998-035-2

Âyiné

Direção editorial: Pedro Fonseca
Coordenação editorial: Luísa Rabello
Coordenação de comunicação: Clara Dias
Assistente de comunicação: Ana Carolina Romero
Assistente de design: Lila Bittencourt
Conselho editorial: Simone Cristoforetti,
Zuane Fabbris, Lucas Mendes

Praça Carlos Chagas, 49 — 2º andar
30170-140 Belo Horizonte, MG
+55 31 3291-4164
www.ayine.com.br
info@ayine.com.br

Jonas Hassen Khemiri

A CLÁUSULA
DO PAI

TRADUÇÃO
Clarice Goulart

Âyiné

*Selei um pacto com esta noite, há vinte anos a tenho
escutado chamar suavemente por mim.*
Aimé Césaire, *Et les chiens se taisaient*

*Pergunte a uma mãe que acaba de perder um filho: quantos filhos você tem?
«Quatro», ela dirá, «— três», e com o passar dos anos,
«Três», ela dirá, «— quatro».*
Amy Hempel, *The Collected Stories*

I. QUARTA-FEIRA

Um avô que é um pai está de volta ao país que ele nunca deixou. Ele está na fila de imigração. Se a oficial atrás do vidro começar a fazer perguntas desconfiadas, o pai que é um avô se manterá calmo. Ele não a chamará de vaca. Ele não lhe perguntará se ela comprou o uniforme por correspondência. Em vez disso, ele se limitará a sorrir e a mostrar o passaporte, lembrando a oficial de que ele é um cidadão deste país e que nunca esteve fora por mais de seis meses. Por quê? Porque sua família vive aqui. Seus filhos amados. Seus netos adorados. Aquela sua ex-mulher traiçoeira. Ele nunca viajaria mais do que seis meses. Seis meses é o máximo. Na maioria das vezes ele fica fora cinco meses e trinta dias. Às vezes cinco meses e 27 dias.

A fila avança. O avô que é um pai tem dois filhos. Não três. Um filho. Uma filha. Ele ama os dois. Especialmente a filha. As pessoas dizem que se parecem com o pai, mas ele quase não vê semelhança. Eles têm a altura da mãe, a teimosia da mãe, o nariz da mãe. Ambos são pequenas — na verdade grandes — cópias da mãe. Especialmente o filho. O filho é tão parecido com a mãe que o pai que é um avô, às vezes, quase sempre na verdade, sente vontade de dar-lhe umas cabeçadas. Mas ele nunca faz isso. Claro que não. Ele se controla. Ele já viveu tempo suficiente neste país para saber que emoções não são bem-vindas. As emoções devem ser trancafiadas em pequenos compartimentos, de preferência em ordem alfabética, e liberadas somente quando você tiver em mãos a receita detalhada, ou somente quando estiver presente um especialista, ou somente quando um auditor estatal se responsabilizar pelas consequências das emoções.

A fila está parada. Ninguém se irrita. Ninguém levanta a voz. Ninguém empurra. As pessoas apenas reviram os olhos e suspiram. O avô faz o mesmo. Ele se lembra de quando era um pai. Festas de aniversário e férias na praia, treinos de judô e viroses, aulas de piano e formaturas escolares. Ele se lembra do descanso de panela que a sua filha, ou talvez o seu filho, fez na aula de artes, bordado com o texto: *O melhor pai do mundo*. Ele foi um pai maravilhoso. Ele é um avô maravilhoso. Quem diz o contrário é um mentiroso.

Quando o pai que é um avô chega à cabine de controle de imigração, bastam alguns poucos segundos para que a mulher uniformizada do outro lado do vidro encontre o olhar dele, escaneie o passaporte e faça um gesto para que ele siga adiante.

*

Um filho que é um pai vai até o escritório assim que as crianças adormecem. Ele pega a correspondência com uma mão e fecha a porta interna com a outra. Coloca as coisas na geladeira e joga as roupas de ginástica dentro de um dos armários. Antes de pegar o aspirador de pó, ele dá algumas voltas com papel-toalha e uma pá de lixo para limpar os cadáveres das baratas das últimas 24 horas da cozinha, do banheiro e do corredor. Ele troca os lençóis, as toalhas no banheiro e enche a pia de água para que dê tempo de os restos secos de café nas xícaras saírem sozinhos. Ele abre a porta da varanda para ventilar. Enche a lixeira na cozinha de

I. QUARTA-FEIRA

panfletos, kiwis murchos, mexericas duras como bolas de golfe, envelopes rasgados e restos de maçãs amarronzados. Ele olha o relógio e percebe que vai dar tempo de fazer tudo. Não há pressa. Ele passa pano no corredor e na cozinha. Limpa a banheira, a pia e a privada. Quando termina, ele deixa o sabão e a bucha no banheiro. Ele imagina que se o pai vir cada coisa em seu lugar há grande chance de ele não deixar o escritório no mesmo estado da última vez. E da penúltima.

O filho joga as cápsulas de café da máquina de expresso em uma sacola de plástico, a sacola de plástico ele coloca dentro de uma caixa, a caixa ele coloca bem no fundo do armário da despensa. Ele enfia em outra sacola de plástico as velas perfumadas que ganhou de presente de aniversário da irmã e as esconde dentro da caixa de ferramentas. As latas caras de atum e os vidros com pinhões e nozes e sementes de abóbora, ele coloca dentro da caixa vazia de tôner em cima da geladeira. As moedas dentro da tigela em cima da cômoda no corredor, ele enfia no bolso direito de seu jeans. Os óculos escuros, ele coloca na mochila. Ele dá mais uma volta. Ele está pronto. O escritório está pronto para a chegada do pai. Ele olha o relógio. O pai já deveria estar aqui. Ele deve chegar a qualquer momento.

*

Um pai que é um avô está parado na esteira de bagagens. Todas as malas são iguais. Elas são brilhantes como naves espaciais e possuem rodas como skates. É possível ver de longe que são feitas por empresas asiáticas fajutas. Sua mala é sólida. Foi fabricada na Europa. Já dura mais de trinta anos e vai durar pelo menos outros vinte. Ela não tem nenhuma roda que corra o risco de quebrar. Tem adesivos de companhias aéreas que já faliram. Quando ele a retira da esteira, uma jovem com braços de lutadora pergunta se ele precisa de ajuda. Não, obrigado, responde o avô com um sorriso. Ele não precisa de ajuda alguma. Muito menos de pessoas desconhecidas que oferecem ajuda na esperança de ganhar algum trocado em retribuição.

Ele levanta a mala e a coloca no carrinho e se encaminha em direção à saída. O avião teve algum problema técnico. Os passageiros tiveram que embarcar e depois descer e embarcar de novo. Seus filhos devem ter ficado sabendo do atraso pela internet. O filho buscou a irmã em seu carro. Eles seguem sentido norte na rodovia. O filho para no estacionamento temporário extremamente caro e a filha retira do bagageiro o sobretudo elegante do pai. Nesse exato momento eles estão prontos do lado de fora das portas giratórias. A filha com seu sorriso contagiante. O filho com seus fones de ouvido. Eles não precisam de presente algum. É suficiente que eles estejam aqui.

*

Um filho que é um pai tenta fazer alguma coisa enquanto espera a chegada do pai. Depois de ter verificado se não havia nenhum cadáver de barata dentro da chaleira, ele esquenta água para o chá. Liga o computador e analisa o balanço anual das contas do condomínio Utsikten 9. Ele entra no site da Agência Tributária Sueca e solicita uma prorrogação para um jornalista freelance e um restaurador que ainda não lhe trouxeram seus recibos. Ele escreve uma lista de coisas que precisam ser feitas antes da festa de aniversário da filha daqui a dois domingos. Enviar um lembrete aos pais que ainda não confirmaram presença. Preparar as brincadeiras. Comprar balões, pratos de papel, serpentina, canudinho, suco, ingredientes para o bolo. E linha e pregador de roupa para a pescaria. Ele olha pela janela. Não foi nada. Não aconteceu nada. O pai está só um pouco atrasado.

I. QUARTA-FEIRA

Antigamente o filho costumava se encontrar com a irmã no terminal rodoviário quando o pai estava prestes a chegar. Eles se sentavam nos bancos atrás da parede de vidro em frente ao ponto de ônibus, de costas um para o outro, ou com a cabeça no ombro um do outro, ou a cabeça no colo um do outro. Ele olhava o relógio da estação e se perguntava onde o pai tinha ido parar, enquanto a irmã ia à loja de conveniência Pressbyrån e voltava com um *smoothie* de framboesa, um sanduíche e um cappuccino. Ele tirava os fones de ouvido e fazia a irmã escutar as novas canções do Royce da 5'9", Chino XL e Jadakiss. A irmã tirava os fones de ouvido, bocejava e voltava a conversar sobre higiene íntima com alguma aposentada que iria pegar o ônibus noturno para Varberg. O filho que ainda não era um pai se levantava do banco e ia até a parede de vidro. A irmã que ainda não era uma mãe se esticava no banco e, fazendo da bolsa um travesseiro, cochilava. A cada quinze minutos, um novo ônibus chegava do aeroporto. Ainda nenhum sinal do pai. O filho se sentava, se levantava e se sentava de novo. Um mendigo era acordado pelos guardas. Dois motoristas de táxi jogavam jogo da velha ou apostavam em cavalos. Alguns turistas perdidos desciam do ônibus, caminhavam em uma direção e depois voltavam para a direção contrária. Ele olhava para a irmã adormecida. Como ela poderia estar tão tranquila? Não percebia que algo tinha acontecido? Que o pai havia sido preso. Os militares o prenderam enquanto ele estava embarcando no avião, eles pediram para ver o passaporte, eles o acusaram de ser um agente secreto, um contrabandista, um membro da oposição. Nesse exato momento, ele estaria em uma cela fria tentando convencer os militares de que não era parente daquele cara que ateou fogo em si mesmo em protesto contra o regime. Nós somos uma grande família, ele diria. Nosso sobrenome é comum. Não me interesso por política, sou vendedor, e então ele sorriria com seu sorriso irresistível. Se existe alguém que conseguiria se livrar da prisão por meio da lábia, esse alguém era ele. Senta e fica calmo, ela diria ao irmão ao acordar. Respira. Vai dar tudo certo. Noventa minutos, diria o filho enquanto balançava a cabeça. Um pouco estranho, faz uma hora e meia que o avião aterrissou e ele ainda não chegou. Calma, diria a irmã, obrigando-o a sentar no banco. Não tem nada de estranho. Primeiro, ele vai esperar até que todos tenham desembarcado do avião. Depois ele vai pegar os jornais abandonados e as garrafinhas de vinho que não foram abertas. Depois vai ao seu banheiro favorito, vai pegar sua mala e inspecioná-la. E se ele achar o menor dos arranhões, o que sempre acontece, vai entrar na fila de reclamações, não é assim? O filho concordaria. Ele registra a reclamação de que a mala foi danificada, e os funcionários ficam na dúvida se ele está falando sério ou se é piada, já que a mala parece ser do tempo da Segunda Guerra Mundial. Eles dizem que danos de uso não são reembolsados, e ele se irrita e grita que o cliente sempre tem razão. Isso se a mulher atrás do balcão não for jovem e bonita, diria o filho. Exatamente, diria a filha. Aí ele sorri e diz que entende. E depois?, perguntaria o filho sorrindo. Depois ele vai passar pela alfândega, diria a filha. E algum agente alfandegário inexperiente acredita que ele está escondendo algo. Eles o param. Fazem perguntas. Pedem que ele entre na sala ao fundo para mostrar o que tem dentro da mala. E o que eles encontram? Nada. A mala está praticamente vazia. Exceto por algumas camisas. E um pouco de comida. Ele sempre demora esse tempo, diria a irmã. E você sempre fica preocupado à toa.

Eles permanecem sentados em silêncio. Mais um ônibus chega. Quando o ônibus parte, lá está o pai na calçada. Sempre com a mesma roupa. O mesmo blazer desbotado. Os mesmos sapatos desgastados. A mesma mala e o mesmo sorriso e a mesma primeira pergunta: vocês trouxeram meu sobretudo? A filha e o filho saem pelas portas duplas. Eles penduram o casaco nele e

I. QUARTA-FEIRA

o ajudam com a mala. Eles dizem «bem-vindo de volta à casa» e ficam se perguntando se realmente casa seria a palavra certa.

*

Um pai que é um avô sai na área de desembarque. Ele encontra o olhar daqueles que estão esperando. Todos têm o rosto desfocado como criminosos nas câmeras de segurança. Jovens mulheres estão tomando chá em copos para viagem. Homens barbudos vestidos com calças justas conferem seus telefones. Um casal bem-vestido está segurando uma faixa ainda enrolada, enquanto um parente os filma com o braço esticado em ângulo reto como se fosse uma cobra. Vários homens estão segurando buquês de flores e sobretudos pesados. O pai conhece bem esse tipo. Ele já os viu antes. São homens suecos que esperam suas esposas tailandesas. Eles se conhecem pela internet e ficam noivos sem que tenham se encontrado pessoalmente, e agora os homens seguram esses sobretudos para demonstrar que são gentis e impedir que as meninas se choquem com o frio. Mas homens realmente gentis não precisam encomendar esposas-putas do outro lado do planeta, ele observa enquanto caminha em direção à saída. Ele não procura pelos filhos, pois sabe que eles não estão aqui. Mesmo assim, sente que seu olhar está procurando por eles. Os olhos têm esperança.

Ele vê uma família africana grande, os homens parecem traficantes de drogas. Ele vê um jovem paquistanês com uma marca de nascença sob um dos olhos, piscando fortemente como se estivesse nervoso, ou como se tivesse acabado de acordar. Provavelmente gay. Dá para ver pela camisa justa e pelo cachecol felpudo. O avô prossegue, passa pelo café que fica aberto durante a noite, pelos motoristas de táxi com sobrenomes suecos ou nomes de empresas inglesas em suas placas. Passa pela casa de câmbio fechada e pela coluna com grandes adesivos verdes informando que justamente aqui há um desfibrilador. Que merda é um desfibrilador? E, se é tão importante, por que não tem um em todos os aeroportos? Não. É somente aqui, neste país estranho onde os políticos decidiram que uma sala de desembarque só é segura se tiver um desfibrilador.

O avô que não se sente mais como um pai empurra o carrinho em direção ao ponto de ônibus. Ele sai na ventania. Ele foi e voltou deste aeroporto durante toda a sua vida. Sol, chuva, inverno, verão. Não importa. O vento, ao sair do terminal 5, é constante. É como um furacão, independentemente da estação. Ele transforma o cachecol em uma bandeira. Transforma o blazer em saia. É tão forte que as pessoas que esperam pelo ônibus são obrigadas a se proteger entre os pilares de cimento para não precisarem fazer uma demonstração de dança involuntária, dois passos para a direita, um passo para a frente, enquanto o vento ri e assopra com tudo.

Ele franze os olhos em direção ao painel eletrônico. Catorze minutos para o próximo ônibus. Deve ter acabado de sair um. Catorze minutos de inferno. Sua esposa o espia de uma esquina. Catorze minutos!, ela grita com uma voz alegre. Que sorte tremenda, podiam ser 114! Tá frio pra burro, ele resmunga. Rejuvenesce, ela diz. Ninguém veio me buscar, ele diz. Estou aqui, ela diz. Estou doente, ele diz. Mas que sorte no azar que é diabetes e não alguma outra doença crônica, ela diz, diabetes é fácil de tratar, já ouvi falar que há diabéticos que conseguiram parar de tomar insulina adaptando a dieta, e você bem que acha divertido usar seringas e medir o açúcar no sangue, não? Estou ficando cego, ele diz. Mas você está me vendo?, ela pergunta. Estou, ele diz. Que sorte, ela diz e sorri. Seu cabelo curto esvoaça ao vento. Sorte no azar. Era o mantra dela. Independentemente do que acontecia. Quando um colega de classe da filha quebrou o braço, a primeira pergunta da esposa foi: direito ou esquerdo? Esquerdo, disse a filha. Sorte no azar, disse a esposa. Ele é canhoto, disse a filha. Então ele tem a chance de treinar a mão direita, disse a esposa. Sorte no azar.

I. QUARTA-FEIRA

O pai sorri com essa lembrança. O vento se acalma. Tudo fica em silêncio. A esposa se aproxima, acaricia sua têmpora e beija sua bochecha com lábios frios como os botões de um elevador. E por falar nisso... sussurra ela. Esposa? Por que você pensa em mim como sua esposa? Estamos separados há vinte anos. Começa a ventar novamente. Ela desaparece. O corpo dele está fraco. Há algo errado com os olhos dele. Ele apenas quer ir para casa. Ele não tem nenhuma casa. Ele pode pegar um táxi, um trem rápido. Mas ele vai esperar pelo ônibus. Ele sempre espera pelo ônibus.

*

Uma irmã que é uma filha mas que não é mais uma mãe sai do restaurante, faz sinal para um táxi e diz seu endereço. A noite foi boa?, pergunta o taxista. Foi, diz a irmã. Comemoramos o aniversário de uma amiga. Ela fez 38. Trinta e oito *fucking* anos. A irmã suspira. O tempo passa, diz o taxista. E como, ela diz. Você tem filhos?, pergunta o taxista. Trinta e oito, ela repete. Me lembro de quando minha mãe fez 35. Ela tinha todos os documentos organizados em pastas. Tinha aberto sua própria empresa. Ela parecia tão adulta e organizada. Meus amigos trepam e trabalham como *freelancers*. Mas talvez minha mãe também pensasse isso dos amigos dela, quando os comparava aos seus próprios pais, o que você acha? É provável, responde o taxista. Eles ficam em silêncio. Mas a comida estava boa, ela diz. Você já comeu lá? Não, ele diz. As porções são bastante generosas, ela diz. Odeio quando vou a um lugar e pago trezentas coroas num prato principal e mesmo assim saio com fome. Não é irritante isso? Muito, ele diz. A gente quer ficar satisfeito. Exatamente, ela diz. Mas eles tinham problema de ventilação, ela diz. O lugar inteiro fedia a comida. O cheiro era tão forte que fui obrigada a sair para pegar um pouco de ar e não vomitar. O taxista encontra os olhos dela no espelho retrovisor. Ficam em silêncio. Ela pega o celular. A primeira mensagem é de 20h30. O irmão dela escreve que está no escritório à espera do pai. Merda. Era hoje que o papai ia chegar? A próxima mensagem é de 21h15. Ele escreve que o pai ainda não chegou. 21h30. Ele começa a ficar preocupado. 22h15. Ele escreve que o avião se atrasou e que ele vai para casa. Ele pede para ela ligar. Ela olha as horas. São 23h30. Ele deve estar dormindo agora. Amanhã eles se falam. A única coisa que a está irritando agora é que o taxista deve ter tomado um banho de perfume. E a pessoa que se sentou no banco de trás antes dela devia ser um fumante inveterado. O pacote meio aberto de lenços umedecidos no compartimento da porta cheira a damasco artificial, o pacote de *snus* do taxista cheira a musgo. Quando o carro sai do túnel, ela é obrigada a abrir a janela e colocar o nariz para fora. Muito quente?, pergunta o taxista. Um pouco, diz ela. Ele fecha a janela dela e abaixa a temperatura do aquecedor. Ela escuta a própria respiração. A boca se enche de saliva. Aqui está bom, ela diz, assim que o carro sai da rotatória. Ela entrega o cartão de crédito e desce do banco de trás. Ela se agacha perto de um canteiro durante cinco minutos. Depois começa a caminhar para casa. Ela não vomitou. Ela não vai vomitar. Mas há algo errado. Ela se sente como uma super-heroína com um superpoder funcionando pela metade, através do qual ela consegue sentir todo tipo de cheiro a metros de distância e depois se sente muito enjoada por causa deles. O cheiro de cachorro-quente do lado de fora do Seven Eleven. O cocô de cachorro no ponto de ônibus. Um passante cheira a creme facial. A rua cheira a folhas úmidas de outono. Ela vira à direita e se aproxima do portão. Escuta passos atrás de si. Cada vez mais velozes. Talvez não signifiquem nada. Um corredor noturno? Seu vizinho roqueiro que a viu agachada e quer perguntar se ela precisa de ajuda? Ela pega as chaves e se prepara. As chaves se transformam em soco-inglês. O olhar é concentrado. A náusea se foi. Olho, saco. Olho, saco. Tome a iniciativa. Grite.

I. QUARTA-FEIRA

Nunca deixe que o agressor veja o seu medo. Ela cria coragem, se vira e vai direto ao homem que a está seguindo. O que você quer?, ela grita. O homem tira o fone de uma das orelhas. Desculpa? Pare de me seguir, ela diz. Eu moro aqui, ele diz e indica algo. Qual número?, ela pergunta. Vinte e um, ele diz. Não tem nenhum 21, ela diz. Tem sim, ele diz. Eu moro aqui. Qual rua? Ele diz o nome da rua. Ok, ela diz, pode ir. Ele aperta o passo e passa por ela com o olhar assustado e balançando a cabeça. Ele está cheirando a pipoca com manteiga. Ela o segue com o olhar. Quando ele desaparece na esquina, ela se agacha novamente. Que merda de táxi fedorento. Que merda de folhas nojentas. Ela pega o elevador e consegue chegar ao banheiro um pouco antes de vomitar na privada. Amor?, aquele que não é seu namorado sussurra do outro lado da porta do banheiro. Quer que eu faça alguma coisa? Ela não responde. Fica deitada de lado no chão do banheiro até que o mundo tenha se acalmado.

Lá estão os ganchos para as toalhas sem a toalha dele. Tem o copo para as escovas sem a escova de dente dele. Tem a cortina do chuveiro com o papagaio roxo que ela colocou só porque toda vez que ele tomava banho o banheiro ficava tão úmido que parecia uma floresta tropical e o papel higiênico tinha que ser trocado. Como ela podia ficar com raiva por causa de um pouco de água no chão? Lá tem o armário do banheiro onde a prateleira mais baixa era dele porque era lá que ele não precisava subir no banquinho branco para alcançá-la. Na sua prateleira, ele colocou desodorante e barbeadores descartáveis dos quais ele não precisava e uma coleção de cremes hidratantes que ela costumava pegar dos hotéis quando viajava a trabalho e levava para casa. Agora a prateleira de baixo do armário do banheiro está vazia, e quando aquele que acha que é seu namorado colocou seu barbeador elétrico lá sem lhe perguntar, ela reagiu jogando o barbeador no lixo.

Quando ela sai do banheiro, aquele que não é seu namorado está no sofá olhando o celular. Exagerou?, ele pergunta com um sorriso. De jeito nenhum, ela diz. Tomei água com gás a noite toda. Não estava com vontade de tomar vinho. Ele coloca seu telefone de lado. O que foi?, ela pergunta. Por que você está tão preocupado?

*

Um filho que é um pai olha as horas. Quase meia-noite. Sua irmã não liga. Sua namorada enviou uma mensagem uma hora atrás. Ele respondeu que o voo estava atrasado e que ele estava voltando para casa. Ele se preparou para sair. Mas não saiu. Ele não sabe por quê. Ele tenta ligar para o número internacional do pai. Depois o número sueco. Os celulares estão desligados, ou descarregados, ou confiscados. Ele procura pelo barulho da chave na fechadura. Fica se perguntando quando foi que pararam de buscar o pai no terminal rodoviário. Três anos atrás? Cinco? Ele não se lembra exatamente, mas desconfia que tenha sido quando o filho se tornou pai e o pai avô. Foi quando algo aconteceu. Apesar de o filho ainda ser responsável pela parte prática. É ele quem ainda toma conta da conta bancária e da correspondência do pai. É ele quem paga as contas e faz o imposto de renda do pai, desmarca as consultas de rotina e abre as cartas da previdência social. Além de ser ele quem o hospeda. Não importa se o pai fica dez dias ou quatro semanas. Sempre foi assim. E assim sempre será.

O filho vai até a cozinha com a xícara de chá. Quando acende a luz, ele escuta o barulho crepitante das baratas que desaparecem atrás do forno. Com o canto dos olhos ele vê a sombra de duas que desaparecem debaixo do freezer. Na pia, uma barata vermelha cintilante está parada e tenta passar despercebida enquanto as antenas balançam no ar. O filho coloca a xícara de chá em cima do fogão e se estica lentamente para pegar o papel-toalha. Ele molha

I. QUARTA-FEIRA

o papel, mata a barata, depois limpa e joga o papel direto na privada para evitar que mais ovos se espalhem. As duas armadilhas adesivas azuis estão aqui há várias semanas. A última vez que o cara com o spray de veneno esteve aqui foi na quinta-feira passada, quando borrifou novos fios de um creme mortal parecido com pasta de dente entre o forno e a pia e entre a geladeira e o congelador. Mesmo assim, elas continuam aparecendo. Há dois tipos, uma é um pouco mais escura, a outra mais vermelha. Mas, quando comem o veneno e morrem, elas o fazem da mesma maneira. Elas se deitam de costas com as patas dobradas. Suas antenas balançam para a frente e para trás como fios de grama. Elas parecem harmoniosas, no lugar onde estão, já mortas e prontas para serem esmagadas por um pedaço de papel-toalha úmido. Ele sempre usa uma folha de papel-toalha para cada barata. Assim o papel dura mais tempo. Se acontece de pegar duas folhas, ele pega duas baratas, assim é justo com todos e ele não precisa jogar fora um monte de dinheiro comprando papel-toalha o tempo todo. Aquela não era a voz dele. Era a do pai. Uma folha de cada vez, ele costumava gritar do lado de fora quando alguém estava no banheiro. Duas folhas se você for usar água. Eu vou usar água, disse o filho. Então você pode usar duas folhas, disse o pai. O filho pegou duas folhas, umedeceu-as e se limpou. Agora uma folha para conferir se está limpo, instruiu o pai. Use o rolo todo, gritou a mãe, da cozinha. Não ouça o que ela diz, disse o pai. O filho fez como foi mandado. A porra da vida inteira ele fez como foi mandado. Isso vai mudar, ele pensa e pega uma caneta. Ele não escreve que esta será a última vez que o pai ficará aqui. Não escreve que ele quer acabar com a cláusula do pai. Ao contrário, ele escreve: *Bem-vindo, pai. Espero que tenha feito uma boa viagem. Sua correspondência está aqui. Dê notícias assim que puder para que eu não fique preocupado achando que alguma coisa aconteceu.*

O filho apaga as luzes e sai do apartamento. Ele tranca a porta interna, a porta da frente e a chave tetra. Depois confere mais uma vez se trancou a chave tetra. Em seguida ele deixa o escritório e vai para casa. Volta de novo para verificar se não se esqueceu de trancar a chave tetra quando foi conferir se tinha trancado a chave tetra. Ele passa pela praça onde fica o boteco do bairro que está em reforma. Ele passa pelo mercado na esquina administrado pelo gentil mas confuso senhor que costumava dormir no expediente e que agora parecia ter fechado de vez o negócio. Ele passa pelas placas de propaganda acorrentadas da casa de massagem tailandesa Hälsan e o salão de cabeleireiro K&N, o urinol verde em forma de torre e o quadro de avisos com cópias de papel A4 que anunciam cuidadores de cães («Fiel amigo do cão desde 1957!»), show de stand-up feminista, conserto de bicicletas e aulas de zumba. Ele passa pela estação de metrô, pelo café que fechou, pela loja de limpeza a seco que também fechou. Ele estava prestes a acenar em direção ao lugar onde o mendigo sempre se senta, mas está vazio agora, só há algumas cobertas lá, uma tigela vazia e um pedaço de papelão com a foto do mendigo. O filho vira à esquerda na passarela, pega o caminho de cascalho que acabou de ser asfaltado perto do enorme campo de futebol com grama artificial, passa pelos vestiários pintados de vermelho e pelo bosque onde uma árvore que parece ter sido derrubada pelo vento está caída há vários dias sem que alguém a tenha tirado. Ele passa pelas casas, rotatórias, o canteiro de obras. Você se encontrou com ele?, murmurou sua namorada sonolenta quando ele se deitou ao seu lado na cama. Hoje não, ele sussurrou.

II. QUINTA-FEIRA

Um avô que é um pai abandonado está à espera do ônibus do aeroporto que nunca chega. Ele está doente. Ele está morrendo. Ele coloca os pulmões para fora de tanto tossir. Em breve ele estará cego e provavelmente não vai sobreviver a esta noite. A culpa é toda dos seus filhos. Que inferno esta porra de terra com seu outono frio, os preços escandalosos das corridas de táxi e seus canais de televisão deprimentes. Ele se lembra exatamente da grade de programação quando se mudou para cá. Primeiro, a previsão do tempo, em seguida os programas infantis — duas meias de cores diferentes com lantejoulas no lugar dos olhos e mãos de esqueletos conversavam sobre o quanto era importante a luta de classe para conquistar uma sociedade próspera. Depois mais previsão do tempo. Em seguida o *Anslagstavlan*, um programa no qual o governo dava dicas sobre o que fazer em caso de queimaduras em crianças (colocar a criança debaixo do chuveiro, enxaguá-la com a roupa no corpo com água fria, mas não muito fria, por vinte minutos) ou sobre a importância de usar pinos para o gelo ao patinar longas distâncias no gelo, depois o noticiário, em seguida a previsão do tempo, depois o filme da noite, como sempre, 100% das vezes, um documentário sobre poetas latino-americanos ou apicultores ucranianos. Apesar disso, quando não conseguia dormir, ele costumava ficar acordado durante a noite na companhia da televisão. E, apesar de se sentir sozinho, ele não estava sozinho porque ele a tinha. Era por causa dela que ele tinha vindo para cá. Ela o fez largar tudo. Não foi uma escolha livre. O amor é o contrário da livre escolha. O amor é 100% uma não democracia, na qual 99% dos votos vão para o homem de bigode, em divisa, com um passado no exército, cujo retrato é dependurado em toda tabacaria, ao longo de todas as avenidas, em todo salão de cabeleireiro, em todo café, até que a revolução termine, e os velhos retratos sejam jogados fora, pisados, queimados e substituídos por uma foto de outro homem de bigode com um passado militar, e que afirma que o primeiro bigodudo com um passado no exército não era um líder de verdade, era corrupto, e que ele não havia cuidado deste país da forma como merece. O amor é uma ditadura, pensa o pai, e ditaduras são boas porque ele era muito mais feliz quando tinha o mínimo de liberdade, quando tudo o que ele sabia era que ele não podia ficar longe dela. Ela. Sua mulher. Sua ex-mulher. E se há algo que ele aprendeu com o fracasso da revolução foi que existe uma vantagem com um homem forte no comando. O voto das pessoas não tem valor intrínseco. As pessoas comuns são idiotas. São como formigas. Não sabem o que é melhor para elas. Devem ser controladas para que não construam formigueiros por todos os lados e não invadam as casas de verão de desconhecidos. Ele não se recorda de quem disse isso. Talvez ele mesmo tenha inventado. É bem possível, já que ele é 100% mais inteligente do que 100% da população mundial. Ele sabe coisas que pessoas normais não ousam saber. Ele sabe que os chineses em breve vão dominar o mundo. Ele sabe que nove em cada dez pessoas com poder na mídia mundial são judeus. Ele sabe que a CIA está por trás do ataque ao World Trade Center. Ele sabe que a Nasa simulou a chegada à Lua, que o FBI matou Malcolm X,

II. QUINTA-FEIRA

Martin Luther King, JFK, John Lennon e JR Ewing. Ele sabe que os bancos querem que as pessoas paguem com seus cartões para que assim possam nos controlar e saber onde estamos, assim eles ganham controle total sobre cada pequena pessoa e podem passar a nos controlar de cima exatamente como formigas. Mas as pessoas não são formigas. As pessoas são mais inteligentes do que as formigas, maiores que as formigas, nós somos inteligentes, nós temos a linguagem, nós temos duas pernas em vez de seis, nós temos mãos em vez de antenas, nós caminhamos eretos em vez de rastejarmos com a barriga no chão, e esses são somente alguns exemplos de por que nós humanos nunca aceitaremos ser governados por um ditador.

O avô tentou explicar tudo isso para a mulher que teve a sorte de se sentar ao seu lado no avião. Ela ficou impressionada com o conhecimento dele, mas o pobre coitado do cérebro dela teve dificuldade de processar toda aquela informação. Depois da comida, ela começou a bocejar e disse que precisava dormir. Durma sim, disse o avô, que havia tomado duas garrafas pequenas de vinho e escondido a terceira na sua mala de mão. Durma bem. A verdade deve ser digerida em pequenas doses. A mulher colocou seus fones de ouvido e adormeceu imediatamente.

E agora lá está ele na calçada. O vento está soprando obliquamente. Um carro se aproxima. Será que são eles? Não pode ser, pode? Mas não, não são os seus filhos. Seu filho está em casa e está escutando música que não é música. Sua filha está na rua tomando todas. Pensam só neles mesmos. O avô reconhece a mulher no carro. É a mesma que estava sentada ao seu lado no avião. Seus olhares se encontram. Ela diz algo ao homem no volante. Ela diz: para o carro, amor! É aquele senhor interessante com quem tive o privilégio de conversar no avião, aquele com todas aquelas ideias corajosas. Olhe para ele. Está com um ar cansado. Vamos dar carona para ele até a casa dele, assim ele não fica no vento esperando o ônibus do aeroporto. O avô sorri e levanta a mão em direção ao farol do carro. A mulher desvia o olhar. O homem atrás do volante se inclina e encontra o olhar dele, antes de acelerar em direção à estrada.

De alguma forma o pai que é um avô consegue pegar o ônibus até o terminal rodoviário. Usando de sua última força, ele consegue carregar sua bagagem até a linha vermelha do metrô. Quando ele finalmente desce do metrô na estação correta é 1h30 da madrugada. Um garoto barbudo e gentil com fones de ouvido alaranjados e pupilas de dimensões suspeitas o ajuda a subir as escadas com sua bagagem.

O avô caminha pelo percurso arborizado, passa pelo mercado, pelo restaurante local. Ele está na frente da portaria do escritório do filho. Ele não tem forças para subir as escadas com a mala. Ele desiste. Ele colapsa no chão. Ele se levanta e se recompõe. Ele consegue. Ele consegue chegar. Ele abre a porta e sobe lutando com a mala até o primeiro andar. Em seguida ele adormece de roupa no sofá. Ele não tem nem tempo de colocar o celular para carregar. Ele não tem tempo para escovar os dentes. A única coisa que ele tem tempo para fazer é ligar a TV no canal TV4, com o volume alto o suficiente para poder dormir.

*

Um filho que está de licença-paternidade acorda às 3h50 num dia ruim e às 4h30 num dia bom. O filho de um ano costuma acordar primeiro, às vezes é possível fazê-lo ficar tranquilo enchendo o berço de minilivros e bichinhos de pelúcia, mas a maioria das vezes ele perde a paciência depois de quinze minutos e quer sair. Ele se levanta e aponta em direção à porta. Ele grita *muuu*. Ele faz um cocô matinal numa fralda noturna que corre o risco de vazar a qualquer momento. Quando o pai finalmente acende a luz, o filho

II. QUINTA-FEIRA

de um ano começa a rir e tenta sair do berço. A filha de quatro anos acorda por volta das 5h, ela sai do quarto com os olhos semicerrados e o cabelo despenteado. Ela segura a mamadeira, ela continua usando-a, às vezes o pai tenta sugerir que ela use um copo, ou uma xícara de plástico, ou uma garrafa esportiva superlegal. Mas a filha se recusa. Ela quer continuar usando a mamadeira. Deixa ela em paz, diz a mãe. É sua última coisa de bebê. E o pai a deixa ficar com a mamadeira. Mas ao mesmo tempo ele quer que ela pare de usá-la. Ele fala que se ela aos quatro anos ficar desfilando por aí com a mamadeira pode acontecer de os colegas da escola a verem e começarem a zombar dela. Eles podem chamá-la de bebezinha ou boba da mamadeira ou qualquer outra coisa, e é por isso que eu acho que você deve parar de usar a mamadeira. A filha olha para ele e dá de ombros. Não estou nem aí, diz a filha e enfia a mamadeira no cós da calça do pijama como se fosse um revólver. Está vendo, diz a mãe quando ela sai do banheiro com o cabelo molhado e se serve um café direto da cafeteira. A maçã nunca cai longe da árvore, diz o pai. Sob esse aspecto, a porra da maçã caiu bem longe da árvore do pai, diz a namorada dele. Ela ri e o beija rapidamente na bochecha. Eu chego às 5h, ela diz e toma seu café em pé diante da pia. Você nunca na história da humanidade chegou em casa às 5h, ele pensa mas não fala nada. Me manda uma mensagem se quer que eu faça compras, ela diz. Tranquilo, ele diz. Eu compro.

Ela caminha em direção à estação de metrô carregando sua bolsa nova, seu corte de cabelo novo, seu casaco, suas luvas, ela tem um ar muito profissional quando sai para enfrentar o mundo. Ele ao contrário fica em casa em meio ao caos da cozinha. Ele está vestindo um roupão com meleca do filho de um ano grudada no ombro, marcas das mãos de mingau da filha de quatro anos no bolso. O filho de um ano corre pela casa com um carrinho de bebê e ruge de frustração toda vez que ele fica preso em um tapete ou em algum canto da casa. A filha de quatro anos quer companhia enquanto faz cocô, mas ao mesmo tempo não é permitido olhar para ela fazendo cocô, pode ficar perto, mas virado de costas, porque ela tem medo de ficar sozinha no banheiro. O filho de um ano sobe no sofá e tenta derrubar um quadro. A filha de quatro anos quer ler uma historinha, mas a história tem que ser suficientemente assustadora para que o filho de um ano não tenha coragem de escutá-la. O filho de um ano faz cocô de novo, a filha de quatro anos quer ver o cocô. O filho de um ano se recusa a ficar deitado no trocador, o pai pede para a filha de quatro anos buscar um brinquedo para o filho de um ano, a filha de quatro anos volta segurando um boneco *troll* de cabelo roxo cintilante. O pai agradece à filha de quatro anos, o filho de um ano olha o boneco *troll* e o joga como se fosse uma bomba de profundidade no chão ao lado do trocador, o chão na verdade era a privada cuja tampa estava aberta, o boneco cai dentro da privada, seu cabelo se transforma em uma linha comprida, o boneco fica de bruços e parece estar morto, a filha de quatro anos começa a rir como uma louca e depois cai no choro, o pai limpa com lenço umedecido o cocô mole esverdeado da mão, da almofada de plástico, das nádegas do filho de um ano, e depois coloca uma fralda nova e tenta distrair o filho de um ano e confortar a filha de quatro anos ao mesmo tempo que ele busca uma sacola de plástico que ele enfia na mão direita para colocá-la dentro da privada e retirar o boneco. O filho de um ano se levanta e vai em direção à cômoda no corredor e berra de satisfação por não ter caído. A filha de quatro anos quer ajudá-lo a andar, mas em vez disso o faz cair. O filho de um ano chora. A filha de quatro anos ri. O filho de um ano morde a filha de quatro anos na panturrilha. A filha de quatro anos chora. O filho de um ano some. Eles o encontram rastejando debaixo da mesa da sala com duas bolinhas de plástico na boca. O pai carrega o filho de um ano até o quarto da filha de quatro anos. Todos vão se vestir. A filha de quatro anos quer colocar short e uma camisa de futebol. O pai explica que é

II. QUINTA-FEIRA

inverno, ou pelo menos fim do outono. Ela quer colocar o short por baixo das calças. O pai se rende. O filho de um ano sumiu. Eles o acham no quarto, perto da mesa de cabeceira com quinas de metal pontiagudas, ele acabou de conseguir tirar o protetor de plástico que estava nas quinas exatamente pelo fato de serem pontiagudas. A filha de quatro anos quer brincar de lego, mas só se o pai brincar junto e sem o filho de um ano. Todos brincam. Todos menos o filho de um ano, que está sentado mais afastado com o semblante de satisfação que ele faz quando está com alguma coisa na boca. O pai tira da boca do filho de um ano um dos tampões de ouvido da mãe. O filho de um ano começa a chorar. A filha de quatro anos constrói uma garagem. O filho de um ano destrói a garagem. A filha de quatro anos joga uma bola no filho de um ano. O filho de um ano acha que é uma brincadeira e busca a bola e a entrega para a filha de quatro anos. A filha de quatro anos esconde a bola. O filho de um ano encontra uma peça de lego e a enfia na boca. O pai retira a peça da boca do filho de um ano com a mesma mão que dez minutos atrás ele enfiou na privada. A filha de quatro anos diz que ela se cansou de brincar de lego. O filho de um ano esfrega os olhos. O pai olha o relógio e percebe que ainda falta uma hora e meia para que a filha de quatro anos vá para a escola. Ele gostaria que o tempo passasse mais rápido, ele gostaria que a escola tivesse uma vaga para o filho de um ano. Às vezes quando eles tomam o pré-café da manhã, que é o café da manhã que eles comem como uma entrada do café da manhã que a filha de quatro anos come na escola, o pai tenta conversar assuntos de adulto. Ele pega o jornal e mostra uma foto do presidente das Filipinas. Ele explica o que rebelião significa. Ele fala que ações humanitárias são aquilo de que as pessoas precisam quando não têm o que comer. A filha de quatro anos balança a cabeça como se estivesse entendendo. Logo em seguida ela diz que todas as pessoas com uma corda ao redor do pescoço são presidentes. E o pai concorda, quase toda vez que alguém aparece de gravata no jornal se trata de um presidente, ou, pelo menos, um político, diz o pai. Depois do pré-café da manhã, eles trocam a roupa que agora está suja. Em seguida, eles brincam de cientistas espaciais ou família de tigre ou polícia e ladrão ou lança-chamas e bombeiro ou rinocerontes que batem os pés no chão para demonstrar que estão com raiva e começam a se empurrar. Ele troca mais uma vez a fralda do filho de um ano e a hora de ir para a escola chega. A filha de quatro anos se veste sozinha, tudo se torna uma competição, o primeiro a colocar o moletom de *fleece* ganha. Ganhei, grita a filha de quatro anos. O primeiro a colocar o macacão de frio ganha. Ganhei de novo, grita a filha de quatro anos. O primeiro a apertar o botão do elevador. Eu sou realmente a mais rápida do mundo, diz a filha de quatro anos e o pai faz que sim com a cabeça, o pai concorda, a filha de quatro anos é de fato excepcionalmente rápida, incrivelmente inteligente, fantasticamente competente em tudo que existe para ser competente. Mas ao mesmo tempo, em algum lugar dentro dele, o pai escuta uma voz que diz: à merda com isso. Você não é de jeito nenhum a melhor em tudo. Eu poderia por exemplo me vestir *super-rápido* se eu quisesse. Eu poderia lutar com você *facilmente* se eu apenas desse o meu melhor. Sou muito melhor do que você para fazer conta de cabeça, não preciso usar meus dedos ao contar três mais três. E sabe todas aquelas letras que as pessoas ficam impressionadas que você sabe? Eu também sei. Todas elas. Muito melhor do que você.

Eles saem do elevador, param para passar a mão no gato Jeltsin que mora no prédio e sobem o morro, passam pelas ruas, a praça com a fonte onde os pássaros se banham, o posto de saúde, o café, os três salões de cabeleireiro, a clínica de cuidado para os pés e a casa de repouso. O filho de um ano esfrega os olhos. A filha de quatro anos corre na frente. *Sinta-se à vontade para usar dois protetores de sapatos*, diz o aviso na entrada da escola. Mas o pai

II. QUINTA-FEIRA

costuma usar somente um protetor de plástico em cada sapato, ele sente que é um desperdício usar dois, pelo menos se não estiver chovendo. Ele segura no colo o filho de um ano, cumprimenta os pais que ele sempre costuma cumprimentar, mas nunca conversa com eles. A filha de quatro anos corre em direção a seu grupo enquanto Leffe chega empurrando o carrinho de café da manhã. Será um bom começo na escola. A filha de quatro anos sobe na cadeira entre dois coleguinhas e dá tchau. O pai pergunta aos funcionários da escola como eles estão. Ele cumprimenta o cara da limpeza. Ele fica atrás da porta de vidro do lado de fora e faz uma cara engraçada para fazer a filha de quatro anos rir. Ele faz uma vez. Duas vezes. Três vezes. Na quarta vez a filha de quatro anos se cansa. Apesar de o pai fazer uma cara diferente toda vez. O pai volta à entrada da escola. Tudo o que ele quer é que a filha o olhe e o ache engraçado. E que seus coleguinhas pensem que ele é um bom pai. E os pais dos coleguinhas. E os funcionários da escola. E o cara da limpeza. Ele tira o protetor dos sapatos, e, ao caminhar em direção ao carrinho com o filho de um ano no colo, ele pensa o quão doentio ele é por não conseguir nem mesmo deixar a filha na escola sem se cobrar pelo seu desempenho, sendo mais uma prova do quão quebrado por dentro ele é, e como ele não funciona como os outros, algo deve ter acontecido na sua vida que explique por que ele tem dificuldades em fazer coisas que pessoas normais fazem sem muito esforço.

O filho de um ano adormece no carrinho. O pai vai até a beira da água e olha os patos. Casais de aposentados caminham de braços dados. Mães de licença-maternidade estão sentadas em bancos ensolarados comendo maçãs enquanto apoiam um dos pés na roda traseira dos carrinhos. A grama está branca, coberta por uma camada fina de geada. O cascalho na trilha já está ficando duro como costuma ficar quando a temperatura se aproxima de zero. Um filho que é um pai se sente repentinamente satisfeito. A filha está na escola. O filho está dormindo. Ele conseguiu. Mais uma manhã comum entre muitas. Dessas de que todos os outros pais dão conta sem problema algum, mas das quais ele precisa se esforçar para dar conta. Mas hoje deu certo. E amanhã também dará.

Ele se sente pronto para ligar para o pai. Pega o celular. Liga para o número sueco do pai. Sem resposta. Ele manda uma mensagem de texto. Guarda o celular. Liga de novo. Ele vai e volta até a beira da água, olha a lista de coisas que tem para fazer para o aniversário de cinco anos da filha de quatro anos, ele tenta observar os patos, os aposentados, as mães de licença-maternidade, mas tudo o que ele consegue pensar é no seu pai, o pai que não atende o telefone e que talvez nem esteja vivo. Ele tenta se acalmar. Ele se acalma. Ele vai até um café e deixa do lado de fora o carrinho com o filho adormecido. Não tem medo de que aconteça alguma coisa. Ele confia no universo, mas por segurança acorrenta o carrinho a uma mesa do lado de fora. É o tipo de coisa que todo pai faz. Não há nada estranho em ser um pouquinho mais prudente, quando se é responsável por crianças de um ano. Ele sai carregando um café para viagem. O sol brilha. Ele volta à água. Do outro lado ele vê a rachadura na montanha. É possível entrar nela, olhar para o céu e ver as nuvens com uma nova clareza, já que elas são emolduradas pelos cantos da montanha. À esquerda estão os antigos poços de explosão de Alfred Nobel. Ali testavam dinamites a uma distância segura do público. Ele lê em uma placa que eles fabricaram 16 mil quilos de nitroglicerina, mas após alguns acidentes explosivos fatais entre 1868 e 1874 a fábrica se mudou para a península ao sul cercada por diques. Ele sabe que vai esquecer que o buraco nos diques se parece com um rosto com dentes tortos e que a ferrugem na placa de informação dificulta a leitura da tradução em inglês. No entanto, ele vai se lembrar dos números, das datas, da quantidade exata de nitroglicerina. Ele segue caminhando no cascalho.

II. QUINTA-FEIRA

O carrinho desliza silenciosamente pelo cais de madeira. Ele para bem no fim. Ele respira. Tenta absorver o que está vendo: a água, o céu, o vento, as ilhas, o horizonte, os barcos, as ondas, os pássaros. Alguma outra pessoa poderia certamente descrever tudo isso. Já ele não consegue. Mas ele consegue ficar ali e se sentir parte de tudo. Em seguida ele pega o celular e liga para o pai. Ainda sem resposta.

*

Uma irmã que não conhece os funcionários da farmácia quer mesmo assim ficar esperando do lado de fora. Por que não podemos entrar juntos?, pergunta aquele que parece acreditar ser o namorado dela. Porque eu quero ficar aqui, ela responde e fica parada. Mas por quê?, ele pergunta. Porque sim, ela responde. Quantos anos você tem mesmo?, ele pergunta e entra. Mas ele diz isso com aquela leveza na voz e aquele constante sorriso nos lábios que ele tem, de tal forma que aquilo que poderia soar como humilhação se transforma em elogio. Quantos anos ela tem? Seja como for, velha o suficiente para estar com ele e velha o suficiente para fazer algo que ela não queira fazer. Nunca mais. Ela já foi enganada uma vez quando era muito nova para entender as consequências.

Ela fica parada no ponto de ônibus. Ela liga para o pai. Sem resposta. Através da vitrine ela vê seu namorado entrar na farmácia. Ele e sua postura dos infernos. Nem mesmo alguém que tenha acabado de ganhar uma medalha na Olimpíada caminha assim de forma tão descontraída. A senhora atrás do caixa o cumprimenta, mas ele está ocupado lendo as placas acima das prateleiras. Ele franze os olhos. Primeiro ele vai até a prateleira de produtos dentais, depois ele pergunta onde ficam os preservativos, as pílulas do dia seguinte e os testes de gravidez. Ele lê as informações de duas caixas idênticas. Depois leva as duas embalagens até o caixa e paga.

É oficial, você é socialmente perturbado, ela diz quando ele volta carregando as caixas em uma sacolinha verde. O que é que foi agora?, ele pergunta. Você não percebeu que ela te cumprimentou? Quem?, ele pergunta. A senhora no caixa. Quando você entrou, ela te cumprimentou, mas você passou direto. E você viu isso daqui de fora?, ele pergunta. Quem é que na verdade é socialmente perturbado? Ele sorri e lhe entrega a sacola. Eles vão para a casa dela. Ela sobe de elevador. Ele pelas escadas. Exatamente como de costume.

Quando eles fizeram a primeira caminhada juntos, ela deixou claro que independentemente do quão bom o sexo fosse, independentemente do quão gostoso fosse estarem juntos e assistirem a séries e acordarem um ao lado do outro, ela não queria algo sério. Estamos de acordo?, ela perguntou. Que isso aqui nada mais é do que uma relação adulta na qual satisfazemos a necessidade um do outro? No entanto, era bem difícil ter uma conversa séria com alguém que ficava sempre à procura de gravetos para depois quebrá-los, ou pedras que ele tentava acertar em outras pedras. Você está me escutando?, ela perguntou. Claro, ele respondeu enquanto apontava para um formigueiro estranhamente grande. Você entende o que estou tentando dizer?, ela perguntou. Claro, ele respondeu. Penso igual a você. O que é aquilo ali? Ele apontou para um cone de trânsito laranja com a base de asfalto jogado no meio do bosque. Não é possível esse tipo de coisa, completou, enquanto levantava o cone, e depois o levou de volta ao estacionamento.

Algumas semanas depois, ela tentou novamente. Disse que não estava apaixonada por ele. Um pouco talvez. Verdade, eles tinham dormido praticamente todas as noites juntos desde que se conheceram, mas ela não tinha tempo para um namorado, não queria se comprometer, ela tinha sua carreira e valorizava

II. QUINTA-FEIRA

sua liberdade acima de qualquer coisa. Ela tinha prazos para cumprir e clientes para bajular e chefes para impressionar e amigos para encontrar. Amigos mais parecidos com ela, amigos que não eram sete anos mais novos do que ela e que gostavam de fazer outras coisas além de relaxar, ficar de boa, pegar leve e assistir a filmes russos mudos e infinitamente longos. Como assim, esse é o último filme do Yevgeni Bauer, ele disse, apontando para a tela do computador, onde as imagens avançavam tão lentamente que era difícil saber se ele tinha apertado o *pause*. Ela explicou que eles não estavam juntos realmente. Ele a olhou com seus olhos castanhos. Você me ama, ele disse. Não é verdade, ela disse. Ama sim, você só não entendeu isso ainda, ele disse e pela primeira vez não sorriu.

Já estavam saindo havia um mês aproximadamente quando ela o levou a um happy hour organizado pela sua empresa. Eles pegaram o ônibus em Slussen, e o sol que atravessava a janela fazia as tatuagens dele brilharem. Quando o ônibus passou pelo terminal de onde saem os navios da Viking Line, ela contou que tinha um filho. Ele abriu a boca e a manteve aberta por alguns segundos. Você tem um filho?, ele perguntou. Por que não me contou isso antes? Você não perguntou, ela respondeu. Em casos normais esse tipo de coisa costuma vir à tona, ele disse. Eu não sou um caso normal, você já deveria ter entendido isso. Como ele se chama? Ela olhou pela janela. E se forçou a dizer o nome do filho. Quando pronunciou as duas sílabas, ela o viu recém--nascido em seus braços, dormindo com o nariz enterrado em seu pescoço, abrindo os braços para ela quando ela o buscava na creche, torcendo o pé no treinamento de handebol e saindo mancando da quadra com um semblante exageradamente dramático, chegando em casa da escola com sua mochila balançando, e perguntando se podia ir jantar na casa de um amigo. Bonito nome, disse aquele que não era seu namorado. Temos que descer aqui, ela disse e se levantou.

Na descida em direção à pista de bocha, ela soltou a mão dele. Ela abraçou seus colegas perfumados e deu um beijo na bochecha de seu chefe que vestia um lenço e apresentou como amigo aquele que não era seu namorado. A empresa ofereceu bebidas, *snacks* e rodadas de bocha. Foi um experimento. Não deveria ter funcionado. Mas de alguma forma funcionou. Ele não sabia o nome de ninguém, mas mesmo assim conseguiu organizar um torneio de bocha. Ele conquistou o chefe dizendo que ele era tão bom que deveria usar o lenço para vendar os olhos. Quando ele foi ao banheiro, dois colegas de trabalho, um homem e uma mulher, separadamente, se aproximaram dela para perguntar se ele era solteiro. Infelizmente não, ela respondeu, sem realmente saber por quê. Enquanto o sol se punha e a poeira gerada pela bola de bocha se dissipava, ele ficou conversando por dez minutos sobre o porquê de Resnais ser superestimado por um estagiário que também aparentemente havia estudado cinema como ele. A ponte que levava à cidade se abria com intervalos regulares para que os barcos com mastros altos pudessem passar. Uma batida grave vibrava do outro lado do canal. Estamos do lado errado, ele sussurrou e apontou na direção dos jovens que passavam carregando sacolas de plástico, indo em direção à música e usando os celulares como bússolas.

Eles estavam juntos, apesar de não estarem juntos, na verdade estavam apenas saindo, havia quase seis meses quando ela finalmente contou por que o filho não morava mais com ela. Tudo começou quando o filho fez doze anos. Não, na verdade, tudo começou quando ela ainda estava grávida. Ela conheceu seu ex-marido quando tinha dezenove. Ele tinha 35. Um ano depois se casaram. No começo, era o melhor homem do mundo. Um pouco ciumento talvez. Toda vez que ela ia a alguma festa ele queria controlar o celular. De vez em quando ele aparecia do lado de fora da sala dela na universidade para lhe dar um beijo e ser apresentado aos garotos com quem ela fazia algum trabalho em grupo.

II. QUINTA-FEIRA

Quando ela se encontrava com algum amigo para tomar um café, acontecia de haver dezessete chamadas perdidas no celular. Mas ela interpretava tudo isso como se ele tivesse medo de perdê-la somente. Estava tão apaixonado que se tornou pegajoso. Depois ela engravidou. Ele teimou que ela deliberadamente comia coisas que podiam fazer mal ao bebê. Revirava o lixo da cozinha para controlar se ela não tinha comido sushi. Cheirava os copos para se certificar de que ela não tinha tomado escondido alguma bebida alcoólica. Uma vez pegou as chaves dela e a trancou em casa. Em outra ocasião, ele quebrou o vidro de uma das janelas da lavanderia do condomínio e ameaçou se cortar caso ela não desistisse de ir à despedida de solteira de uma amiga em Copenhagen. Às vezes ela contava as semanas e se perguntava se não seria o caso de abortar. Mas era impossível. Ela não podia. Uma vida crescia dentro dela e ela estava convencida de que a criança daria a seu marido a segurança que lhe faltava. Depois a criança parou de crescer em sua barriga. Como se a criança sentisse que o mundo não era seguro o suficiente. Seu ex-marido a culpou, ela o culpou. Quando a criança finalmente nasceu, saudável e forte, não demorou mais do que seis meses para que eles se separassem. Logo depois vieram os tribunais, as disputas de guarda, as investigações feitas pelo Serviço Social, as reuniões com advogados. Ambos queriam a guarda para si, ela tinha medo de que na casa do pai o filho fosse maltratado, ele estava convencido de que ela batia nele. E não passavam de mentiras?, perguntou aquele que acreditava ser seu namorado. Ela o encarou e se perguntou se ele estava falando sério. Você acha que eu poderia machucar o meu próprio filho?, ela perguntou. Posso ter o temperamento forte. Posso ficar com raiva. Posso dizer não de forma enfática. Mas eu nunca, nunca, machucaria meu próprio filho. Nunca nunca nunca nunca. Mas meu ex-marido conseguiu convencer o nosso filho de que quando ele era pequeno eu tinha feito isso. Manipulou memórias falsas, e quando o meu filho fez doze anos, ele optou por se mudar para a casa do pai. Mas vamos nos encontrar novamente. Eu sei disso. Tenho certeza. O namorado a abraçou com aqueles braços que faziam o mundo se tornar um lugar seguro de novo, ele respirou no cabelo dela até curá-la. Se quiser que eu converse com o seu ex-marido, eu converso, ele disse. Acho que não terminaria bem, ela disse.

Meu pai me batia pelo menos uma vez por semana, ele disse. Às vezes eu tinha feito algo. Às vezes parecia que ele me usava para liberar algum tipo de energia macabra. Como se eu fosse a sua atividade física. Ele entrava no meu quarto com o chinelo de plástico na mão e procurava um motivo qualquer para me dar uma lição. Se eu tirava uma nota não tão boa, isso já era motivo para briga física. Se ele achava poeira em cima da luminária no teto, um tapão. Se descobria que eu tinha arranhado minhas chuteiras novas no treino, alguns tapas. Vocês têm contato hoje em dia?, ela perguntou. A última vez que nos vimos foi em 2009, às vésperas do Natal no Heron City. Eu estava lá com alguns amigos, tínhamos acabado de sair do cinema, e as crianças deles iriam testar um tipo de simulador de computador laranja perto da entrada do shopping, estávamos parados na frente dos elevadores esperando na fila quando eu vi meu pai sair da loja de produtos esportivos do outro lado da fonte de água. Segura a minha jaqueta, eu disse a um amigo que não entendeu o que estava prestes a acontecer. Fui até o meu pai e o confrontei sobre toda a merda que ele nos fez passar durante anos, todas as humilhações, todas as brigas físicas, todos os chutes, todas as palavras duras. E sabe o que ele disse? Ela balançou a cabeça. Que nós não merecíamos a sua atenção. Que eu e os meus irmãos e a nossa mãe deveríamos agradecê-lo por ele ter desperdiçado o seu tempo na tentativa de nos educar. Eu o mandei à merda. Mal lembro o que aconteceu em seguida. Mas os meus amigos me contaram que ele mal teve tempo de levantar a guarda antes que eu o acertasse três, quatro vezes, ele caiu, caiu em cima

II. QUINTA-FEIRA

de uma vitrine e deixou cair sua pequena sacola, aparentemente eu a peguei e a entreguei a ele, antes de eu carregá-lo e levá-lo até a fonte. Meus amigos disseram que eu o segurei assim, por cima, estilo luta livre, como se eu estivesse prestes a jogá-lo, ou dobrá-lo com os meus joelhos para que suas costas quebrassem, mas depois eu percebi que a fonte não era tão funda. Aí eu o coloquei sentado, dei um chute no seu traseiro e disse a ele que sumisse dali. Em seguida voltei para a fila e pedi a minha jaqueta de volta. Os meus amigos disseram que ele parecia completamente chocado que eu fosse mais forte do que ele. Foi a última vez que o vi. Você está louco?, ela perguntou. Você bateu no seu próprio pai? Era ele que batia na gente, eu só dei o troco.

Quando ela sai do elevador, ele já está dentro do apartamento. Tirou os sapatos sem desamarrá-los, colocou água para ferver e pegou duas xícaras. Seis andares e ele quase não está sem ar. Precisa de ajuda?, ele diz apontando para as xícaras. Obrigada, mas estou bem, ela diz. E então?, ele pergunta. Advinha, ela diz. Não quer que eu esteja junto?, ele diz. Não, obrigada, ela responde e vai até o banheiro. Uma das caixas contém dois testes, a outra somente um. As instruções são claras. Urine aqui. Espere um minuto. Um sinal positivo significa que o seu futuro está destruído. A vida que você conhecia acabou. De agora em diante você nunca mais estará sozinha, nunca mais em paz, mesmo que você esteja bem há o risco de aquele que é a sua metade estar se sentindo mal. Um sinal negativo significa que a sua vida continuará como de costume. Ela retira os três testes, urina neles e os coloca para secar na pia. Já acabou?, ele grita do outro lado da porta do banheiro. Dá para ver algo? Abre! Abre a porta! Ela se olha no espelho. Ela não precisa olhar os testes. No fundo ela já sabe. Abre!, ele grita. Deu positivo ou negativo? Abre, amor, deixa eu entrar. Você não pode fazer isso, somos dois nesta situação. Os testes continuam lá. Sério, vou chutar a porta se você não abrir, estou falando sério, vou entrar. Ela olha os testes. A fechadura da porta do banheiro gira do lado de fora. Ele coloca a faca da cozinha na pia e agarra os testes. Ele os segura na sua frente como se fosse um leque. Caralho, ele diz e sorri.

*

Um avô que é um pai consegue dormir durante treze horas desde que possa escutar o canal TV4 ao fundo. Se a televisão desligasse sozinha por causa de um apagão, ele acordaria imediatamente. Seu celular toca em intervalos regulares, mas ele não tem energia para atender. De qualquer forma, ele não consegue ver quem está ligando. Os números no celular são muito pequenos. Mesmo que tente franzir os olhos, ele só consegue enxergar um tanto de traços embaçados.

Quando ele acorda, está na hora do almoço. Ele mede a glicose e toma a insulina. Com a ajuda dos óculos, ele tenta ver as chamadas perdidas. Mas, como o celular é de antes da era do gelo com a tela do tamanho de um carrapato e a agenda para salvar contatos é tão complicada que é preciso que a pessoa tenha estudado no Instituto Real de Tecnologia para conseguir salvar nomes e números, ele não faz ideia de quem ligou. Quando coloca um par de óculos extra por cima dos seus óculos de costume, ele consegue ver que os números das ligações perdidas começam com +46. São apenas os seus filhos. Devem ter se arrependido de não terem ido buscá-lo no aeroporto. Ele coloca de lado o celular que continua tocando em intervalos regulares. Cada vez que o telefone toca, ele se sente mais forte. A preocupação deles o faz sentir-se vivo.

Ele assiste a *Glamour*. Ele assiste à versão dinamarquesa de *Location, Location, Location*. São 14h. São 17h. Ele assiste a um sorteio da loteria *Keno* e *Oito e meia na minha casa*, que é um programa no qual pessoas comuns convidam umas às outras para jantar.

II. QUINTA-FEIRA

Já tem bastante tempo que o seu telefone está em silêncio. Ele o confere para ver se a bateria está carregada. Exatamente nesse instante, o celular toca de novo e o pai atende. Alô? Oi, pai, diz um dos filhos. Não sabe exatamente qual, já que têm praticamente a mesma voz. Deu tudo certo?, pergunta a voz. Estou cansado, responde o pai. Muito cansado. Ficamos preocupados, diz a voz. Tem algo errado com os meus olhos, diz o pai. Estou com dor nos pés. Estou tossindo muito, toda noite, mal consigo dormir. Que chato, diz a voz. Mas você já se instalou no escritório? Deu tudo certo com a viagem e as chaves? Estou aqui, responde o pai. Eu consegui me virar até aqui. Foi difícil, mas sobrevivi. Que bom, diz a voz. Estou livre agora, de licença-paternidade, podemos nos encontrar se você quiser. Aham, diz o pai quando ele entende que é o filho, e não a filha. Aquele que teve a oportunidade incrível de assumir o contrato do aluguel do seu apartamento, quando o pai decidiu se mudar para outro país. Onde está a minha correspondência?, pergunta o pai. Coloquei em cima da mesa da cozinha. Debaixo do bilhete. Qual bilhete? Você não viu o meu recado? O pai se levanta do sofá e vai até a cozinha.

Ele acha o bilhete de boas-vindas, joga no lixo embaixo da pia e começa a conferir seis meses de correspondência. A maioria são impostos e envelopes de bancos. Uma das cartas é da Agência Nacional de Rádio perguntando se ele realmente não tem nenhum televisor. A outra é da Viking Line vendendo viagens de cruzeiro baratas. A outra é a Loteria Sueca lembrando que nunca é tarde para se tornar um milionário ou dono de um Volvo V60 cinza-escuro completamente novo. Você ainda está aí?, pergunta o filho. Aham, responde o pai. Eles ficam em silêncio. Mas então podemos talvez nos ver amanhã?, pergunta o filho. Acho uma boa ideia, responde o pai. É dia de planejamento na escola, então estarei em casa com as crianças, diz o filho. Eu te mando uma mensagem com a hora e o local. É melhor ligar, diz o pai. Eles desligam.

A cozinha no escritório parece a de uma prisão. A prisão de um torturador que queira matar de fome os seus prisioneiros. Na despensa há algumas latas de feijão, um pouco de flocos de milho esfarelados, uma conserva de abacaxi e três latas de cavalinha. É tudo que tem. Ainda bem que o pai lembrou o filho de comprar algumas pequenas coisas. Como café instantâneo. Iogurte. Leite. Pão. Frutas. Senão o pai teria que ir até o mercado que fica a dez minutos dali, caminhando por ruas congeladas (quando ele vem no outono) ou por ruas molhadas (quando ele vem na primavera). O filho comprou um pacote pequeno de leite, ao invés de um grande. O pão é integral e se gaba de não conter açúcares adicionais. O pacote de café instantâneo é tão pequeno que demora um bom tempo até ele o achar na despensa. O pai suspira. Por que o filho é tão pão-duro? Por que ele não sente orgulho de ajudar o próprio pai? Por que ele tem que demonstrar tão claramente que não ama o próprio pai? O pai não sabe responder, mas é triste que as coisas entre eles tenham tomado esse rumo.

O pai coloca água fervendo em uma xícara, adiciona duas colheres de café instantâneo, coloca um pouco de leite e volta para a frente da televisão. De acordo com a placa pendurada na porta do lado de fora, este é o escritório de contabilidade do filho. Muitos anos se passaram desde que ele se formou em um prestigioso curso de Economia, e, apesar disso, o escritório se parece com um antro de drogados. Economistas de verdade possuem escritórios em torres altas, com vistas espetaculares, secretárias sensuais, máquinas de café com inúmeras cápsulas e água com gás de sabores diferentes na geladeira. Mas o seu filho nunca entendeu o que significa fazer algo direito. Pelo contrário, ele decorou o escritório com prateleiras raquíticas em diferentes tons de branco. As pastas são das mais baratas. A mesa de centro está cheia de manchas de xícaras de café e tem uma marca preta no meio, talvez de um incenso, talvez de um cigarro. Por toda parte há sinais dos fracassos

II. QUINTA-FEIRA

do filho. Em um canto está uma mesa de mixagem empoeirada, um tocador de vinil embrulhado e um caixote azul cheio de discos de vinil, do tempo em que o filho sonhava em ser músico. Os armários estão cheios de sapatos para escalar e cordas de segurança que o filho comprou quando ele cismou que queria fazer alpinismo. Na cozinha há mangueiras e bicos e garrafas de vidro e cápsulas não usadas e um tipo específico de termômetro de quando o filho queria começar a fazer cerveja artesanal.

Mas o pior são os livros. São como uma praga. Estão por todos os lados. Não somente nas prateleiras abarrotadas. Estão empilhados no chão da entrada, dentro de sacolas em cima da prateleira de chapéus, no beiral das janelas na cozinha e no cesto de roupa suja no banheiro. Quase nenhum livro é sobre contabilidade ou legislação tributária. Em vez disso, são livros que o filho comprou quando achou que queria ser escritor. Romances portugueses, contos chilenos, biografias americanas, poesia russa. O pai empurra os livros com um suspiro. E conhece o suficiente sobre literatura para conseguir distinguir livros de lixo, e o escritório está cheio de livros que poderiam ser usados como lenha. Estes livros aqui não estiveram em nenhuma lista de mais vendidos. Não se transformaram em produções cinematográficas caras com The Rock no papel principal. O pai não se deixa impressionar com os livros. Nem mesmo quando vê um livro de um escritor alemão que ele lia e amava na juventude. Não desperta lembranças especiais. Ele coloca os livros de lado e procura o controle remoto.

O pai fica deitado no sofá a noite toda, mudando de canal. Um. Dois. Quatro. Às vezes ele experimenta o canal local. Às vezes os canais finlandeses. Seu celular sueco continua tocando. Às vezes ele atende. Na maioria das vezes ele não atende. Ele está cansado. Ele não pode falar agora porque o programa da Ellen DeGeneres é sobre como se tornar um bom amigo da sua cx.

Seu filho está confuso. Ele está perdido. Ele acredita que é possível ser bem-sucedido neste mundo sem se dedicar seriamente. Ele nunca entendeu que é preciso investir dinheiro para poder ganhar dinheiro. Que empresa idiota escolheria contratá-lo? Quem em sã consciência envia de forma voluntária os seus recibos para esta caverna incivilizada na esperança de receber assistência financeira? Por que o filho saiu tão inútil?

A noite cai. O pai assiste ao noticiário da TV4. Assiste ao noticiário da SVT. Assiste a um documentário sobre sapos e floresta tropical. Com intervalos regulares ele escuta o vizinho do andar de cima pigarrear. Se você não assistir ao mesmo canal que o vizinho, você acaba se irritando com o som da TV que de tão alto chega a vazar pelo teto. Quando alguém toca a campainha no vizinho do lado, soa como se ele devesse atender. Os vizinhos do terceiro andar são uns drogados. Já os viu com os próprios olhos, zanzando e tremendo de abstinência nas escadas. A vizinha de porta é uma prostituta. O pai deduziu isso pela aparência asiática, pelos horários de trabalho dela, além da frequência com que batem na porta dela.

O pai odeia este lugar. Ele sente saudades do seu apartamento antigo. Aquela quitinete no centro da cidade que ele cedeu ao filho, que depois a vendeu sem dividir o lucro. O pai não quer ficar sentado num prédio velho sem elevador com uma vizinha que é prostituta, um vizinho que é viciado em drogas e outro vizinho que pigarreia tão alto que o teto chega a vibrar. Ele merece mais. Ele não deu duro a vida toda para terminar aqui, num sofá que tenta enganar o seu entorno se passando por branco com a ajuda de uma colcha branca mas que não engana muitos, já que a colcha não é mais branca e, além disso, escorrega do sofá assim que alguém dorme nele.

*

II. QUINTA-FEIRA

Um filho que é um pai finalmente consegue falar com o seu pai. Na décima primeira vez que ele liga, o pai atende. Ele está no escritório. Tudo correu bem. O filho respira aliviado. Ele ri da sua preocupação desnecessária. Com os dedos aliviados ele escreve uma mensagem para acalmar o resto da família: *a águia aterrissou*. *Que bom*, responde a irmã. *Que ótimo que deu tudo certo*, escreve a mãe.

Às 15h ele busca a filha de quatro anos na escola, costuma demorar entre 15 e 45 minutos entre o vestir e o chegar em casa. Não podemos pisar nas rachaduras!, grita a filha de quatro anos, e pai e filha atravessam a praça na ponta dos pés. Só podemos pisar no cascalho!, grita a filha de quatro anos, e pai e filha pulam por cima das partes sem cascalho na praça. Não podemos pisar nas folhas!, grita a filha de quatro anos. Vamos, diz o pai. Ocasionalmente, quando a filha de quatro anos tem um ataque de raiva, eles podem demorar até uma hora e meia para chegar em casa. Ela fica parada na ponte em cima da linha do metrô. Ela se agarra à cerca da ponte. Vocês são feios!, ela grita. Eu não gosto de vocês! Vocês estão proibidos de ir na minha festa de aniversário! O pai é paciente. Ele sorri para os transeuntes. Ele pensa no vídeo que a sua namorada lhe mostrou, que dava dicas para se manter tranquilo, calmo e composto quando as crianças fazem pirraça. Ele imagina a raiva como uma onda que passa sobre ele mas não o perturba. Ele imagina que é coberto por um campo magnético no qual a filha de quatro anos não tem poder de influenciá-lo. O pai dá uma fruta para o filho de um ano no carrinho. Ele pega o celular e finge que é exatamente assim que ele quer passar os próximos vinte minutos enquanto a filha de quatro anos vomita humilhações, e vizinhos, pais de outras crianças da escola, aposentados, donos de cachorro passam por eles e seguem a vida. Lágrimas escorrem pela bochecha da filha de quatro anos. O filho de um ano parece tentar decifrar o que está acontecendo. O pai espera. Ele espera mais um pouco. Logo em seguida ele volta e tenta convencê-la pela quinta vez a voltar para casa. Tenta convencê-la com televisão, com frutas, mas fica difícil fazer isso de forma natural quando em todas as janelas aparece um rosto, quando todos os carros que passam estão cheios de conhecidos, antigos colegas de trabalho, ex-namoradas, orientadores vocacionais, assistentes sociais que seguem cada movimento que ele faz, eles querem saber como ele lida com este conflito, eles fazem anotações em pequenos cadernos e se entreolham quando o pai por fim levanta a filha de quatro anos pelo macacão e a carrega debaixo do braço até a casa como se fosse um tronco de madeira se debatendo. A filha de quatro anos alterna entre o riso e o choro, e logo em seguida cai no choro somente. Um choro uivante de cortar o coração que ecoa entre os prédios altos e faz os carros diminuírem a velocidade. Quando eles passam por dois vizinhos, a filha de quatro anos grita: ai, você está me machucando, papai, está doendo! O pai tenta parecer impassível, ele sorri para os vizinhos, ele imita aquele tipo de pai que de vez em quando ele vê no metrô, pais que trocam olhares com outros pais quando os filhos começam a espernear, pais que dão de ombros um tanto resignados, resolvem conflitos e seguem em frente. Eles não fazem como ele, eles não sentem impulso algum de descer do metrô para evitar os olhares alheios ou a vontade de machucar a criança somente por ela ter uma necessidade, ou somente pelo fato de ser pequena, ou pelo simples fato de ela demonstrar tão claramente que precisa dele.

Às 17h eles jantam, às 17h30 a mãe chega em casa com a desculpa de que o metrô estava atrasado. Que novidade, ele diz. Se você sair do trabalho um pouco mais cedo na próxima vez, talvez consiga chegar na hora do jantar. Ok, ela diz. Será que você pode vomitar a sua frustração em alguma outra pessoa, por favor? Não estou nem um pouco com raiva, ele diz. Só que parece injusto pra caralho ter que levar e buscar na escola e fazer compras e cozinhar

II. QUINTA-FEIRA

para depois você chegar dançando meia hora atrasada e só... Amor, ela interrompe. Senta aqui. Come. Respira. Conversamos depois que as crianças forem dormir. O que você cozinhou de gostoso? Sobras, responde o pai.

O filho de um ano come sozinho na sua cadeira, ele não deixa que ninguém dê comida para ele, ele sempre quer duas colheres, uma para colocar na boca, a outra para bater na mesa, jogar no chão, no teto. Começa com duas cenouras orgânicas cozidas, em seguida uma tigela de milho, depois espaguete à bolonhesa, uma fruta, ou duas, de preferência mexericas, que devem ser cortadas em pedaços pequenos porque os gomos podem causar asfixia, diz a mãe. Assim como pedaços de salsicha. Quando o filho de um ano está satisfeito, ele atira tudo no chão: restos de frutas, espaguete, o molho à bolonhesa cai no chão junto com a água que escorre da sua caneca. A filha de quatro anos come sozinha. Ela é grande. Com exceção de quando ela está cansada depois da escola. Ela quer que alguém dê comida a ela. Ela quer contar sobre o Sixten que disse que ela não é corajosa só porque ela não teve coragem de subir num telhado. Ela quer contar sobre a Annie que fez cinco anos e o Bo que só tem duas letras no nome. Duas letras!, grita a filha de quatro anos e balança a cabeça maravilhada. Incrível, diz o pai. Mas continue comendo. Estou comendo, diz a filha de quatro anos encostando a cabeça na mesa. O pai e a mãe tentam um recomeço. Eles tentam conversar. Ela diz algo sobre um colega de trabalho que herdou um cachorro que... O filho de um ano estica a mão e consegue derrubar a garrafa de água em cima da mesa, o pai se levanta para buscar um pano, a filha de quatro anos cai da cadeira, a mãe a pega, o pai se curva para secar as poças de água e os restos de molho à bolonhesa do chão, o filho de um ano limpa a mão no cabelo do pai, a mãe tenta terminar sua frase sobre o cachorro herdado do colega de trabalho, a filha de quatro anos tenta imitar um galo, a mãe fala para ela comer em vez de brincar de galo, a filha de quatro anos fala que a mãe não pode ir à sua festa de aniversário. Claro que sim. Como eu estava dizendo, diz a mãe e faz uma última tentativa para contar sobre o colega Sebastian que herdou um cachorro que, mas a filha de quatro anos começa a cantar *Tomten Boogie* e o filho de um ano a gritar porque a sua camisa está cheia de molho à bolonhesa frio. O jantar dura 45 minutos e, quando eles terminam, a cozinha parece uma zona de guerra e tudo o que o pai e a mãe disseram um ao outro foi meia frase. Se estão de bom humor eles conseguem rir do caos. Eles balançam a cabeça e dizem em voz alta: temos 65, estamos em Nova York, estivemos em um concerto no Museu do Brooklyn, e agora estamos indo para casa caminhando lentamente pelo Prospect Park. Sim! Estou me vendo lá! Temos setenta anos e estamos viajando de excursão em Andaluzia, nossa guia sueca é casada com um espanhol, andamos de ônibus de turismo e somos carregados como se fôssemos ovelhas, e depois de alguns dias fugimos do grupo, compramos maconha e ficamos no quarto do hotel. Exatamente! Temos oitenta anos e estamos escalando uma montanha no norte da Noruega, na verdade a montanha se parece mais com uma colina e conseguimos chegar ao topo graças aos nossos andadores, estamos juntos, tomando uma cerveja em uma cabana, estamos velhos, mas longe de estarmos mortos, existe uma vida depois disto aqui e quando chegarmos lá vamos sentir saudade desta fase. Não é? O filho de um ano se debruça sobre a pia e consegue pegar uma garrafinha de molho de soja. Não joga no chão, diz a mãe. Ppaappapparra, diz o pai. O filho de um ano parece estar pesando a garrafinha de molho de soja na mão. Ele olha para a irmã de quatro anos. Olha para os pais. Sorri e deixa a garrafinha cair no chão.

Cada um vai para um canto para cumprir a rotina noturna, um troca a fralda e coloca o pijama e faz a mamadeira e escova os dentes do filho de um ano. O outro faz exatamente a mesma

II. QUINTA-FEIRA

coisa com a filha de quatro anos. Boa sorte, eles dizem. Nos vemos do outro lado. Em seguida, um vai para o berço que fica ao lado da cama deles, o outro vai para o beliche no quarto das crianças, onde a filha de quatro anos dorme na cama debaixo e a cama de cima funciona como um depósito para pistas de carrinho estragadas, um piano de cauda de plástico, um clássico cavalo de pau de madeira, extremamente bem-feito mas que pode facilmente prender um dedo desavisado, e muitas outras coisas que não cabem em qualquer outro lugar: um binóculo quebrado, três mochilas infantis, roupas de Papai Noel que não servem mais, roupas normais que não servem mais, desenhos da escola que deveriam ter sido colocados numa moldura para não estragarem, coroas de papel marcadas com os números 3 e 4 que a filha de quatro anos levou para a escola quando fez aniversário. O fazer dormir pode demorar entre meia hora e noventa minutos. Eles costumam ler um livro. Eles param. Eles dão boa-noite. Eles dão um beijo de boa-noite. Eles tentam sair de fininho. São chamados de volta. Eles pegam um copo de água. Eles buscam o penico. Por fim um deles adormece. Depois o outro. O filho de um ano senta impacientemente no berço enquanto a mãe dorme no tapete. A filha de quatro anos escapole do quarto assim que o pai adormece do seu lado na cama. Mas no fim, em algum momento entre as 19h e as 20h, as crianças adormecem. É quando começa o momento dos pais. Agora tomamos um chá e relaxamos um pouco, eles dizem, vão até a cozinha e começam a brigar. Brigam porque ontem um deles dormiu uma hora a mais do que o outro. Brigam porque a mãe se sente criticada pelo fato de achar importante comer alimentos orgânicos e reduzir o consumo de carne e leite e açúcar e glúten. Brigam porque o pai é o responsável por pagar as contas. Mas quem traz o dinheiro para casa?, pergunta a mãe. Não todo, diz o pai. E estou de licença-paternidade. E eu trabalho em horário integral, diz a mãe. Ou melhor, tento trabalhar em horário integral.

Mas fica difícil quando ao mesmo tempo eu tenho que fazer faxina nos banheiros, lavar roupa, secar, separar e dobrar. Sou eu quem cozinha nos fins de semana, corta as unhas das crianças, eu... Mas sou eu quem passa o aspirador, diz o pai. E planeja a festa de aniversário. E atualiza a rede da internet. Que dificuldade pode haver em atualizar a rede da internet?, pergunta a mãe. Eu também limpo o ralo da banheira, ele diz. E me levanto de madrugada mais vezes do que você. O que você quer que eu diga?, ela pergunta e olha o celular para ver quanto tempo eles ainda têm daquilo que era para ser um momento só para eles. Obrigada? Nesse caso, obrigada. Obrigadíssima por você atualizar a internet. Obrigada por limpar o ralo. Mas eu de fato não entendo por que você é tão dependente de aplausos. Nós somos responsáveis por esta família juntos. Nós nos ajudamos. Mas você não pode tirar os pratos da máquina de lavar sem me dar uma indireta. E daí?, ele pergunta. Não entendo o que você quer que eu faça, ela diz. Dizer obrigada, ele diz. Mas eu faço isso o tempo todo, ela diz. Obrigada, obrigada, obrigada, obrigada, obrigada, obrigada, obrigada, obrigada, obrigada, obrigada, obrigada, obrigada, obrigada, obrigada, OBRIGADA! O filho de um ano acorda. Eles se entreolham. É como se fosse um duelo, só que ao contrário. Eu vou, ele diz. Não, eu vou, ela diz. Não, porque se você for ele nunca vai dormir, ele diz e corre para o quarto. Ele tenta acalmá-lo. Ele passa a mão na testa dele. Ele tenta deitá-lo na cama e sussurra que ainda está de noite. O filho de um ano se debate para ficar de pé. Grita até ficar roxo. Toda vez que o pai tenta deitá-lo, ele esperneia como se o colchão estivesse coberto de lava. Por fim funciona. Depois de quinze minutos de grito. O pai pensa o tempo todo nos vizinhos. Será que eles acham que estamos fazendo algo errado? Que somos maus pais? Será que eles sentam, cada um com o seu copo contra a parede, ouvindo como as crianças acordam e gritam noite adentro? Será que eles pensam em entrar em contato com o serviço social? Ele sai do quarto. Ele se

II. QUINTA-FEIRA

movimenta mais silenciosamente do que um ninja. Pisa em cima das pecinhas de lego sem fazer barulho. Espirra em silêncio total e sabe exatamente qual taco do assoalho que ressoa.

Às 21h30, o filho de um ano já acordou quatro vezes. Às 22h a mãe e o pai se deitam. Às 23h o filho de um ano acorda e toma mamadeira. À 1h a filha de quatro anos acorda e resmunga que ela quer água e uma banana sem colher. Às 2h o filho de um ano acorda e bate na boca como se tivesse dor nos dentes. Às 2h30 o paracetamol começa a fazer efeito e o filho de um ano adormece novamente. Às 3h a filha de quatro anos acorda com muito medo das cobras atrás da cortina. Às 4h15 o filho de um ano acorda, ele quer tomar café da manhã, ler um livrinho, fazer cocô e correr em volta do apartamento com o seu andador. Às 4h30 a filha de quatro anos acorda por causa do filho de um ano que está acordado. É o início de um novo dia. E de outro.

No intervalo entre as duas acordadas o pai deita na cama e escuta o vento soprando entre o parapeito da varanda. Ele quer dormir, mas não consegue. A namorada dorme no sofá. O pai não consegue lembrar qual foi a última vez que eles dormiram na mesma cama. Ele tem uma raiva que não sabe como canalizar. Quando as crianças não dormem, ele consegue manter a paciência por meia hora. Talvez uma hora. Se passa disso, ele sente vontade de apertar um travesseiro na cara da filha de quatro anos. Quer jogar o filho de um ano contra a parede. Mas ele não faz isso. Claro que não. Seria o exemplo de um mau pai. Em vez disso, ele pega o filho de um ano firme pela coxa e tenta deitá-lo na cama. Ele o segura e pula com os dois pés na tentativa de apaziguar o choro. Ele canta aquela cantiga infantil infernal sobre a mãe duende uma vez, dez vezes, trinta vezes. Ele a canta com uma voz calma, canta com uma voz sussurrante, tenta cantá-la como se fosse um rap, ele a vocifera bem alto para se sobrepor ao choro. O filho de um ano se contorce para trás e grita em pânico, ele empurra o pai, ele está com o pescoço suado, ele grita até ficar rouco, ele grita como se a sua vida estivesse em perigo e o pai por fim o leva para a cozinha, acende a luz, faz um chá, pega umas bolachas e explica uma ou outra coisa para ele: Olha aqui. Você está me escutando? Pode parar com isso agora. Isso não é legal. De verdade. Você tem que entender que estamos fazendo o nosso melhor aqui. Seguimos todas as recomendações que recebemos do pediatra. Temos os rituais da noite. Evitamos feijão no jantar. Toda noite nós te damos a mesma mamadeira com mingau orgânico sem leite. Damos boa--noite para as luzes e os carrinhos. Escovamos os dentes. Lemos historinhas de dormir para acalmar. Usamos lâmpadas noturnas e músicas de meditação. Pegamos você nos braços quando você chora e te colocamos de volta quando você se acalma. Mas toda essa história só funciona se você fizer sua parte. Você não pode simplesmente continuar acordando dez vezes por noite quando fazemos o melhor que podemos como pais. Você promete se esforçar um pouco mais? Fazer o seu melhor para que não terminemos aqui de novo? Mas em vez de sair do quarto o pai tenta acalmar o filho de um ano com um som de onda, depois com um zumbido, em seguida o som de onda de novo, mas quando o filho não se acalma as ondas começam a soar como um tsunami, qualquer um morreria de medo ao escutar esse barulho, mas às vezes funciona para tirar o filho de um ano da sua bolha de gritar-até-ficar-rouco-e-se-jogar-para-trás. Na maioria das vezes não funciona, na verdade o filho de um ano entra em pânico ao escutar o pai soar como um aerobarco e costuma demorar vinte minutos até se acalmar. Quando ele finalmente dorme, é o pai que está suado. Ele fica parado por alguns minutos. Em seguida ele se enrosca na cama e tenta dormir.

Ultimamente os seus sonhos giram em torno de diferentes parques. Ele balança o filho de um ano. Depois o filho de um ano

II. QUINTA-FEIRA

vomita, ele não tem nenhum lenço umedecido e precisa usar o babador do filho de um ano. O sonho todo gira em torno disso. Em outro sonho eles estão em uma caixa de areia. Estão sentados dentro dela. O tempo passa. O filho de um ano pega areia e a coloca em um balde. Depois ele despeja a areia. Depois ele pega mais areia e a coloca no balde. Um pássaro pousa e fica olhando para eles. O pássaro acena com a cabeça em um movimento que o pai interpreta como compaixão, mas que talvez seja somente indiferença. O filho de um ano não percebe o pássaro. Ele está completamente absorto em encher o balde de areia. E logo depois esvaziar. Em seguida ele fica com o rosto todo vermelho e começa a gemer. O pai passa o resto do sono rodando em uma loja de departamento ou em corredores longos como aqueles das universidades à caça de um banheiro com trocador. Ultimamente chegou até a comentar, no sonho, a falta de criatividade dos próprios sonhos. Dá um jeito nisso, diz ele a si mesmo no sonho. Precisamos de um *ménage* aqui. Sai dessa areia, vai até a rua, rouba um carro no sinal vermelho e vai até o *sex club* mais próximo. Por acaso existe *sex club* na Suécia? Você está sonhando, seu idiota de merda, tudo é possível!, ele responde a si mesmo. É verdade, ele responde e continua sentado na areia. O filho de um ano come um pouco de areia. O pai tira a areia da boca e diz: não pode comer areia. O filho coloca um pouco mais na boca. O pai tira a areia e diz: não pode comer areia. O pai se sente cansado, mas por algum motivo não consegue dormir. Ele adormece. Dez minutos depois o filho de um ano acorda.

*

Um avô que é um pai continua deitado no sofá. Seus músculos murcharam. Sua coluna não consegue sustentá-lo. Quanto menos ele caminha, mais a dor nos pés aumenta, e nunca vai melhorar por causa da sua diabetes incurável. O sangue mal oxigenado danificou os nervos dos pés. Seu corpo está apodrecendo pelo lado de dentro e em breve ele estará morto. Mas o pior mesmo é a visão. Primeiro os olhos funcionam como de costume. Ele assiste ao canal TV4 e consegue enxergar os fios da barba do apresentador que anuncia que daqui a pouco está na hora de *Desaparecidos* e depois *Duro de matar 1* e *Duro de matar 2*, um após o outro. O pai sorri porque *Duro de matar 1* e *Duro de matar 2* estão entre os melhores filmes do mundo. Principalmente o segundo. Em seguida começa *Desaparecidos* e um dos olhos fica embaçado, ele precisa franzi-los para conseguir enxergar, ele tem dificuldade para ver se é um homem ou uma mulher ou um alce que caminha na neve no cemitério. Ele ouve vozes, policiais falando em inglês um com o outro, alguém liga um carro, dois outros carros passam, barulho de crianças rindo, um chiado vindo de um balanço ou talvez uma bicicleta não lubrificada, um tiro, dois tiros, passos correndo, música de suspense. A sua ex-mulher diz que é uma sorte que os ataques sejam passageiros, os filhos dizem que é só imaginação, o cara no porto conta onde ele viu a sua filha pela última vez, mas se recusa a receber o seu dinheiro, primeiro a filha não o reconhece mas depois ela o reconhece e começa a correr, a mãe diz: você não tem o direito de perseguir a minha filha. Ele tem que checar a vista. Seus filhos têm que o ajudar. Eles podem agendar pela internet uma ressonância magnética do corpo todo para que ele finalmente descubra o que há de errado com ele. Porque algo errado ele tem. Ele sente isso. Só não sabe o que é. No meio do primeiro bloco de propagandas sua visão volta. O embaçado cinzento ganha forma e cor. Em seguida começa *Duro de matar 1*. O pai adormece com um sorriso no rosto.

III. SEXTA-FEIRA

É sexta-feira de manhã bem cedo e uma namorada que é uma mãe e que trabalha como advogada do sindicato está no trabalho desde as 7h20. Quando as secretárias chegam às 9h, ela já enviou vinte e-mails, já preparou um recurso e está pronta para a primeira reunião do dia. Como a sua cliente não chegou, ela pede à secretária que ligue para ela. O pai da cliente atende. Estamos aqui, ele responde. Mas do lado de fora. Ela se arrependeu. Estou descendo, diz a advogada que é uma mãe. A menina está sentada num banco, inclinada para a frente com o rosto coberto pelo cabelo. Quem é você?, pergunta o pai. Sua representante legal, responde a advogada. Sua voz era diferente no telefone, diz o pai. A advogada se senta no banco. Ela limpa a garganta. Diz que entende que a situação pode parecer assustadora. É normal ter medo. Ela se inclina para a frente e sussurra: Mas, se não denunciarmos esses miseráveis, eles vão continuar fazendo a mesma coisa. E isso não pode acontecer. Vamos parar esses idiotas de merda. Vamos massacrá-los, entende? Vai ser um massacre no tribunal. Banho de sangue. Eu juro. Confia em mim. A garota parece confusa. Você não fala como uma advogada, ela diz. A advogada sorri. Eu sou uma advogada do sindicato, ela diz. Mas não sou uma advogada como os outros.

Enquanto sobem de elevador, a advogada que é uma mãe fala de suas origens, do endereço que ela fingia ser o seu quando jovem, do tanto que os seus pais lutaram para que ela estudasse e conseguisse um trabalho nesse escritório pomposo. Quando me formei, eu tinha medo de que as pessoas descobrissem quem eu era, ela diz. Mas agora não mais. Fala de novo o que você vai fazer com eles, a garota diz. Vou massacrá-los, diz a advogada. Sem misericórdia. Eles têm que morrer. A garota sorri. O pai parece preocupado.

Dentro da sala, de portas fechadas, a garota começa a contar. Foi o pai que achou para ela aquele trabalho, ele soube que o catering de um restaurante que ele havia contratado para a sua empresa estava procurando gente. Ela começou quando tinha apenas quinze anos, no primeiro verão ela ficou no balcão. Depois no outono, ela ajudou a preparar os frios. Os proprietários eram dois irmãos. Um deles era gentil de maneira positiva; e o outro, gentil de forma incômoda. Ele começou a elogiá-la, a dizer que era bonita como o sol, linda como um prado de verão, que ele sempre ficava feliz ao vê-la, esse tipo de coisa. E é verdade, diz o pai. Qual é o problema de alguém ser gentil? Uma noite o chefe se colocou na frente dela, perguntou se ela não queria ir com ele até o escritório, e quando ela disse não ele deu uma gargalhada e falou que estava brincando. Talvez fosse brincadeira, diz o pai. E ele tem mais de cinquenta, né? Em outra ocasião, ele esticou à sua frente um dedo, brilhante da própria saliva, para tirar aquilo que ele alegou ser uma mancha de chocolate no canto da boca da garota. E daí?, pergunta o pai. Foi simpático da parte dele, não? Provavelmente ele não queria que ninguém risse de você. Eu tinha acabado de começar o meu turno, diz a filha. E eu não tinha comido chocolate. Foi quando ela começou como garçonete que ela escutou pela primeira vez

III. SEXTA-FEIRA

sobre o sistema de notas do chefe, ele dava notas para todos os funcionários, tanto homens quanto mulheres, tanto garçons e garçonetes quanto porteiros, de acordo com o nível de *fuckability* deles. Ah, mas às vezes é preciso engolir uns sapos, diz o pai, sem parecer convencido. Um sábado à noite, o chefe perguntou se ela queria ir para a casa dele. No meio da semana, ele a chamou em seu escritório e falou na cara dela que a havia contratado porque queria trepar com ela. Estava apaixonado por ela, lhe prometeu um aumento e benefícios, disse que nunca havia sentido algo assim por alguém antes, fechou a porta e abaixou as persianas. O pai se levanta da cadeira e vai até a janela sem abri-la. Logo em seguida o chefe começou a espalhar boatos sobre ela, contando detalhes íntimos, alegando que ela tinha se atirado em cima dele implorado para fazer sexo com ele. O pai se senta novamente. Ele olha para o chão. Aperta o braço da cadeira. Ela foi demitida quando reagiu, mas somente agora, dez meses depois, ao ouvir que outras meninas haviam passado por coisas piores no restaurante, foi que ela decidiu entrar em contato com o sindicato.

Quando a garota termina, a advogada lhe entrega um lenço. A filha balança a cabeça. O pai pega o lenço. Você acha que podemos ganhar?, pergunta a filha. Vamos destruí-los, responde a advogada e sorri. Não te interessa saber se são imigrantes?, pergunta o pai. É irrelevante, responde a advogada. Para mim é relevante, diz o pai. Para nós é relevante, diz o pai. Não é mesmo, minha filha? A garota não responde. São imigrantes, diz o pai. Não é mesmo? A garota não diz nada. O pai suspira. Que país de merda. Quando vamos acordar e entender que estamos estragando o nosso próprio país? A advogada engole e se contém. Ela abraça a garota e diz que vai dar tudo certo. Você é maravilhosa, você é uma rainha, você vai ganhar, somos nós duas contra o mundo agora, entende? Nós somos como o sol e eles como as nuvens, elas vêm e vão, não é mesmo? Nós seguimos brilhando. Me promete isso? A garota faz que sim com a cabeça. O pai e a filha deixam o escritório.

A advogada do sindicato que é uma mãe vai almoçar com Sebastian. São sempre os que chegam mais cedo de manhã, ela por causa dos filhos pequenos, ele porque se levanta às 5h e vai de bicicleta de Danderyd ao escritório. O garçom sugere o prato do dia com peixe para ele e o vegetariano para ela. Ambos assentem com a cabeça. Eles conversam sobre o gladíolo na janela, sobre o terrier que a filha adolescente de Sebastian levou para casa para experimentar e que provavelmente vai se chamar Ugolino, sobre condicionador de cabelo e sobre o fato de que todo tipo de molho fica mais gostoso com pimenta. É Sebastian quem paga a conta. No início ela tentava pagar a conta uma vez sim a outra não, ou pelo menos a cada três vezes, mas ele ficava ofendido e agora ela parou de se oferecer. Quando o garçom abre a porta para eles, o vento bagunça os cabelos de Sebastian, que como sempre a deixa entrar primeiro. Ainda bem que ele é velho e bem-casado, que o seu cabelo já está ralo e ele não é mais bronzeado como antes, porque uma vez, quando ele entrou no escritório depois das férias com o seu sorriso no rosto e as suas mãos, ela ficou preocupada com o quão feliz estava ao vê-lo.

De volta ao escritório, ela liga o celular e recebe cinco mensagens do seu namorado. Cinco fotos. Sem nenhuma palavra. O filho de um ano e a filha de quatro anos em uma escada rolante de mãos dadas e cheios de expectativas. Eles pulando em uma cama elástica em um parque estranho. Eles fazendo careta na frente de um espelho mágico. Os filhos e o pai dando risadas enquanto cada um segura a sua bola de plástico achatada. Eles amam estar juntos. Esses três ficam muito bem sem ela. Ela afasta a sensação de desconforto. Na última foto todos os quatro estão em fila em um bengaleiro pintado de vermelho. O avô das crianças à esquerda. A filha de quatro anos no meio. Seu namorado com o filho de um

III. SEXTA-FEIRA

ano no colo à direita. Todos sorriem. Ou melhor, a filha de quatro anos faz uma careta. O filho de um ano se vira para trás. O avô franze as sobrancelhas. Mas o namorado sorri. Ou pelo menos tenta sorrir. A pessoa a quem eles pediram para tirar a foto ficou um pouco longe, à direita dá para ver uma fila de armários de metal e à esquerda as costas de duas pessoas que não deveriam estar aí.

*

É sexta-feira de manhã e um filho que é um pai lê o texto que está escrito no aviso: aperte a campainha UMA VEZ. Uma vez está sublinhado e escrito em maiúsculas. O pai aperta a campainha uma vez. Eles ficam esperando. A filha de quatro anos tenta sair correndo na frente, mas é impedida pela grade de acrílico, enquanto o filho de um ano, no sling, balança a perna. O lugar está vazio. O pai pega o celular e olha ostensivamente para a tela, apesar de já saber as horas. Não tem ninguém aqui, diz a filha de quatro anos. Baaa, babuja o filho de um ano. Eles deveriam já ter aberto, diz o pai num tom bem alto para que os preguiçosos dos funcionários sentados tomando café com os olhos pregados nos telefones escutem que eles, possivelmente, estão quase perdendo clientes em potencial. Ninguém aparece. No balcão há outro aviso dizendo que carrinhos de bebê, sapatos e comida não são permitidos. Ele sabe disso tudo. Ele também sabe que eles possuem outros seis lugares espalhados pela cidade, ele sabe que a primeira filial foi aberta há cinco anos e meio e a mais recente no verão passado. Ele sabe que o nome é inspirado no neto do dono canadense, ele sabe que a entrada custa 179 coroas para crianças acima de dois anos e é gratuita para crianças com menos de dois anos, desde que os pais se tornem membros do grupo infantil, sem nenhum custo adicional. Tudo o que é preciso fazer é levar e apresentar a identidade junto com um endereço de e-mail. Ele também sabe que eles abriram há quinze minutos, porque ele olhou na página deles na internet antes de sair de casa, da mesma forma que ele escolheu o melhor caminho para chegar lá e preparou a bolsa de bebê com potinhos de comida pronta e mamadeiras e roupas extras para as crianças e para si mesmo, além de uma bolsa ziplock com fraldas extras, lenços umedecidos e aquele protetor dobrável que lhe permite trocar a fralda em qualquer lugar. Lugares onde ele trocou fraldas nos últimos meses: no chão de uma biblioteca, no banco do passageiro do carro, no teto de um castelinho de madeira no parque, na escada do lado de fora do apartamento alugado de um amigo no bairro de Kärrtorp, quando o amigo, que já deveria estar em casa, se atrasou.

Por que eles não vêm?, pergunta a filha de quatro anos. Não sei, responde o pai. Eles morreram?, pergunta a filha de quatro anos. Espero que não, responde o pai. O avô do Leo está morto, diz a filha de quatro anos. Ela fica em silêncio. O pai considera apertar a campainha mais uma vez. Mas o aviso diz claramente que é para apertar somente uma vez. Ele fica esperando que eles cheguem. Caramujos não podem morrer, diz a filha de quatro anos. Duas mães, ou poderia ser uma mãe e uma amiga, chegam com uma criança pequena. Elas ficam atrás dele. Elas olham para ele. O pai dá de ombros e aponta com a cabeça para o aviso. Uma das mulheres se inclina para a frente e aperta a campainha uma vez e, em seguida, duas vezes.

O rapaz que vem abrir não parece nem um pouco estressado, ele sorri e dá as boas-vindas; pega os dados pessoais para registrar o filho de um ano no grupo infantil e informa que eles possuem doze escorregadores, nove pistas de obstáculos, uma piscina de bolinhas especialmente para as crianças menores e uma quadra de futebol e basquete ao fundo à direita. O pai tem vontade de contar que não foi ele que apertou a campainha tantas vezes, mas não fala nada. O rapaz atrás do balcão lhe entrega o recibo e o

III. SEXTA-FEIRA

adverte a não esquecer o cartão. Obrigado, bem lembrado, diz o pai. Eu sempre esqueço. Eles entram no parque. Ele guarda o recibo na carteira. Ao se afastar do caixa, ele se pergunta por que disse que costuma se esquecer de pegar o cartão, desde os dezoito que ele tem cartão e não consegue se lembrar de uma única vez que ele tenha se esquecido de pegá-lo.

O playground é roxo, amarelo e vermelho, e todas as superfícies duras são revestidas com espuma de borracha, o chão é revestido de tapetes antiqueda e as paredes são feitas de um tipo de rede; quando a filha de quatro anos sobe para o andar de cima, eles conseguem se ver entre as paredes. A filha de quatro anos sobe por uma corda, pula entre cones macios, balança em cipós e desce em um escorregador amarelo. O filho de um ano brinca feliz na piscina de bolinhas. Ele faz aquele som que parece um rugido que ele costuma fazer quando vê alguém comendo mexericas, acendendo uma lanterna ou tomando um banho de banheira. Um som que significa: eu quero, eu quero brincar, aquilo é algo que eu sempre sonhei durante a minha curta vida.

O pai está sentado no chão ao lado do filho de um ano. O pai está 100% presente. Ele está curtindo o momento. Está realmente presente com os seus dois filhos. Em seguida, ele pega o telefone para tirar algumas fotos e enviar para a namorada. Depois confere se recebeu alguma resposta do pai. Depois guarda o celular e se dedica a estar presente. Depois pega o celular e lê as manchetes dos jornais. Depois guarda o celular. Depois lê as manchetes dos jornais da noite. Os cadernos de cultura. Os cadernos de fofoca. Depois guarda o celular. Depois olha o Face, o Insta e o Twitter. Depois guarda o celular. Ele está presente. Ele está aqui e agora. Ele não está em outro lugar. A filha de quatro anos pega dois cubos grandes de espuma de borracha que ela tenta empurrar num escorregador. O filho de um ano bate duas bolas de plástico uma contra a outra. O pai coloca um dos fones na orelha escondido. Richard

Pryor está em cima de um palco, zombando de alguém que está na plateia tentando tirar fotos (*you probably ain't got no film in the muthafucka either*), ele faz piada com os brancos que voltam do banheiro e descobrem que os pretos pegaram os seus lugares (*oh dear*), ele imita o som dos seus dois minimacacos transando, dá voz a um pastor-alemão que o conforta quando os minimacacos morrem e conta que por iniciativa própria ele cheirou o Peru inteiro. E, apesar de o pai saber a piada de cor, ele ri em silêncio enquanto está sentado na piscina de bolinhas. Ele se sente um bom pai. Ele se sente mil vezes melhor do que aquele que deveria ter chegado aqui às 10h e que ainda não apareceu. Sim. Ele é bom. Ele consegue fazer isso aqui. Apesar de ninguém ter lhe ensinado. E aqui e agora, quando o filho de um ano babuja e joga bolinhas de plástico e a filha de quatro anos empurra os cubos no escorregador vazio e Pryor imita o som dos seus pneus furados depois de ele mesmo furá-los para evitar que a sua ex-mulher o deixasse, o pai se sente profundamente feliz. É por esses momentos que ele faz tudo.

Quando eles acordaram às 5h foi ele quem cuidou deles. Fez café da manhã, trocou a fralda de cocô, deu o *silverte*, que era a bebida favorita de sua avó feita de água quente, leite e mel. Mas, como sua namorada morre de medo de que os filhos consumam muito açúcar, a receita foi reduzida a água e leite, mas depois de a namorada ter lido sobre as últimas descobertas que indicam que o leite pode ser cancerígeno, a bebida matinal das crianças é composta de água quente e leite de aveia, servida na mamadeira de cada uma delas. A filha já está na verdade um pouco grande para tomar na mamadeira, o filho é ainda na verdade bem pequeno para tomar *silverte*, mas já que a filha quer ser pequena e o filho quer ser grande é assim que eles começam o dia. Quando a namorada se levanta as crianças já estão vestidas, a sua água com limão está pronta, ele já preparou o mingau de painço para ela, já tirou a louça da máquina e ele insiste em querer acreditar que ele

III. SEXTA-FEIRA

faz isso porque é uma boa pessoa, que vem dele naturalmente, algo que as pessoas simplesmente fazem. Toda vez que ele faz algo ele pensa em como vai ser apreciado, ele mesmo se elogia por ter guardado a louça, ao mesmo tempo que bloqueia as vozes que sussurram que ele odeia esta vida, que a existência nunca foi tão tediosa e que a única coisa que ele quer fazer é se levantar e ir embora. Simplesmente sair e sumir.

Mas ali, na piscina de bolinhas, ele se sente grato. Ele é feliz. Estes são os anos de ouro. Ele vai sentir saudade deste tempo quando as crianças tiverem se mudado de casa. Apesar de o tempo parecer ter parado. Eles chegaram às 10h15. Agora são 11h15. Joga bolinha de plástico. Pega bolinha de plástico. Joga bolinha de plástico. Pega bolinha de plástico. Troca de fralda. Limpa a baba. Joga bolinha de plástico. Pega bolinha de plástico. Joga bolinha de plástico. Pega bolinha de plástico. A única coisa que o salva é a voz de Pryor contando sobre quando ateou fogo em si mesmo sem querer e que nada na vida foi tão maravilhoso como quando ele estava deitado na cama do hospital e não precisava fazer nada.

A filha de quatro anos está se coçando entre as pernas. Quer fazer xixi?, pergunta o pai. Não, responde a filha de quatro anos. O filho de um ano rasteja na direção de três espelhos mágicos. Ele vê a si mesmo e sorri, os seus quatro dentes brilham, a sua blusa é azul-clara com exceção da parte ao redor da garganta, onde a saliva a transformou em azul-escura. Tem certeza que você não precisa fazer xixi?, pergunta o pai. Certeza, responde a filha de quatro anos.

O pai permanece sentado na piscina de bolinhas. Aquelas duas mães, ou a mãe e a amiga, caminham com a filha. O pai abaixa a cabeça contra o ombro para que o fone de ouvido caia. Ele faz uma comparação rápida na cabeça. Ele classifica as crianças em termos de fofura, desenvolvimento, dentes e roupas. Chega à conclusão de que ela ganha em fofura, mas a cabeça do filho é maior, o que deve ser sinal de inteligência no futuro. Ela tem roupas mais modernas e combinadas, mas as roupas do filho são menos desgastadas e mais funcionais. Talvez ela tenha um sorriso bonito, mas o filho tem mais cabelo. Ela consegue dar alguns passos sozinha, mas é um pouco vacilante, enquanto o filho é um engatinhador profissional que começou a caminhar rapidamente com a ajuda do carrinho-andador. No fim das contas é um empate. Quase. O pai sorri para as mulheres. Elas sorriem de volta. Ele conhece o olhar. Elas acham que ele é um bom pai porque é esse tipo de coisa que bons pais fazem, eles se levantam cedo, eles vão a parques, eles trocam fraldas, eles catam lego e massinha do chão, eles catam carrinhos de polícia e motocicletas e mãos de borracha e ursos de pelúcia e caixas de plástico vazias e carteiras infantis e jogos da memória e peças de quebra-cabeça e luvas e toucas e meias e miçangas do chão. Eles caminham curvados, eles se sentam de joelhos, eles não praguejam alto para ninguém ouvir, eles ensinam a seus filhos que o mais importante na vida, absolutamente mais importante, é não desistir. Seja o que for que aconteça, nunca diga: não consigo, não é possível. Tudo é possível, é possível fazer tudo, desde que nunca, nunca, nunca desista. Você está escutando isso, o pai repete várias vezes à filha de quatro anos. Estooooou, responde a filha de quatro anos com aquela voz que a faz soar como uma adolescente. Estou falando sério, diz o pai e convida a filha para uma lutinha. Eles se reviram no chão da sala, a filha acaba em uma situação difícil, o pai a imobiliza com uma posição cócegas-beijo perigosa, o pai a beija e faz cosquinha, a beija e faz cosquinha, o filho de um ano olha para eles confuso, depois sorri para a luta que nunca termina. Desiste, grita o pai. Ok, responde a filha. Não, grita o pai, nunca desista. Mas você acabou de dizer que era para eu desistir, diz a filha. Quando eu disser para você desistir você tem que dizer... diz o pai. Você se lembra? Você se lembra do que nunca é para fazer? Uma pausa na partida de luta de beijos e

III. SEXTA-FEIRA

cócegas. A filha pensa. Você se lembra do que eu sempre costumo dizer?, pergunta o pai. Que eu NUNCA devo desistir, grita a filha. EXATAMENTE, grita o pai, e a partida de luta continua enquanto o filho de um ano observa a filha de quatro anos com os olhos bem abertos quando ela de repente ganha forças de Hulk e luta contra o pai no chão, ela vai para cima dele com o seu ataque de cosquinhas, ela fala para o pai desistir, e o pai responde: eu nunca desisto! Mas não importa, pois a filha já ganhou, então o pai diz: você lutou bem, e a filha diz: você também lutou bem, enquanto o filho de um ano engatinha até eles e babuja no rosto dos dois.

O parque se enche de crianças. Elas fazem fila para os escorregadores. Grupos de jardins de infância chegam, babás chegam, famílias com sete crianças chegam. A filha de quatro anos chega correndo. O pai sente na voz dela que já é tarde. Papai, papai, papai! Que sorte a nossa que trouxemos calças extras, diz o pai depois de voltarem do banheiro e trocarem de roupa, e os funcionários, como de costume, limpam a poça sem reclamar. Não é mesmo, repete o pai, e faz um carinho na filha. Que sorte grande que eu trouxe calças extras. Ele fica em silêncio. Ele percebe que quer ser aplaudido. Ele quer que a filha de quatro anos olhe e diga: uau, papai, que ótimo que você se lembrou de trazer calcinha e calças extras. Mas a filha está mais interessada em entender como a torneira sem manivela funciona. Ela fica na ponta dos pés na frente da pia, coloca as mãos debaixo da torneira e o jato de água começa a jorrar. De novo e de novo. Automático, ela diz. Completamente automático!

O pai aproveita para trocar a fralda do filho de um ano, que já se tornou grande o suficiente para entender que é possível resistir. Como se ele se transformasse em um mestre faixa-preta de judô assim que é colocado de costas, tentando se desvencilhar de todas as pegadas. Enquanto o pai pega a fralda, ao mesmo tempo que segura na barriga dele e desvia o olhar um segundo ao se esticar para pegar alguns lenços umedecidos, ao olhar de volta, o filho de um ano já desapareceu, está sentado na piscina de bolinhas, pegou o metrô sozinho para casa ou simplesmente está girando de bruços como se fosse um helicóptero, bate na parede e, como se fosse um paraquedista, tenta se jogar para fora do trocador. Mas o pai está acostumado. Ele já viu de tudo. Quando a filha de quatro anos era pequena ele tinha paciência. Ele tentava lhe explicar que ela deveria ficar quieta até que ele tivesse terminado tudo. Mas com o filho de um ano o pai fica nervoso. Ele o segura firme e o deixa gritar enquanto coloca uma fralda nova ao mesmo tempo que obriga a filha de quatro anos a parar de inundar a pia.

*

É sexta-feira e um pai que é um avô vai finalmente se encontrar com os netos. Ele sugeriu que eles se encontrassem no lugar de sempre. No shopping Åhléns City, na entrada de cima, onde fica a seção de perfumaria. Eles sempre se encontram aqui. Porque era aqui que eles se preparavam quando o filho tinha doze anos, com um caixote de bananas vazio em uma mão e uma pasta executiva na outra. A pasta do filho era igual à do pai, só um pouco menor. Quando os policiais uniformizados apareceram e depois foram embora, o pai e o filho deslizaram para o meio da Drottninggatan. Hora do show, sussurrou o pai, e o filho sorriu por se sentir tão feliz de estar com o seu amado pai. Era preciso ser rápido para não perder o lugar para o homem que vendia cachorros fofos de pelúcia que pulavam para trás e latiam, ou o outro com bonecos de plástico que desciam pelos painéis de vidro, ou o que se vestia de indiano e vendia umas coisas pequenas de flauta que colocava debaixo da língua e que com uma técnica especial (e bem difícil) conseguia assobiar como um pássaro. O único que tinha permissão e que nunca precisava sair do lugar era o homem do

III. SEXTA-FEIRA

cachorro-quente, mas ele não era concorrente de ninguém. Ao contrário, ele sempre assobiava quando avistava uma viatura da polícia, e todos que tinham as suas mercadorias em cima de um lençol corriam e transformavam as mercadorias num saco grande que saíam carregando a passos largos em direção à entrada do Åhléns. Aqueles cujas mercadorias ficavam dentro de uma mala em cima de caixotes de banana chutavam rapidamente os caixotes, fechavam as malas e saíam assobiando até a praça Hötorget. O homem do cachorro-quente ficava, cumprimentava a polícia e perguntava se eles não queriam ver a permissão dele, apesar de todos saberem que ele estava ali legalmente. Era ali que ficavam pai e filho aos fins de semana e vendiam coisas, eles vendiam relógios importados, vendiam perfumes que tinham quase o mesmo nome dos perfumes dentro do Åhléns, vendiam adesivos de ácido com olhos de plástico que chacoalham e que o pai comprava no Túnel dos Suspiros. Quando a volta das aulas se aproximava, eles vendiam bolsinhas de lápis e borrachas cheirosas; quando era Páscoa, vendiam ovos em miniatura em cores pastel, e mesmo que o filho não tenha dito, o pai sabe que foi um aprendizado valioso que o filho recebeu aos doze anos de idade. O filho entendeu cedo que nada na vida é de graça, ele aprendeu a nobre arte de vender algo para alguém que não precisa daquilo, ele aprendeu a negociar com pessoas que querem um desconto, ele aprendeu como chutar um caixote de banana e fechar uma pasta executiva em menos de dois segundos e aprendeu também que regras são regras, mas que é possível quebrar algumas delas, e sem essa consciência o filho teria tanto medo do mundo quanto a sua mãe.

Mas este ano por algum motivo o filho não quer que se encontrem no centro. O filho mora na região sul da cidade e quer que o pai pegue o metrô e vá até um playground. Um playground? O avô está muito velho e cansado para ir a um playground. Ele está quase ficando cego. Quase não consegue ficar em pé. Com certeza é preciso pagar entrada. Mas o que ele não faz pelos netos? O avô reúne as suas últimas forças para chegar até o metrô. Ele troca de linha na estação de Liljeholmen e prossegue no sentido sul na direção de Norsborg.

O metrô sueco não é mais como antigamente, quando só se viam suecos de olhos azuis por todos os lados. O máximo de exotismo era um grego que passava entre os vagões vendendo postais revolucionários ou um africano vendendo fitas cassetes de reggae. Hoje em dia o metrô é um zoológico de pessoas do mundo inteiro. Ao passar pela estação de Örnsberg, ele escuta duas senhoras conversarem em espanhol, quatro adolescentes em russo, dois caras em dari, uma família de turistas em dinamarquês. Na estação de Sätra, entra um pedinte. Ele está de calça de moletom e sapatos remendados com *silver tape*. Ele coloca um cartão plastificado em cima dos assentos livres. O avô olha a foto de soslaio. Um grupo de crianças vestidas com roupas coloridas na frente de uma casa. A porta é feita de compensado. As crianças estão descalças. Elas sorriem para a câmera. Ele é muito novo para ter esse tanto de filhos. A mulher com o bebê é muito bonita para ser a sua mulher. O pedinte recolhe os cartões e dá uma volta com o seu copo de papel. O avô olha pela janela. Ele não se deixa convencer por esse tipo de expediente. Ele sabe que eles fazem parte de um grupo organizado. Andam em carros luxuosos nos seus países de origem. O avô já deu duro demais por muito tempo para dar o seu dinheiro de graça assim. Além de, na verdade, não ter quase dinheiro algum. E deve guardar o pouco que tem, para o caso de precisar desse dinheiro algum dia.

O avô sobe a escada rolante até a praça. Tudo se parece como antes, mas ao mesmo tempo não. O centrinho do bairro foi reformado. Baclavas refinados são vendidos na praça. Os vendedores de frutas possuem duas barracas e o tamanho das filas na frente de cada uma é o mesmo. O avô pergunta onde fica o playground.

III. SEXTA-FEIRA

Ninguém sabe. Por fim, ele liga para o filho, mas como está sem crédito no telefone, primeiro ele tem que ir à lojinha de conveniência Pressbyrån e comprar créditos e depois pedir ajuda ao cara atrás do balcão para ajudá-lo a ativar os créditos. As letras e o código são muito pequenos para os seus olhos. Uau, é um clássico, diz o cara enquanto o avô lhe entrega o celular. Eu o herdei do meu filho, diz o avô. O cara atrás do balcão começa a explorar como se faz para enviar uma mensagem de texto nesse Nokia de dez anos de idade. Tenho dois filhos, diz o avô. Um filho e uma filha. A filha é muito bem-sucedida. Ela trabalha com RP. Mora em Vasatan. Ela sempre tenta me presentear com um celular novo, aqueles com internet e que dão a previsão do tempo, mas eu estou satisfeito com este aqui. O cara atrás do balcão acena com a cabeça. Ele encontrou a função de envio de mensagens e está digitando o código para carregar os créditos no celular. Meu filho é contador, diz o avô. O cara atrás do balcão acena mais uma vez com a cabeça. Temos uma relação muito boa. Que legal, diz o cara atrás do balcão. Não são muitos que têm. Aqui está, deve funcionar agora. Boa sorte.

O avô volta para a praça. Ele digita o número do filho. Mas, como as teclas são muito pequenas e o sol se escondeu nas nuvens e a tela está um pouco solta, ele digita o número a partir da posição das teclas. A primeira vez ele liga para um número que não existe. Ele tenta novamente. O filho atende na terceira chamada. O filho explica como faz para chegar lá. O avô segue as instruções dele.

Da escada rolante ele já escuta o bombardeio de risadas e gritos. Por que ele concordou em encontrá-los aqui? A primeira coisa que ele vê quando entra no parque é um irmão mais velho correndo do escorregador com a irmã mais nova chorando, como um soldado que carrega um companheiro ferido; depois de alguns passos, o choro desesperado desaparece em meio à cacofonia anestesiante dos ouvidos. Ele não vai conseguir achar o filho aqui de jeito nenhum. Logo em seguida ele o vê. Seus olhares se encontram. Eles sorriem.

O filho é bizarramente igual à mãe. Eles têm o mesmo corpo fino e as bochechas lisas. Mesmo tipo de roupa preta e nariz pequeno. Pai e filho se abraçam. O filho envelheceu dez anos em seis meses. Está pálido como cimento, e as bolsas que ele sempre teve debaixo dos olhos cresceram de pequenas pochetes para sacos de lixo pretos. Mas o pai não fala nada. Ele não quer magoar o filho. Se ele disser alguma coisa, será uma piada afetuosa sobre como o filho está com a aparência fresca e descansada. Você estava de férias?, pergunta o pai. O filho não responde. Ao invés de responder, o filho pergunta: o que aconteceu? Foi difícil achar? Perdeu a hora? O que você quer dizer?, pergunta o pai. Era para você ter chegado aqui duas horas atrás, responde o filho. Duas horas a mais, duas horas a menos, diz o pai. Talvez ele tenha se perdido, diz uma voz fraca vindo da perna direita do pai. O avô olha para baixo. Lá está ela. Sua adorável netinha. Ela é tão grande. É tão pequena. Deve ter entre três e seis anos. É assustadoramente parecida com a filha que não existe mais. As mesmas bochechas arredondadas. O mesmo olhar forte. Só as roupas são diferentes. Olá, olá, diz o avô. Oi, diz a neta com o rosto enfiado na calça jeans do pai. Como você cresceu. Tenho quatro anos, diz a neta. Cinco em breve. Você sabe quem eu sou?, pergunta o avô. *Papi*, responde a neta. Exato. *Papi*. Sou o *papi*. Você tem um presente de aniversário para mim? O avô remexe os bolsos. Ah não, devo ter deixado cair no caminho para cá. Mas podemos comprar um presente para você depois. Você quer ganhar um presente? Você vai ganhar um presente. Uma boneca. Um cavalo. Um avião. Tudo aquilo que você quiser. O que você quer ganhar? O que mais quero são meias para jogar futebol, responde a neta. E caneleiras. Então é isso que você vai ganhar, diz o avô. Você vai ganhar dez meias e dez caneleiras. A filha de

III. SEXTA-FEIRA

quatro anos olha para o pai. É verdade ou mentira? Mentira, diz o pai. Verdade, diz o avô.

Eles se sentam. Está na hora de as crianças almoçarem. O avô se satisfaz com um café. E um *wienerbröd*. Ele está com fome, mas percebe que o filho está irritado e não quer incomodar. Você não vai comer um *wienerbröd* de jeito nenhum, diz o filho. Você tem diabetes, será que entende isso? Tem que controlar o açúcar. *Wienerbröd*. Inacreditável. Você não entende o que pode acontecer se a sua glicose continuar subindo e descendo desse jeito? O filho diz tudo isso na frente dos filhos, com a voz tão alta que as jovens mães ou talvez irmãs mais velhas na mesa ao lado podem escutar. Ele fala com o próprio pai como se falasse com uma criança. Mas o avô não fica com raiva. Não retruca. O filho vai até o caixa para fazer o pedido. Que resmungão, diz o avô. O que aconteceu com os seus olhos?, pergunta a neta.

O filho volta com duas bandejas de plástico. Ele comprou lasanha para si mesmo, pizza para as crianças e um sanduíche para o avô. Um sanduíche de queijo. Nem ao menos um sanduíche com ovo e caviar. As crianças começam a comer. Comam agora, diz o filho. Sentem-se direito. Não balancem. Comam direito. Comam com os talheres. Usem o guardanapo. Não joguem comida no chão. Mas, meu Deus, será que vocês podem terminar de comer a comida? O que vocês estão cutucando? Comam! São crianças, diz o avô. Justamente por isso que eles devem comer, diz o pai.

O avô sorri. Ele muda de assunto. Conta algumas piadas para amenizar o clima ao redor da mesa. O charme do avô continua intacto. As covas nas bochechas continuam no mesmo lugar de sempre. Ele sabe exatamente qual entonação e qual timing usar para vender qualquer coisa a qualquer pessoa. Conseguiria vender areia a uma praia. Conseguiria vender sorvete a um carrinho de sorvete. Conseguiria vender vento a um furacão. E quando o clima em uma mesa fica tenso ele tem piadinhas que conseguem fazer qualquer um rir. Especialmente a neta de quatro anos. Ela ri tanto que pedaços pequenos de pizza caem na bandeja. Seu filho, em vez disso, parece ter esquecido como se faz para rir. Não mexe nem sequer os lábios quando o avô conta a clássica sobre o tomate que atravessa a rua e é atropelado. Nem quando o avô troca o tomate pela cenoura. Muito menos quando o avô diz que o pai que passa na frente deles e se recusa a comprar o sorvete para os dois filhos é judeu.

Por favor, diz o pai que é um filho. Estou te pedindo, evita essa palavra. Qual palavra, pergunta o avô. Judeu? Você é racista por acaso? Você acha que ser judeu é pior do que ser outra coisa? O pai continua comendo a sua lasanha. O avô tomando o seu café. Posso ir brincar, pergunta a neta. O pai faz que sim com a cabeça. Se você disser obrigada pela comida. Obrigada pela comida, diz a neta. De nada.

O pai encara o avô. Para começar, diz o avô, um sanduíche de queijo não é um almoço. E o que você quer dizer? Devo agradecer ao meu filho por ter me comprado um copo de café amargo e um sanduíche de queijo velho e esfarelento? Qual é o próximo passo? Começar a pagar por você tomar conta da minha correspondência quando estou fora? Você vai me enviar uma nota fiscal por fazer o meu imposto de renda? Vai cobrar para marcar as minhas passagens aéreas? Depois o avô fica em silêncio. Ele tenta ser maior do que a mesquinhez do filho. Ele quer ser um exemplo de como um homem correto se comporta na vida, e um homem correto de verdade não convida o próprio pai para tomar um café asqueroso e comer um sanduíche de queijo esfarelento e ainda espera receber um obrigado. Especialmente se ele for o filho mais velho. O filho mais velho deve interpretar como um privilégio poder tomar conta do próprio pai. O filho deveria agradecer por ter a oportunidade de fazer o imposto de renda do pai. Mas não, o filho não tem a sagacidade necessária para ser grato por isso. Ao contrário, ele

III. SEXTA-FEIRA

começa a fazer perguntas. Quer saber como o avô se sustenta, se ele se sente bem no outro país, se conheceu alguém, se a situação política atual impactou o turismo e se o avô se sente mais ou menos seguro agora que o país passou por transformações tão grandes em tão pouco tempo. O avô responde às perguntas. Ao menos algumas. Mas ele não entende o porquê de o pai ter tanta curiosidade. Ou melhor, sim. Ele sabe exatamente por quê. O pai quer ter um pretexto para poder denunciá-lo ao governo. Quer ter uma ideia da herança que vai receber. Ele quer, desde já, planejar como poderá receber o máximo de dinheiro possível quando o avô finalmente morrer. O avô para de responder às perguntas. Eles ficam em silêncio. Quanto tempo você vai ficar?, pergunta o pai. Viajo na sexta, responde o avô. Então você vai perder a festa de aniversário dela, diz o pai e balança a cabeça. Não quero atrapalhar, diz o avô. Dez dias, resmunga o pai. Pouco ou muito tempo?, pergunta o avô. Foi você quem marcou as passagens para mim, não foi? O pai não responde. Em vez disso, ele pergunta: você está bem lá no escritório? A pia do banheiro está entupida, responde o avô. Eu sei, diz o pai. Tem aquela coisa de desentupir no armário da cozinha. Ok, diz o avô. Como estão os animais de estimação?, pergunta o pai. As baratas?, responde o avô. As baratas estão ótimas. Assim você sabe que não está sozinho em casa. Elas transmitem doenças, diz o pai. Elas podem entrar nos ouvidos e botar ovos enquanto você estiver dormindo. Bobagem, diz o avô. Baratas existem no mundo todo. Em todo lugar menos aqui. Elas não são perigosas. Você não trouxe nenhuma comida com você dessa vez?, pergunta o pai. O avô não responde. O pai fica em silêncio um bom tempo antes de dizer, sem levantar o olhar da mesa: precisamos conversar.

*

Um filho que se tornou um pai está saindo do banheiro em um parque de recreação quando o seu celular vibra. É o avô dos filhos. A voz soa irritada. O pai está na praça, onde venta muito, ele não acha o lugar, não há nenhuma placa, chove, há mendigos nojentos por todos os lados e o metrô estava cheio de controladores de passagem quando ele estava vindo para cá, então ele foi obrigado a descer do metrô duas vezes, a primeira vez porque os controladores de passagem entraram no vagão dele, e a outra porque ele viu algumas pessoas que se pareciam muito com controladores de passagem à paisana, e ele achou melhor não arriscar. O filho suspira e lhe explica o caminho com a voz mais calma e pedagógica possível. Se você está na praça com o metrô atrás de você, você vai para a esquerda sentido centro comercial. Passe pela porta giratória. Passe pelas lojas da Hemtex, Forex, JC e aquela de cosmético que fica em um quiosque no meio do corredor. Depois você vira à esquerda em direção ao estacionamento e desce a escada rolante. Se você vir a entrada para a Clas Ohlson, você deve virar e voltar. Ok, diz o pai que é avô e desliga.

Vinte minutos depois o pai chega ao parque. Ele caminha inclinado para a frente como se caminhasse contra o vento. Aperta os olhos como se chovesse do lado de dentro. Ele manca. Ele entra direto, sem apertar a campainha, sem pagar entrada, sem ler os avisos que dizem que não é permitido entrar de sapatos. Ele avista o filho e sorri. A barba do pai é pontuda com manchas grisalhas. Os dentes são amarelados. Seu pulôver é branco mas cheio de manchas, assim como o lado de dentro do colarinho da camisa. Caralho, que tempo, diz o pai e balança a cabeça. Eles se abraçam. Ele cumprimenta os netos. Ele se senta e diz que quer um café, de preferência com algo doce, como um *wienerbröd* ou um *biskvi* de chocolate. O filho pega uma cadeira infantil para o filho de um ano e vai ao caixa. Quando ele volta com a comida, o avô está brincando com o filho de um ano. Ele segura um guardanapo

III. SEXTA-FEIRA

amassado em uma das mãos, contorce as mãos, as cruza e deixa o neto escolher uma das mãos. O filho de um ano escolhe uma mão, repetidamente, ele parece estar se divertindo, como se já tivesse entendido que às vezes é preciso fazer coisas não tão legais em prol de parentes mais velhos. Posso ir brincar?, pergunta a filha de quatro anos. Assim que tiver terminado de comer, responde o pai. Eu comprei pizza para vocês. O pai diz isso com uma ênfase extra no *eu*, para que os filhos entendam que o avô deles não teve nada a ver com isso. Não estou com fome, diz a filha de quatro anos. Você está sim, diz o pai. Eu não gosto de pizza, ela diz. Claro que você gosta, diz o pai e começa a cortar a pizza em pedaços pequenos. Eu queria comê-la como se fosse um sanduíche, ela diz. Não, assim não pode, diz o pai. Você é muito rígido com ela, diz o avô. Onde está o meu *wienerbröd*? Eu comprei um sanduíche em vez dele. Eu não gosto de sanduíche, diz o avô num tom de reclamação. Você não gosta de sanduíche?, pergunta a filha de quatro anos com um semblante surpreso. Eu gosto mais de *wienerbröd*, responde o avô. Eu também, diz a filha de quatro anos. O filho de um ano já comeu quase metade da sua pizza. O pai come a sua lasanha. O avô toma o seu café e come o seu sanduíche. Ninguém diz nada. O pai tenta começar uma conversa. O avô responde com monossílabos. Ele tenta de novo. O avô para de responder. É como jogar palavras dentro de um buraco de drenagem. É como fazer perguntas a um totem de autoatendimento num estacionamento. Eles ficam em silêncio. Duas crianças se chocam ao pular em uma das camas elásticas e começam a chorar. Os pais vêm correndo cada um de um canto. O filho de um ano comeu tudo. Ele engole uma mamadeira com água. A filha de quatro anos também termina de comer. Ela corre até a quadra de basquete e futebol. Por que ela está vestida como um menino?, pergunta o avô. Ela ama camisas que têm números, responde o pai. Eles voltam a ficar em silêncio. O avô limpa a garganta. O pai toma um gole de água. Você trouxe os meus papéis do banco?, pergunta o avô. Não, responde o pai. Preciso deles, diz o avô. Eu sei, vou providenciá-los, diz o pai. Tenho que ir a um podólogo, diz o avô. Ok, diz o pai. Converse com o médico de família sobre isso. Eu marquei um horário para você na segunda-feira às 8h45. Não vai esquecer, às 8h45 na segunda. O avô pega um papel do bolso. Um envelope branco dobrado ao meio. Ele escreve dez números um atrás do outro. Ao lado da segunda-feira ele escreve a hora da visita ao médico. Você não tem uma agenda?, pergunta o pai. Não preciso de nenhuma agenda, responde o avô. Agendas são uma invenção da indústria de papel para ganhar dinheiro. Quando você viaja de volta?, pergunta o pai. Na sexta. Então você vai perder o aniversário dela, diz o pai. Ficar mais velho não é coisa para se comemorar. Isso aqui não está mais funcionando, diz o pai. O que não está mais funcionando?, pergunta o avô. Isso aqui. Tudo. Você ficando na minha casa. Eu te ajudando com tudo. Eu fico na sua casa?, pergunta o avô. Eu fico é no seu escritório. Exatamente. É isso que não funciona, diz o pai. Eu venho para cá só duas vezes por ano. Duas vezes por ano, duas semanas toda vez, dá um total de um mês por ano que não posso trabalhar. Mas você está de licença-paternidade, diz o avô. Agora estou, diz o pai. Mas não daqui a seis meses. O avô encara o filho. Antes de você ir embora, eu quero as chaves de volta, diz o pai. Mas onde vou ficar?, pergunta o avô. Na sua casa? Não, não cabe, responde o filho. E acho que nenhum de nós sobreviveria. Devo ficar em um hotel? Você quer que o seu próprio pai fique em um hotel? É isso que você quer? Que eu pague por um hotel para que eu tenha a chance de ver os meus netos? Você está me jogando na rua como se eu fosse um cachorro velho? Fala baixo, diz o pai. Não me manda falar baixo, murmura o avô e esmurra a mesa. O filho de um ano sorri. A filha de quatro anos vem correndo com um semblante preocupado. Vocês estão brigando?, ela pergunta. Conversamos

III. SEXTA-FEIRA

mais sobre isso depois, diz o pai. Quando?, pergunta o avô. Quando as crianças não estiverem junto, responde o pai.

*

Uma filha que é uma irmã e que é uma mãe está a caminho de casa depois do trabalho em uma sexta-feira à tarde quando toda a cidade fede. O elevador cheira a fita isolante. A escada rolante fede a borracha queimada. Os vagões do metrô fedem a batata frita velha. Ela faz xixi duas vezes em meia hora. Ela se sente feliz. Orgulhosa. Forte. Triste. Completamente deprimida. Mas ao mesmo tempo animada e cheia de energia. Para logo em seguida adormecer no metrô e passar da sua estação. Quando acorda, ela quer comer cheesecake. A única coisa que ela quer. Cheesecake, onde nessa merda de cidade tem cheesecake? Ela entra num café e pergunta. Temos bolo de cenoura, responde o cara barbudo atrás do caixa. Pedi uma fatia de cheesecake, a irmã explode. Ok, ele responde. Desculpa, é que estou um pouco esgotada, ela diz. E estou com muita vontade de comer cheesecake. Vou continuar procurando. Ela entra numa padaria. Entra numa loja de produtos naturais. Por fim ela acha o cheesecake num supermercado, envolto em plástico e com cara de seco, mas mesmo assim ela compra dois, come em pé com a mão como se fossem sanduíches. Ela está pouco se lixando que as pessoas olhem para ela. Podem olhar o quanto quiserem. Ela vai para casa. O celular toca. Finalmente, diz o pai quando ela atende. Fui eu que te liguei, ela diz. Que bom escutar a sua voz, ele diz. Vamos nos ver? Tomar um café? Jantar? Eu posso qualquer dia e hora, mas entendo que você esteja ocupada. Calma, pai, ela diz. Aconteceu alguma coisa? Não, nada, responde o pai. Eu só quero encontrar a minha filha maravilhosa. Claro que vamos nos ver, ela diz e consulta a sua agenda. Na próxima semana estou bem ocupada, mas o que você acha de almoçarmos amanhã?, ela pergunta. Que dia é amanhã?, pergunta o pai. Sábado, ela responde. Que tal nos vermos no centro por volta do meio-dia? Nada me faria mais feliz, diz o pai. Até logo, meu anjo amado. Eles desligam. Ela continua a caminho de casa. Ainda não é um ser humano que está vivendo dentro dela. Nem um feto. Somente algumas células que se dividiram e se dividiram até formarem uma bola de célula de um centímetro de tamanho que se fincou na parede do útero. Até agora ela não tem nem pele, nem sistema nervoso, nem orelha, nem olho. Nem músculo, nem esqueleto, nem rim, nem cérebro. Nem intestino, nem sistema digestivo, nem pulmão, nem bexiga, nem sexo, nem personalidade, nem nome. Falta muito para o primeiro respiro, primeiro passo, os desafiadores dois anos, os desafiadores três anos, para não mencionar os desafiadores quatro anos. Ainda não há nenhuma reclamação, nem interrogatório policial, nem notificações de advogados, nem intimações nem contestações. Nem apelações, nem guarda compartilhada com trocas em lugares públicos, nem novas notificações, nem reuniões com novos assistentes sociais que não fazem ideia do que aconteceu nos últimos cinco anos, nem conflitos sobre qual dos pais vai escolher quais feriados, quando vão fazer a troca, quem fica com o Natal, quem fica com as celebrações de fim de ano na escola, quantas horas a mãe vai ficar com a criança em comparação ao pai, nenhuma nova ação de guarda, nem moradia trocada, nem psicólogo independente contratado para avaliar o tamanho do estrago na criança devido ao conflito prolongado entre os pais, assim como nenhum relatório final recomendando que a guarda seja dada ao guardião que melhor conseguir oferecer uma imagem positiva do outro guardião. É exatamente isso que ela faz. Ela teve tanto êxito que agora o filho se recusa a voltar para casa e é ela quem ficou sozinha. Apesar de não estar sozinha. Tem o seu namorado. E na sua barriga tem aquele que era um broto, que se tornou um embrião, que tem um coração em formato de tubo, que começou a bater.

III. SEXTA-FEIRA

*

Um avô que é um pai desce do metrô e cruza a praça. Um café, um mercado, uma casa de grelhados, um restaurante de comida indiana, dois salões de cabeleireiro, uma loja que vende bonequinhos de RPG, um ateliê de costura e duas pizzarias. O avô nunca sonharia em ir ao restaurante indiano. Não importa se o seu filho diz que a comida é boa. E não importa se é barato. O avô não confia nos indianos. Nunca se sabe o que eles colocam na comida. Pode ser que esteja escrito frango no cardápio, mas quem é que vai saber se não é cachorro que tem na comida. Ele também não vai à casa de grelhados. O dono é curdo e confiar num curdo é como confiar num albanês. Só que pior. O avô escolhe entre a pizzaria com a placa verde onde a pizza é mais cara e a salada é paga à parte, e a pizzaria com a placa azul e branca, onde somente dois funcionários trabalham e há mais clientes que bebem do que comem. O eletricista que tem uma oficina ao fim da rua o cumprimenta. O cara que, independentemente da estação, está sempre com os óculos escuros espelhados na testa, provavelmente para esconder as rugas ou as entradas na cabeça, o cumprimenta. Do banheiro, que fica dentro da cozinha, sai Frida, que tem uma bolsa de franjas e uma risada tão alta que qualquer um percebe que ela no passado foi muito mais bonita do que é agora. Como você está bem, ela diz (como sempre). A vantagem de morar fora, ele diz (como sempre).

O avô faz o pedido de sempre e se senta à mesa de sempre. Nas outras mesas estão sentadas pessoas que o avô reconhece, mas que não cruzam com o seu olhar. Um dos caras tem uma tatuagem no pescoço, o outro um colete de couro com letras bordadas.

O cara no balcão pergunta ao avô se ele não quer uma cerveja enquanto espera. O avô diz que não. Porque ele no fundo sabe que essa cerveja não é gratuita. O cara diz isso num tom que indica que a cerveja é cortesia, mas o avô caiu nesse blefe uma vez e não vai cair de novo. Quando a pizza fica pronta, ele pega a embalagem fumegante, enquanto Frida o ajuda com a porta. Até amanhã, diz o cara atrás do caixa.

Na escada do lado de fora do apartamento, ele coloca a pizza no chão para pegar o chaveiro. Ele pesa as chaves na mão. São suas. Ele pagou para fazer uma cópia. As chaves antigas desapareceram e o filho se recusou a fazer cópias novas para ele. Ele se limitou a dar as suas chaves e disse ao pai que fosse a um chaveiro. Onde tem um chaveiro? Por todos os lados, respondeu o filho. Você não pode fazer isso?, perguntou o avô. Por quê?, perguntou o filho. Me sinto tão cansado, respondeu o avô. Não tenho forças. Pai, disse o filho, tenho três declarações que preciso terminar esta semana. Preciso achar alguém que possa reformar o nosso apartamento. Minha namorada vai participar de uma conferência. Esta semana está corrida. Então eu agradeceria se você pudesse ir a um chaveiro e mandar fazer a cópia. Você acha que consegue? O avô assentiu. Ele achou um chaveiro. Ele fez a cópia. E, já que foi ele quem pagou, as chaves são dele. Nenhum filho pode chegar anos depois e exigir que ele deixe as chaves.

O pai pega uma tesoura e corta a pizza na frente da televisão. Ele tenta se concentrar na trama do suspense britânico das sextas-feiras. Todos os personagens são iguais. Os policiais se parecem com os ladrões. Chove ininterruptamente. Todos têm impermeáveis e o semblante preocupado. Seus pensamentos se desviam o tempo todo para o filho e a conversa de hoje. O filho. Ele que se parece com um filho, mas que na verdade é uma cobra. Como ele pode simplesmente se sentar e mandar para o inferno o seu pai amado, bem na frente dos netos? Como ele se tornou tão frio? Quando foi que se transformou num robô que coloca a carreira e o dinheiro na frente do seu próprio pai amado? Inacreditável. O filho é uma vergonha. O filho é um não filho. O filho é uma pessoa mimada que nunca precisou lutar por nada em toda a sua

III. SEXTA-FEIRA

vida. Um medíocre vergonhoso que culpa os outros por todos os seus fracassos. Toda a sua vida ele viu o mundo através de um filtro que o faz acreditar que tudo de ruim que acontece está relacionado com algo fora do seu poder. Quando o filho era mais jovem, era o racismo. Ele não conseguiu um estágio na Vivo. A Vivo é racista, disse o filho. Ele recebeu nota máxima em todas as matérias com exceção de um B em Música. A professora de música é racista, disse o filho. Ele foi expulso de uma partida de basquete depois de ter dado uma cotovelada nas têmporas de um adversário. O juiz é racista, disse o filho. Começou a chover na noite em que ele tinha planejado ir ao cinema no parque com alguns amigos em Djurgården. Que tempo racista, disse o pai. Muito engraçado, disse o filho, que, apesar de ter a pele mais clara do time de basquete, era quem mais se sentia discriminado.

Durante o ensino médio ele descobriu a música. Nunca saía sem os fones de ouvido. Uma vez o pai os escondeu para ver por quanto tempo ele os procuraria. Durante meia hora ele rodou e rodou o apartamento. Vai para a escola sem fones, disse o pai. Não posso, disse o filho. Por quê?, perguntou o pai. Não sei, respondeu o filho. Não consigo. Preciso deles. Com alguns amigos do basquete, o filho começou a fazer música toda tarde depois da escola. O problema é que não era música, eram só tambores e conversa-fiada. Às vezes eles roubavam discos da coleção de velhos vinis do pai, às vezes eles faziam uma versão instrumental de alguma canção. Não havia nenhuma criatividade, nem melodias, nem refrões, somente palavrões, sirenes e letras sobre a importância de ser autêntico, de nunca ser pop, de ser marginal, porque o filho estava convencido de que tudo de ruim no mundo vinha das gravadoras comerciais.

Depois veio a separação. Pai e filhos mantiveram contato esporádico. Depois nenhum contato. O filho começou a namorar uma menina sardenta que o ensinou sobre feminismo e, quando pai e filho reataram contato, de repente era o patriarcado que estava por trás de tudo de ruim no mundo. Era culpa dos homens se existiam pornografia violenta, estupros coletivos, campanhas publicitárias com mulheres bonitas, sapatos de salto alto e bicicletas femininas. Mas o mundo é maravilhoso, disse o pai. Pelo menos o mundo que vocês conhecem. Porque vocês não sabem nada sobre como o mundo é na realidade. Vocês nunca precisaram se esconder debaixo da mesa enquanto a polícia socava a porta. Vocês nunca tiveram um tio que ateou fogo a si mesmo dentro de uma cadeia. Vocês nunca sentiram fome de verdade, preocupação de verdade, medo de verdade. E o que você sabe sobre isso?, perguntou o filho.

O pai se mudou para fora do país e o filho assumiu o contrato do apartamento do pai, sem nenhuma taxa de transferência. A única condição era que o filho tomasse conta da correspondência do pai. E que o pai tivesse algum lugar para morar quando viesse visitar. O filho estudou Economia numa universidade prestigiosa. Seus colegas de curso se transferiram para o exterior, se tornaram consultores em Londres ou fundaram empresas digitais em Berlim. O filho escolheu contabilidade como especialização, porque era mais fácil e mais seguro. Ele achou o seu escritório por intermédio de dois filósofos que tinham uma editora e uma livraria. Um dos filósofos fez parte da onda esquerdista nos anos 1970, e o outro filósofo foi preso depois dos motins em Gotemburgo e passou meses na prisão por tentativa de rebelião ou violência contra funcionário público ou talvez violência contra os cavalos policiais, o pai não sabia ao certo, mas durante muitos anos o estoque de livros deles ficou lado a lado com o escritório do filho e durante aquele tempo não era o racismo ou a gravadora ou o patriarcado que estavam por trás de todo mal, e sim o Capitalismo com C maiúsculo, alegava o filho. Mas você é economista, disse o pai enquanto balançava a cabeça. Economista contra a minha vontade, disse o filho.

III. SEXTA-FEIRA

O cérebro do meu filho só tem lugar para uma ideia por vez, pensa o pai que agora é avô. Tudo é sempre culpa de alguém, e na maioria das vezes esse alguém é o pai. Ele está sentado na frente da televisão. Ele comeu duas das quatro estações da pizza. O resto do ano fica de almoço para amanhã. Ele se levanta e leva a embalagem da pizza até a cozinha. No caminho ele chuta sem querer a pilha de livros no corredor. Ele deixa os livros no mesmo lugar. Não é culpa dele que o filho tenha entulhado o escritório com tanta porcaria que mal dá para respirar.

*

Uma namorada que é uma mãe e que trabalha como advogada do sindicato corre até o metrô para não chegar atrasada ao jantar marcado inacreditavelmente cedo. Apesar de o expediente já haver terminado, ela continua trabalhando, ela passa os olhos na decisão da Justiça do Trabalho sobre uma empresa portuária que deve pagar indenização por ter violado acordos coletivos, ela lê as anotações de um colega para se preparar para a tentativa de negociação com a Polícia na semana que vem. Três policiais processaram o seu empregador por eles não terem a permissão de conduzir negócios privados, um técnico de bombas quer ensinar direção de automóveis de forma segura e econômica, um detetive quer abrir um negócio de fotografia e filmagens de drones de campos de golfe, um investigador da secretaria de violência familiar quer organizar palestras em escolas sobre os perigos da internet. O Conselho Nacional da Polícia afirma que atividades paralelas podem prejudicar a confiança na corporação. O sindicato, por intermédio do seu representante legal, afirma o contrário. Ela é a representante legal da Associação dos Policiais. O nome dela consta no site. Ela tem o seu próprio cartão de visita. Uma linha telefônica própria. Ela tem uma secretária que sabe exatamente qual café ela costuma tomar antes do almoço (americano duplo com leite de aveia vaporizado), qual chá ela quer tomar depois do almoço (camomila) e qual doce ela quer comer quando precisa trabalhar até mais tarde (*Gott & Blandat*). Ela tem colegas mais velhos que lhe pedem conselhos, tem um chefe que já a elogiou inúmeras vezes nas reuniões de sextas-feiras. Tem um salário seis vezes mais alto do que a aposentadoria da sua mãe. Mesmo assim às vezes ela ainda duvida se tudo isso é de verdade. Se de fato está acontecendo. E, quando ela ainda era novata no trabalho, de vez em quando ia até a página do sindicato para ver se o seu nome estava na lista de funcionários. Ali estavam as secretárias. O zelador. O administrativo. E debaixo do título de juristas em negrito: o nome e o sobrenome dela.

Ela foi a primeira na família a estudar na universidade. Seus pais batalharam muito para chegar até aqui, eles deixaram os seus países de origem, eles foram trazidos para cá de ônibus porque as fábricas precisavam de mão de obra, o pai trabalhou na Volvo, depois a mãe também conseguiu um trabalho na Volvo, a mesma fábrica, quase o mesmo salário. Eles trabalharam lá até se aposentarem, e nenhum deles pensava em dirigir qualquer outro carro que não um Volvo. Quando a filha se formou, eles a levaram a um restaurante. As roupas dos garçons combinavam, havia flores nas mesas cobertas por toalhas brancas como creme. A mãe estava com a mesma roupa que usara na crisma da filha. O pai disse ao garçom que a sua filha estava fazendo aniversário, o que era mais ou menos verdade, na realidade o aniversário dela tinha sido uns meses antes. Quando o garçom trouxe um sorvete de sobremesa com velas em cima, o pai acenou para ele e perguntou se estava incluído ou se era à parte antes de a filha soprá-las. Agora você é uma adulta, disse o pai enquanto tentava conter as lágrimas. Agora você é livre para fazer exatamente o que quiser com a sua vida, disse a mãe. Estou pensando em tirar um ano sabático, ela disse. Hm,

III. SEXTA-FEIRA

disse a mãe. Você vai começar a usar drogas também?, perguntou o pai. Você pode escolher por conta própria o que quer estudar, disse a mãe. Medicina ou Engenharia, disse o pai. A escolha é sua.

A filha que ainda não era mãe escolheu Direito. Ela se mudou para um apartamento de estudantes em Estocolmo. Passou quatro anos e meio se arrumando. Passou a se maquiar menos da metade do que estava acostumada. Jogou fora todas as suas roupas com etiquetas visíveis. Domou a língua até que gírias e palavrões tivessem desaparecido. Calças de moletom, tênis e blusa com capuz ela vestia somente quando ia exercitar-se. Ela comprou sapatos pretos e um casaco marrom de segunda mão e frequentava festas em apartamentos de estudantes diversos onde as pessoas se embebedavam com vinhos em tetrapak e ficavam teorizando sobre estruturas e paradigmas e campos culturais e contextos. Ela transava com um doutorando em Linguística. Ficou seis meses com um geneticista que organizava raves. Teve uma relação aberta com uma garota que estudava design e fazia striptease em clubes burlescos. Namorou durante um ano e sete meses um estudante de informática. Todos os seus namorados eram diferentes um do outro, mas ao mesmo tempo iguais. Os pais deles eram iguais. Eles tinham o mesmo nome. Casas de campo parecidas. Eram igualmente obcecados por churrasco. Escutavam a mesma estação de rádio durante o verão. Faziam referência a vários filmes, trilogias literárias, atores, boates, atletas, letristas de músicas de que ela nunca tinha ouvido falar antes. Na maioria das vezes ela sorria e acenava com a cabeça, e todas as vezes que ela deixava escapulir que não sabia ao certo quem era Anders Järryd ou Sven Delblanc ou Majgull Axelsson ou Twostep Circle ou SAG-gruppen, todos a olhavam e inclinavam a cabeça. Havia algo compassivo nos seus olhares. Eles explicavam que não havia nada de estranho em não conhecer todas essas coisas, mas diziam aquilo num tom que soava como se ela tivesse deixado escapar que ela acreditava que Suriname era um prato e TBC um canal de televisão.

Quando os seus pais vieram visitá-la em Estocolmo, ela deu uma volta com eles no corredor do prédio de estudantes. Ela os apresentou a todos que estivessem acordados. Ela não sabia ao certo por quê. Talvez quisesse mostrar tanto para os amigos quanto para os pais o longo caminho que ela havia percorrido até chegar ali. Os amigos disseram que os pais dela eram muito queridos, extremamente genuínos e que tinha sido incrível finalmente conhecê-los. Os pais disseram que os amigos dela deveriam dedicar mais tempo a limpar os seus quartos, cortar os cabelos e se depilar, e menos tempo estando de ressaca.

Depois de se formar, ela conseguiu um emprego no maior escritório de direitos trabalhistas da Suécia. Ela nunca entendeu o que os seus colegas queriam dizer quando a alertaram para tomar cuidado com a carga pesada de trabalho. Ela nunca havia tido um trabalho que dava energia, mas sim o contrário. Aos poucos ela parou de se adaptar aos outros. Quando trabalhava até mais tarde, ela colocava roupas com as quais se sentia confortável, calças de moletom, blusas de moletom com capuz e pantufas de plástico. Ela escutava hip-hop alto para conseguir se concentrar às vésperas de negociações importantes. Quanto mais ela agia como ela mesma, mais facilidade ela tinha de conversar com pessoas que não eram advogados, pessoas comuns que eram obrigadas a trabalhar catorze horas por dia numa cozinha de um restaurante sem ventilação ou que tinham sido convencidas a vir do Camboja para a Suécia para trabalhar com desmatamento, mas em vez disso foram obrigadas a colher frutas e morar em galpões e nunca receberam o salário combinado. Era como se ela tivesse nascido para isso. E o único problema com o trabalho era que todo o resto que não tinha a ver com o trabalho parecia sem graça e desinteressante.

III. SEXTA-FEIRA

Às 5h09 ela abre a porta do elevador e vira a chave. Passa por cima da montanha de sapatos, pendura o casaco num cabide que já está tomado por outro casaco, joga o cachecol em cima da prateleira já cheia, se vira e estica os braços em direção às crianças que vêm correndo da sala. Mamãe, grita a filha de quatro anos e corre direto para o colo da mãe. *Muuu*, grita o filho de um ano e tenta subir nas pernas dela. Oi, amor, escuta-se da cozinha. Atrasos na linha vermelha do metrô? Ela não morde a isca. Ela não pretende deixar esta noite de sexta-feira acabar em briga. É totalmente normal que ele procure por conflito. Ele esteve sozinho com as crianças o dia todo. Já que não pode despejar a sua frustração nas crianças, ele o faz com ela. Mas ela fazia isso com ele quando estava de licença-maternidade? Ela se comportava como uma criança ou como uma adulta? Ela deixa para lá. Decide recomeçar do zero. Pega as crianças no colo e se arrasta até a cozinha. A filha de quatro anos tenta empurrar o filho de um ano, o filho de um ano tenta bater no rosto da filha de quatro anos com um copo de plástico. Agora vamos ver o que papai fez de gostoso para comer, diz a mãe. Estrogonofe de salsicha, diz o pai. Mas com queijo halloumi no lugar da salsicha. Ela senta as crianças nas suas respectivas cadeiras e as separa a fim de evitar brigas.

O fogão está cheio de manchas vermelhas. A pia está cheia de tábuas de cortar sujas, panelas pegajosas, latas de conserva vazias e placas de miçangas que ainda não foram esquentadas. Oi, amor, ela diz. Oi, ele diz. Eles se beijam. Um beijo curto no canto dos lábios. Um beijo de casal de aposentados. Um beijo de encontro de catequese, de crisma. Quando foi que paramos de nos beijar?, a namorada se pergunta ao caminhar até a pia para remover todas as bactérias do transporte público.

Eles sobrevivem ao jantar. Eles sobrevivem ao colocar as crianças para dormir. A mãe sai do quarto e olha o relógio. Agora eles têm duas horas para si. Eles podem tomar um chá, assistir a um filme, fazer sexo, fazer massagem um no outro, tudo ao mesmo tempo. A única coisa que ela não quer é que eles comecem a brigar. Mas quando ela volta para a cozinha ele está emburrado. Ela percebe na hora. Ele abre e fecha com força as portas do armário. Ele troca o lixo debaixo da pia com um ar de raiva. Você vai querer chá ou não?, ele pergunta com aquela voz que indica que é um sacrifício extremo esticar a mão e ligar a chaleira elétrica.

O que ela fez para merecer isso? O filho de um ano demorou muito para dormir? Ela ficou muito tempo no banheiro? Ela se esqueceu de jogar fora a caixa de leite vazia? Por acaso ela o traiu com Sebastian no trabalho sem perceber que o fez? Sim, um chá, por favor, ela responde. De quê?, ele pergunta. E de novo. Não são as palavras em si. Mas a forma como ele as pronuncia. Aquela voz. Soa como se ele tivesse feito a mesma pergunta cem vezes e toda vez até agora ela tivesse respondido: à merda com isso, seu idiota dos infernos. Camomila, ela responde. Sem dizer palavra ele pega duas xícaras de chá e dois saquinhos. Você está com raiva?, ela pergunta e se odeia por perguntar isso, porque ela prometeu a si mesma que iria parar de se responsabilizar emocionalmente por esse idiota dos infernos. A responsabilidade de superar a raiva é dele. Não dela. Mas agora ela já disse e ele tem a chance de responder, parar, refletir e dizer: nem um pouco. Só meio cansado. O dia foi longo. Ela sabe que ela vai perguntar. Ela vai perguntar se foi difícil ficar com as duas crianças em casa. Mas ela não quer fazer esta pergunta. Quando a menina nasceu, ela ficou em casa durante quase toda a licença-maternidade. E agora ela trabalha em horário integral. Ela não fez nada de errado. Quando ela não pergunta, ele conta assim mesmo. A viagem de carro até o playground, o filho de um ano fez cocô na cadeirinha, a filha de quatro anos ajudou a achar uma lixeira no estacionamento. Os funcionários que não estavam na entrada, o escorregador que eles três desceram. Ele toma o seu tempo, cinco, talvez dez minutos. E, como de costume,

III. SEXTA-FEIRA

quando ele conta algo é uma demonstração do quão fantástico ele é como pai. Espera-se que ela bata palmas para ele, mas ela está com as mãos cansadas. Ele contou que eles compraram frutas na praça depois e mais tarde eles precisaram abastecer, e em seguida a filha de quatro anos de repente queria fazer xixi, então eles tiveram que sair da estrada. Ela acena com a cabeça e escuta, ao mesmo tempo que reflete sobre o quão interessado ele estava em todos os detalhes quando era ela quem estava de licença. A licença-paternidade me deixa completamente esgotado, ele diz e parece estar sem graça. É inacreditável. Não sei como vou dar conta disso. Amor, ela diz, com uma frieza na voz. Amor, ela tenta novamente com um tom mais suave. Faz quanto tempo que você está em casa? Quatro meses? Experimenta ficar em casa onze meses seguidos. Eu não entendo como você deu conta, ele diz e balança a cabeça.

Ela olha para ele. Ele tirou um pote de sorvete do congelador. Ele luta para conseguir tirar um pedaço, a colher entorta, ele a desentorta. Depois o pai passou por lá. Ele diz isso como se não fosse nada de importante. Legal, ela diz. Vocês conseguiram conversar? Eu tentei. Mas é difícil com ele. Assim que eu começo a conversar ele fica em silêncio. Ela acena com a cabeça. Eles ficam em silêncio. Ela se pergunta o quanto do pai ele puxou, e o quanto puxou da mãe. Toquei no assunto da cláusula do pai, ele diz. E aí, ela diz. Eu disse a ele que esta é a última vez que ele pode ficar no escritório. Sério? Ele faz que sim. Vou pegar as chaves de volta antes de ele ir embora.

Eles estão na cozinha. O chá vai esfriar. O sorvete vai derreter. O chão de madeira está coberto por rastros secos do filho de um ano, gomos de mexericas mofadas e pedaços de milho úmidos. De repente o pai parece muito pequeno. Ela o olha e enxerga um adolescente de treze anos entrando na escola com seus fones de ouvido novos e com notas um tanto boas demais e que tenta desesperadamente mascarar seu medo na frente dos meninos mais velhos perto da mesa de sinuca. Ela enxerga um jovem de dezenove anos que não conversa com o pai há anos e que começa a estudar Economia na esperança de o pai não ficar decepcionado com ele quando ou se eles retomarem contato. Ela enxerga um jovem de vinte anos sentado na frente do computador com o celular na orelha transferindo dinheiro entre as diferentes contas de acordo com as instruções do pai, sem alguma vez ter se questionado o porquê de o pai nunca ligar para ele no dia do seu aniversário. Ela enxerga um homem de 33 anos que está na maternidade um dia depois de a filha deles nascer, ele procura entre todos os números do pai gravados no celular, sem saber para qual número escrever, qual número é o mais recente, em qual número tem a maior chance de ele responder.

Vamos sentar um pouco?, ela propõe. Ele concorda. Eles vão até a sala e se sentam no sofá. Ele toma um gole de chá. Você não fez nada de errado, ela diz. Você o hospeda quando ele vem para a Suécia, você toma conta da correspondência dele. E dos negócios de banco. E marca as passagens. Mas eu sou o filho mais velho, ele diz. E o que isso tem a ver?, ela diz. Eu sou o filho mais velho, ele repete. E assumi o contrato do apartamento. Mas ele não ia se mudar para fora do país?, ela pergunta. Ele não foi embora? Foi, diz o filho e limpa a garganta. Mas ele costumava voltar pelo menos duas vezes por ano. E aí ele dormia na cama e eu no sofá. Mas era você que pagava o aluguel? Claro. E foi você quem comprou o apartamento quando o prédio foi transformado em moradias privadas? Ele faz que sim. Por que ele não o comprou então? Ele se recusou. Ele não queria pegar empréstimo. Ele estava convencido de que a mudança era um golpe. Quando ele ficou sabendo que o apartamento custaria mais de um milhão de coroas, ele disse que os bancos estavam interessados em enganar pessoas honestas. Ele disse que aqueles que concordaram em comprar seus apartamentos ficariam devendo aos bancos o resto da vida. Mas como você pôde comprá-lo?, ela pergunta. O pai assinou um documento

III. SEXTA-FEIRA

autorizando a compra, ele responde. E depois os anos passaram. Eu fiquei morando lá. Até ele vir visitar. E ficar lá. Depois eu o vendi quando nos mudamos para cá. E desde então ele tem ficado no escritório. E tem funcionado de certa forma sem muito drama?, ela pergunta. De fato, ele responde. Tem funcionado como um sonho. Sem problema algum. Eles sorriem. Eles sabem como o escritório fica depois que o pai vai embora. Uma vez ela passou por lá no dia seguinte e tentou ajudá-lo a limpar. Ele não a deixou entrar. Não quero que você veja como está isso aqui, ele disse. Em vez disso, eles foram almoçar no restaurante indiano na praça. É como se ele tentasse destruir tudo o que é meu de propósito, disse o filho. Talvez seja isso mesmo que ele quer, disse a namorada.

Muito tempo depois, eles estão sentados na sala de estar deles. Faz uma hora que as crianças estão dormindo sem acordar. Ela passa a mão no rosto dele. Ele enrola o cabelo dela no dedo. Sem perceber eles se aproximam. Vamos assistir a alguma coisa?, ela pergunta. Ele concorda. Eles colocam um documentário. Eles se deitam lado a lado. Eles não conseguem se concentrar no documentário. Ela apaga a luz, ele busca a camisinha. Eles transam no sofá. O filho de um ano acorda, mas adormece novamente sozinho. Eles se entreolham e sorriem. Talvez agora as coisas mudem. De agora em diante talvez as crianças comecem a dormir sozinhas e eles podem se dedicar mais um ao outro.

Depois de um tempo, ele diz: sabe o que eu vou fazer na quarta-feira? Comprar as coisas para o aniversário?, ela responde. Quase, ele diz. Vou experimentar fazer stand-up. Tem um bar em Söder que tem *open mic* às quartas à noite. Ela respira fundo. Não é a primeira vez. Sempre que um cliente envia os recibos misturados dentro de uma sacola de plástico, ele chega em casa resmungando que ele, na verdade, merece algo melhor. Mas o quê? Esse é o problema.

No início da relação deles ela costumava dar sugestões. Por que você não volta a escalar?, ela perguntava. Sem chance, ele respondia. Essa página está virada. A música então?, ela sugeria. Daqui a pouco faço trinta, ele disse. Qual é a chance de eu conseguir ser bem-sucedido como produtor musical agora? E a escrita? Por que você não dá uma chance à escrita? Ele não respondia. Estou falando sério, ela insistia. Tem algo que te faz mais feliz do que ler um bom livro? Ah, era apenas um sonho vergonhoso de adolescente.

No fim de semana seguinte eles foram ver uma exposição sobre militares na ilha de Skeppsholmen. Soldados camuflados escondidos na copa das árvores, armas transparentes dentro de cubos brancos iluminados dramaticamente ao longo do cais. Talvez eu faça um curso noturno sobre Teoria da Arte, ele disse quando estavam voltando para casa. Deve ser legal fazer curadoria de exposições de arte. Faz sim, ela disse. Não custa experimentar. Algumas semanas depois ele ajudou um amigo a fazer o design do site dele. À noite ele concluiu que iria expandir a sua empresa e oferecer a seus clientes tanto contabilidade quanto design gráfico a preços acessíveis. Boa ideia, ela disse. Faz sim. Às vésperas do verão, ele comprou um kit para iniciantes para fazer a sua própria cerveja em casa. Ele encheu a banheira com baldes de fermentação, panelas, termômetros e outros ingredientes. Durante semanas ele ficou pensando em um nome para escrever na etiqueta também caseira. Um dia, quando ela chegou em casa, os baldes e as panelas tinham desaparecido. Ela nunca perguntou onde foram parar. Da mesma forma que ela nunca criticava o entusiasmo dele. Tudo que ela desejava era que ele descobrisse o que queria fazer da vida porque ela mesma sabia como era doloroso viver num corpo sem foco.

Mas stand-up? Por que exatamente stand-up? Tenho escutado muito stand-up na minha licença-paternidade, ele responde. É um tipo de narração muito pura. Eu sei exatamente que tipo de *persona* eu quero ser no palco. Vou pegar a intensidade política de sicrano

III. SEXTA-FEIRA

e a visão política de beltrano. Depois vou adicionar uma pitada de sabedoria de vida de fulano e metacamadas de beltrano. Ele menciona nomes de comediantes dos quais ela nunca ouviu falar. Ela olha para ele como se ele estivesse falando grego. Isso tem a ver com o seu pai?, ela pergunta. Nem um pouco, ele responde. É sério que não. Nem *tudo* tem a ver com ele.

Ela se pergunta quem é esse homem que está deitado nu no sofá deles. Vai ser legal experimentar algumas piadas novas na quarta, ele diz. Piadas novas?, ela pergunta. Por acaso você tem piadas velhas? E não costumamos fazer a nossa compra grande de supermercado às quartas? Eu dou um jeito depois, ele diz. O objetivo é arrancar risadas a cada dez segundos. *Setup. Punchline. Setup. Punchline.* Vou abrir com uma piada sobre carros. Todo mundo pode se identificar com carros, assim como com famílias. Ele coloca o braço em volta dela. Mas você não precisa dizer não a novos clientes para experimentar stand-up, ela sussurra. Eu sei, ele responde. Mas essa licença-paternidade está me fazendo repensar o que é importante na vida.

Ela se levanta do sofá. Você acha que eu não sou capaz?, ele pergunta. É claro que é, ela responde. Eu só fico um pouco preocupada que você esteja fugindo daquilo que importa. Como o quê?, ele pergunta. Em vez de responder, ela vai ao banheiro. As fraldas usadas do filho de um ano se acumularam em um monte tão alto que a tampa da lixeira está para cima. O saco de lixo escorregou. Em breve alguém terá que enfiar a mão nas fraldas pesadas e frias de xixi e ao mesmo tempo puxar o saco de lixo para cima, alguém terá que fechar a garganta com a língua para não vomitar, alguém terá que sair no corredor e jogar o lixo no depósito de lixo. Ela tem um presságio forte de que dessa vez é ela que terá que fazer isso. Mas agora não. Ela se vira e vai até o banheiro principal.

Ela faz xixi e tira as lentes de contato. Melhor aproveitar e já fazer isso agora. Para que ela não tenha que fazer perto dele.

Ele que está sentado lá fora à espera de poder contar mais sobre o conteúdo do seu primeiro *cinco*, que aparentemente é o nome de apresentações de stand-up com duração de cinco minutos. Isso é só uma fase, ela diz a si mesma na frente do espelho. Em breve vocês rirão disso tudo. Quando lerem as mensagens de texto desses anos, vocês entenderão que estavam ficando loucos por falta de sono, que não estavam enxergando as coisas de forma clara e serão gratos por não terem destruído aquilo que começou de forma tão bonita.

Enquanto retira a maquiagem e escova os dentes, ela se lembra da primeira vez que o viu, na academia de escalada em Telefonplan. Ela e os amigos estavam arrumando as cordas de segurança para tentar subir um paredão destinado a iniciantes. Com o canto dos olhos ela viu como uma figura sombria passava magnésio nas mãos, estalava o pescoço e voava para cima de um paredão vertical. Ela mal pôde acreditar no que estava vendo. Era incompreensível como alguém tão esguio conseguia se mover para cima totalmente sem cordas. Quando ele chegou lá em cima, ele soltou as mãos e caiu no colchão inflável. Caminhou para o vestiário sem deparar com o olhar dela.

A primeira vez que eles conversaram um com o outro foi numa festa de boas-vindas. O apartamento estava cheio, todos erguiam os copos para cima para não derramar nas suas roupas de festa, uma estratégia que funcionava razoavelmente, já que os copos se esbarravam no ar e acabavam derramando nas roupas de todos. A música ecoava da sala, a bancada da pia estava cheia de copos de plástico, as pessoas começaram a fumar dentro de casa, o chão estava pegajoso por causa das bebidas derramadas. Ela achou um canto vazio na cozinha e, ao olhar para cima, lá estava ele. Do outro lado da mesa. Sem saber com quem conversar, exatamente como ela. Acenaram com a cabeça um para o outro. Nos vimos na academia de escalada, ela gritou. Ou melhor, eu te vi. Muito provável, ele gritou de volta.

III. SEXTA-FEIRA

Mas deve ter sido há muito tempo, já que parei de escalar. Ele contou que havia participado de um torneio qualificatório para uma competição de *boulder* e quase ganhou, mas aí distendeu a virilha e foi obrigado a desistir. Que azar, ela disse. Muito, ele disse. Ela mostrou as suas cicatrizes de quando jogava handebol. E a cicatriz de quando um cachorro a mordeu na Espanha. Ele contou que quando era pequeno tinha um aquário com lebistes e peixes-espada mas durante um verão todos eles morreram, provavelmente por ele ter dado comida demais (ou de menos — embora ele acreditasse que era demais), e, em vez de comprar peixes novos, os pais dele esvaziaram o aquário e compraram bastões de caminhada, ou melhor, o pai alegou que eram bastões de caminhada, mas como eles se movimentavam muito pouco ele desconfia até hoje que eram somente bastões comuns. Ela contou sobre as gêmeas na sua classe que insistiam com os pais para ganhar um gato mas, como a mãe era alérgica, eles compraram um miniporquinho. As gêmeas caminhavam com ele numa coleira pelo jardim e ele era pequeno e preto e macio e muito fofo. Ele tinha um apetite muito grande. E foi crescendo e crescendo. Até que perceberam que o miniporquinho era na verdade um porco normal. As gêmeas caminhavam pelo pátio asfaltado com um porco de 120 quilos que grunhia e babava e assustava as crianças e comia as plantas. Havia um boato de que uma vez ele atacou um pastor-alemão e mordeu a sua garganta. Eles conversaram sobre onde haviam crescido, como cada jardim tem uma identidade própria e que pessoas que cogitam morar em casa em vez de apartamento só podem ter algum problema por não entenderem que qualquer um pode entrar e quebrar um vidro e entrar na casa.

Ela se levantou um tanto apressada quando aquele que na época era seu namorado entrou na cozinha. Ela o seguiu até a sala onde ele insistiu que ela tomasse mais um ponche. Ela aceitou um copo e depois outro. Ela virou o primeiro e deixou o segundo. Eles dançaram no piso escorregadio. Confesse que o ponche estava bom, gritou o namorado. Na hora de ir embora ela foi em direção à entrada sem olhar para a cozinha. No quarto estavam todos os casacos empilhados em cima da cama. Eles se vestiram, ela ajudou o namorado a colocar o casaco, eles foram até a porta, ela não queria olhar para a cozinha, mas a última coisa que ela fez mesmo assim foi dar uma meia-volta desnecessária para ver se ele ainda estava lá. Ele estava. Ele levantou o copo para ela e sorriu. Ela sorriu de volta. No táxi ela tentou se convencer de que tinha sido apenas um encontro como outro qualquer, que não significava nada, que as pessoas têm esse tipo de conversa frequentemente com desconhecidos em festas sem que isso tenha maiores consequências.

Ela não entraria em contato com ele. Ela estava feliz com o seu relacionamento atual. Olhou para o seu namorado e fez uma lista mental de todas as coisas que ela gostava nele. Que ele se sentia confortável com o próprio corpo acima do peso. Que ele parecia completamente desinteressado em aprender as letras das músicas que ele cantava no chuveiro. Que ele não se envergonhava de ter ficado obcecado com a associação de RPG, Sverok, quando ele era jovem. Ele não andava por aí com a sensação constante de que a vida deveria ser algo mais. Ele estava satisfeito. E aquele sentimento estranho acabou contaminando-a. Era como se ela tirasse férias de si mesma ao estar com ele.

Três dias depois ela estava no trabalho escrevendo um relatório sobre uma apelação a ser apresentada em uma causa sobre crimes no ambiente de trabalho. Um trabalhador faleceu enquanto realizava as suas tarefas habituais numa máquina de fundição em Smedjebacken. A «troca da alavanca inicial» estava sendo realizada manualmente pelo operário ao mesmo tempo que fios de aço quente a novecentos graus desciam lentamente. Por alguma razão desconhecida, o trabalhador, que desempenhava a tarefa sozinho, caiu debaixo de um dos fios de aço e morreu devido à exposição ao calor intenso. O tribunal

III. SEXTA-FEIRA

concluiu que, embora uma avaliação de risco inadequada tivesse sido feita, a conexão entre a avaliação de risco e o resultado fatal não era forte o suficiente para uma condenação, e, sendo bem honesta, é totalmente doentio, que merda de chefia é essa, onde um funcionário morre devido à mesquinhez da empresa ao não contratar mais funcionários nem cogitar desligar a merda da máquina da morte de novecentos graus durante tempo suficiente para que a porra da alavanca ou sabe-se lá que merda era aquela que precisava ser trocada, mas independentemente disso: nos vemos no tribunal, seus merdas! Ela fez uma pausa e apagou tudo a partir do trecho «suficiente para uma condenação». Ela terminou o relatório e o enviou para o chefe. Em seguida ela viu o e-mail daquele que se tornaria o pai de seus filhos. Leu, depois tirou os olhos do computador e observou ao seu redor para ver se alguém havia percebido que ela tinha ficado vermelha. Leu o e-mail de novo. E de novo. Em pouco tempo já sabia de cor. Ela decidiu não responder. Tudo bem que ele escalava paredões verticais. Que ele tinha olhos gentis. Que escrevia e-mails engraçados. Que eles tinham tido uma conversa legal numa festa barulhenta. Mas conversa legal qualquer um pode ter com um tanto de pessoas. Ela era feliz com o seu especialista em informática e não queria correr riscos.

Três semanas depois ela respondeu, dizendo que não poderiam se ver. Ela escreveu o e-mail do seu computador de trabalho, salvou como rascunho e mais tarde o enviou do seu celular para ficar parecendo que ela finalmente havia tido tempo de responder, como se estivesse numa estação de metrô vazia e não tivesse nada melhor para fazer, como se de repente ela tivesse percebido que seria indelicado não responder. Ele respondeu imediatamente, perguntando por que eles não podiam se ver. Ela respondeu que ele sabia o porquê. Ele respondeu. Ela respondeu. Ele respondeu. Ela respondeu. Duas semanas depois ela estava viciada nos e-mails dele. Ela conferia o e-mail a cada três minutos. Ela corava nos elevadores. Ela ria alto nos ônibus. Ela lia as palavras dele e colocava o celular em cima do peito e sorria de uma forma que fazia as senhoras desconhecidas sorrirem de volta, como se elas soubessem exatamente o que estava acontecendo mas prometessem não contar para ninguém.

Eles se mandavam músicas, fotos, links. Eles concordaram em nunca se encontrar porque se eles se encontrassem eles teriam que se casar e se eles se casassem os seus tios tomariam todas, os seus primos começariam uma briga com facas, as suas tias criticariam o estilo de roupa dos outros parentes. E os seus pais, o que eles fariam? Eu precisaria subornar o meu com uma passagem de avião e um táxi para ele cogitar aparecer, ele escreveu. O meu viria dirigindo o seu Volvo, e não iria embora antes de esvaziar o bar e a comida acabar, ela escreveu. Que porra há de errado com os pais da nossa geração?, ele escreveu. Falando sério. Quem os estragou? Como pode ser que ninguém do meu círculo de amizades tenha uma relação normal com o pai? O que é uma relação normal?, ela escreveu. Não conheço ninguém que tenha uma relação normal com alguém, muito menos com os pais. E o quão normal é essa relação aqui?, ele escreveu. Razoavelmente normal, ela respondeu. A cada e-mail novo um caminho para algo maior se abria. A sensação de se agarrar a um *frisbee* invisível e ser jogada para longe da realidade. A sensação de se aproximar de algo que transforma a pessoa em uma versão melhor de si mesma. Na verdade, não sou assim tão engraçado, um deles escreveu depois de dois meses. Eu também não, o outro respondeu. Era irrelevante saber quem tinha escrito o quê, pois já tinham começado a fundir-se.

Quando eles finalmente se encontraram já era tarde. Foram feitos um para o outro. Seus pais e os pais dos seus pais e os pais dos pais dos seus pais tinham começado a se falar naquela festa de formatura depois daquele cinema durante aquela demonstração

III. SEXTA-FEIRA

naquele bar enquanto tomavam café da manhã naquele parque com o objetivo final de que eles fossem se encontrar exatamente aqui e agora. Eles marcaram de se encontrar nas pedras da encosta em Gröndal. Ele chegou primeiro para se certificar de que não havia nenhuma pessoa ali, escondida atrás dos arbustos, que poderia ser algum amigo suspeito do namorado dela. Quando sentiu que a encosta estava limpa, ele enviou uma mensagem a ela. Ela o viu de longe. Ele tinha o sol nos olhos. A expectativa no sorriso. A brisa no cabelo. Ela levou doces e molho para a salada. Ele levou a salada. Mas infelizmente, ele explicou, não sabia como fazer uma salada. Ele acreditava que a melhor salada era feita com o máximo de ingredientes possíveis. No fundo da sua sacola de pano, debaixo dos guardanapos, talheres de metal, pratos e garrafa térmica de café, estava a vasilha com a salada que tinha se transformado numa meleca com a densidade de um tijolo que mal dava para comer. Ele abriu a vasilha e lhe mostrou. De fato, havia de tudo ali. Cebola roxa e romã, ervilha e beterraba, feijão e brócolis. Nenhum deles encostou na salada. Não tanto pela aparência nojenta, mas por não terem tido tempo. Eles tinham que conversar sobre tudo que ainda não tinham conversado até então.

Sete anos depois ela se encontra no banheiro deles. As crianças estão dormindo. Ela mal se lembra dos assuntos que conversaram naquele dia nas pedras. Mas eles se encontraram às 11h, e cinco minutos depois a tarde já caía, eles estavam sentados em cima de uma coberta havia oito horas, eles não tinham comido, somente tomado café, fumado, comido doces e feito algumas pausas para fazer xixi. Agora eles precisavam se despedir, senão ficaria estranho. Eles se levantaram com as pernas dormentes. Eles pararam no estacionamento. Era hora de dizer tchau. Eles não podiam sair juntos dali. Eles poderiam esbarrar com alguém. Esse alguém poderia fazer perguntas. Eles poderiam acabar numa situação em que teriam que explicar o que estava acontecendo, mas eles mesmos não sabiam o que era, pois nenhum deles havia passado por algo parecido antes. Ali eles permaneceram. Se beijaram. E se beijaram de novo. Disseram tchau. Se beijaram de novo. Ela saiu primeiro, desceu o morro em direção ao metrô. Se virou. Lá estava ele. Ela viu o contorno do corpo dele. Nenhum deles levantou a mão. O olhar era suficiente.

Depois eles ficaram juntos e dormiram juntos por seis meses. Não funcionaria. Tudo que eles construíram com palavras obviamente desmoronaria caso eles se tornassem pessoas de verdade, com corpos, mau hálito matinal, barriga inchada, mau humor de estresse e cansaço do dia a dia. Mesmo assim eles conseguiram. De alguma forma eles conseguiram sobreviver a duas gestações, noites sem dormir, viagens de excursão arruinadas pela chuva, viroses de inverno, conflitos familiares. Eles sobreviveram quando ele ficou tão nervoso com as crianças que não dormiam que ele saiu correndo para a cozinha e quebrou os talheres finos amarelos de salada. Eles sobreviveram quando ela percebeu que nunca havia amado tanto a sua família como quando ela voltou a trabalhar em tempo integral depois da sua segunda licença-maternidade. Eles sobreviveram a tudo. E é somente agora, quando a filha tem quatro anos e o filho um, quando o pai deles diz que vai terminar com a cláusula do pai e de repente começa a falar que vai se tornar comediante de stand-up, quando ela se olha no espelho e observa o próprio rosto sem maquiagem, que, pela primeira vez, ela duvida se eles vão realmente sobreviver. A caminho do quarto, ela escuta a voz dele. Ele diz algo sobre modelos de carro. Depois ele fica em silêncio esperando pelas risadas. Em seguida ele sorri e diz: Bom. Pra. Caralho.

IV. SÁBADO

Uma escada que é uma escada nunca foi nada além de uma escada. Com exceção dessa manhã de sábado, quando a irmã e o namorado a transformaram num travesseiro gelado. Eles estão deitados assistindo ao nascer do sol que se esforça para atravessar o cobertor de nuvens cinzentas. Seus corpos estão frios por fora e quentes por dentro. A batida da pista de dança faz os vidros das janelas do galpão da frente tremerem. Eles sentem um zunido nos ouvidos apesar de terem colocado protetores auriculares antes de entrarem no local.

A festa começou à meia-noite, eles tinham ficado na dúvida se conseguiriam ter energia para ir, tinham trabalhado a semana toda, ela teria uma reunião importante com um cliente na sexta-feira de manhã, ele teria uma atividade ao ar livre com a briguenta da nona série. Eles jantaram em casa, cochilaram na frente da televisão, acordaram à meia-noite e meia, tomaram um café e pularam num táxi. O local estava meio vazio quando eles chegaram lá, uma hora depois gotas de suor condensado escorriam das paredes, havia um bar e balões, álcool para aqueles que queriam beber, balões para aqueles que estavam a fim de um pouco de gás do riso. A irmã bebeu somente água, aquele que se comporta como seu namorado comprou um drinque, mais para poder apoiar os organizadores da festa. Ele tomou dois goles e se empolgou quando o DJ pôs uma música à qual ele não podia resistir. Ela continuou no balcão do bar para observá-lo atacar a pista de dança. Ele e o seu carisma atraíram para si o olhar de todos no local. Primeiro as mulheres. Depois os homens. Depois os cachorros que por algum motivo corriam ao redor do bar com proteções de ouvido de neon colorido.

Ele era tão diferente dela. Ele nunca precisava beber para conseguir dançar. Ele nunca parecia ficar inseguro com o ritmo da música. Simplesmente pegava o seu corpo curto e largo e entrava direto no ritmo, os que estavam dançando se separavam, ele se fundia com o todo em poucos segundos, sempre no meio, sempre rodeado por pessoas desconhecidas que eram atraídas até ele como se ele fosse um ímã. Ela, parada, o observava. Em seguida ela deixou o seu copo de água e se lançou na pista.

Quando eles saíram, eram 8h da manhã. Pediram um táxi e se afundaram no chão com o degrau da escada debaixo da cabeça. Um geólogo poderia olhar para a escada e mostrar como os minerais aqui e os riscos ali revelavam tudo sobre a história da pedra. Para eles uma pedra é somente uma pedra. Uma pedra cinza-clara com rasgos esculpidos grosseiramente. Eles estão deitados respirando e olhando as placas das fábricas que já não são fábricas. Carpintaria Ekström. Fábrica de Piano de Estocolmo. Tintas e Verniz Gentele & cia. Radius Ltda. Se tivermos um bebê, vamos ter que levantar a essa hora quase sempre, ele diz. Você não tem a mínima ideia de como as crianças acordam cedo, ela diz. Meu filho acordava às 5h todos os dias. Sempre. Exatamente às 5h. Como um relógio atômico. Você tem alguma notícia dele?, ele pergunta. Ela faz que não com a cabeça. Você não quer conversar sobre isso? Ela não responde. Nossos filhos talvez não venham a ser os melhores da classe, ele diz. Mas eles serão bons pra caralho para dançar. Ela concorda. E eles comerão bem, ela diz. Eles serão

IV. SÁBADO

bem cabeludos, ele diz e passa a mão na axila dela. E vão gostar de bolas e excursões, ela diz. Mas nos fins de semana vamos te deixar dormir até mais tarde, ele diz. Prometo. Vou levar as crianças para a cozinha. Estamos esperando gêmeos?, ela pergunta. Vamos preparar panquecas, ele diz. Frutas cortadas. Café com leite vaporizado e iogurte natural com granola caseira. Quando concordarmos que está na hora de acordar você, levaremos o seu café da manhã na cama. As crianças cantam parabéns para você e gritam parabéns apesar de ser um sábado normal. E depois o que fazemos?, ela pergunta. Ficamos deitados na cama, ele responde. Tomamos café, lemos o jornal, você fica com o caderno de notícias, eu com o de cultura, e as crianças assistem a um filme. Eles vão gostar de Yevgeni Bauer?, ela pergunta. Mais para a frente, ele responde. Quando eles tiverem onze, doze. Agora eles podem assistir a *Fantasia* da Disney. À tarde saímos. As crianças brincam no parque, eu e você corremos ou nos exercitamos na academia ao ar livre. E depois?, ela pergunta. À noite jantamos num restaurante, enquanto as crianças dormem no carrinho, e eu e você dividimos uma garrafa de vinho e depois vamos para casa de mãos dadas. É assim que você imagina uma vida em família?, ela pergunta. Tipo assim, ele responde. E você tem planos para hoje? Pensei em fazermos algo juntos, ele diz. Que bom, ela diz. Então estamos de acordo. Pelo menos uma vez. Ah, vou almoçar com o meu pai, ela diz. Daqui a tipo três horas. Eles sorriem. O táxi chega. Eles se sentam no banco de trás e vão em direção ao centro. Quando passam pela ponte de Liljeholmen, o cobertor de nuvens se abre, ele está sentado de perfil observando a água brilhando. Ela tem que segurar a língua para não dizer que o ama.

*

É fim de semana e um pai, uma mãe e duas crianças vão finalmente fazer algo juntos. Eles estão se arrumando para pegar o metrô até o centro da cidade. Duas horas depois eles ainda estão se arrumando para pegar o metrô até o centro da cidade. É preciso colocar algumas coisas na bolsa de fraldas, jogar fora as sacolas com frutas apodrecidas desde o último passeio, colocar água nas mamadeiras, saquinhos com biscoitos de milho, roupas extras para as crianças, lenços umedecidos e protetor para trocar fralda, brinquedos para sobreviverem à viagem de metrô, meias extras já que as meias têm a habilidade mágica de sempre desaparecerem, comida e colher e babador e mais lenços umedecidos, só para garantir. O filho que é pai quer que as crianças se vistam com roupas bonitas. Pode ser que eles encontrem o avô e aí é importante que eles não estejam vestidos com camisas de futebol. Por fim todos estão prontos. Mas toda vez que eles estão quase saindo, há alguém que precisa fazer cocô, outro alguém que precisa fazer xixi, luvas que desaparecem, macacões que ainda estão molhados, a filha de quatro anos que se recusa a se vestir com outra coisa que não seja short, o que o filho de um ano mais quer é engatinhar até a escada e tocar xilofone com os dedos na grade imunda de ventilação. Finalmente eles estão prontos para sair. A mãe tem que fazer xixi. Aí a filha de quatro anos tem que fazer xixi também. Mas como você fez cocô sem fazer xixi?, pergunta o pai. Eu posso tudo, diz a filha de quatro anos. Sou megaforte. Mais forte do que o Hulk?, pergunta o pai. Ninguém é mais forte do que o Hulk, responde séria a filha de quatro anos. O Hulk consegue levantar uma casa inteira apesar de ela ser de aço.

Por fim, eles conseguem sair no corredor. Entram no elevador. Eles se esqueceram do sling. A mãe volta para buscar. Eles se esqueceram do cadeado para o carrinho. Podemos comprar um na rua, diz a mãe. O pai sobe e busca o cadeado. Alguém viu o meu

IV. SÁBADO

celular?, pergunta o pai. Está no banheiro, diz a filha de quatro anos. O pai e a filha de quatro anos sobem novamente no elevador. Finalmente eles estão na plataforma esperando o metrô. Desde o café da manhã eles estavam tentando sair. Agora podemos descansar um pouco, diz a mãe. O trem chega em quatro minutos, diz o pai e se sente um bom pai quando todos na plataforma o observam levantando a filha contra o grande relógio analógico e lhe mostrando como o ponteiro vermelho e fino dos segundos se movimenta na mesma velocidade e faz uma pequena pausa extra toda vez que o ponteiro preto e comprido dos minutos dá um pulo à frente. O tempo passa incrivelmente devagar enquanto eles estão parados e observando o ponteiro de segundos. Eu realmente sei ler as horas, diz a filha de quatro anos. Sim, você é incrível, diz o pai. Eu sei ler as horas. Eu sei falar persa. Eu sei falar islandês e francês e sueco, diz a filha. O que você sabe dizer em persa?, pergunta o pai. *Bollboll*, responde a filha. Significa pássaro.

*

Um pai que é um avô vestiu uma camisa limpa. Ele fez a barba. Ele está a caminho do centro para finalmente se encontrar com a filha mais nova, sua favorita, ela que se tornou tão perfeita como ele havia imaginado. Foi certamente uma pena que ela tenha ficado com aquele idiota quando era jovem. Ela nunca deveria ter se casado com ele. Não deveria ter tido um filho com ele. Deveria ter escutado os conselhos do pai. Mas agora ela já virou a página e pode se concentrar na sua carreira de sucesso como consultora de RP e cuidar do seu pai amado. O metrô passa pela estação onde o pai viveu metade da vida, na verdade uma vida inteira, dependendo do ponto de vista. Ele afasta as lembranças. Conta quantos suecos há no vagão. A cada parada vão se tornando mais e mais numerosos. Ele vê a sua própria imagem no reflexo da janela. Ele se vê jovem. Na sua idade os suecos parecem aposentados alcoólatras com um pé na cova. A pele deles é flácida por falta de uso dos músculos faciais. Pessoas em outros países choram, gritam, riem tão alto que fazem os suecos pularem de susto nos aeroportos. Mas os músculos faciais dos suecos ficam de repouso, e nove entre dez vezes que eles fazem um gesto é para colocar um dedo na frente da boca para silenciar alguém, e isso não é o suficiente para entreter os 250 músculos da face, observa o pai, quando ele se levanta e desce do metrô na T-Centralen.

Enquanto ele sobe a escada rolante, chega uma mensagem no celular. A filha escreve que infelizmente precisa cancelar o almoço. Surgiu um imprevisto no trabalho. Mas ela o convida para jantar no domingo. O pai não fica decepcionado. Ele entende perfeitamente que o trabalho deve vir em primeiro lugar. Ele entra no McDonald's da Vasagatan e pede três cheeseburgers e uma Fanta pequena sem gelo. Ele se senta numa mesa perto da janela e se recorda de todas as vezes que se encontrou com os filhos depois do divórcio. Sua mulher o tinha expulsado de casa. Ele estava dormindo no sofá de amigos. Apesar disso, era importante para ele se encontrar com os filhos. Uma vez eles foram ao cinema. Na outra vez foram ao McDonald's da Hornsgatan. Eles pediram um combo com Fanta sem gelo, todos na família concordavam que Fanta era o refrigerante mais gostoso e que gelo é somente água e se dissessem "sem gelo" enchiam de Fanta até a tampa. A filha devorou o hambúrguer, engoliu as batatas fritas, bebeu todo o refrigerante e perguntou se poderia brincar no parquinho. Claro, respondeu o pai. O filho ficou sentado. Ele contou que tinha tirado nota máxima em ciências. Tirou 39 de 40 na última prova de francês. Tirou a melhor nota em dezessete das dezenove provas nesse semestre. O que aconteceu com as duas outras?, brincou o pai. A CDF da Lisa, suspirou o filho. O pai sorriu. Notas são importantes, disse o pai. Mas não são tudo. O mais importante é ser feliz. E rico. O filho

IV. SÁBADO

concordou. O pai não achava que o filho fosse estranho. Ele não ficava especialmente preocupado com o fato de o filho passar as noites nos fins de semana em casa desenhando satélites no papel-manteiga para depois pregá-los no seu livro espacial feito em casa, em vez de sair com os amigos e jogar futebol. O pai se sentia orgulhoso do filho. Ou pelo menos orgulhoso o bastante. De repente escutou-se um grito vindo do parquinho, a filha tinha brigado com duas outras crianças, o pai foi até lá e resolveu a situação. Ele não lembra exatamente o que ele disse. Mas não foi nada sério. Ele não ficou nervoso. Não deu nenhum tapa na orelha. Não tirou o sapato e começou a sacudi-lo. Não deu nenhuma palmada fraca na bunda. Quando a filha parou de chorar, uma senhora gorda com um crucifixo de prata por cima da camisa polo roxa veio até ele. Ela sorriu e disse: *You have to remember that these are children*. Desculpa?, disse o pai. *They are small human beings*, ela disse. *I know*, disse o pai. *They have feelings. They get scared. I know*, disse o pai. *Just like you and me*, ela disse e colocou a mão suavemente no ombro do pai. O pai acenou com a cabeça e sorriu. Quando ela saiu, ele olhou para a filha e começou a rir. O filho riu, a filha riu, todos riram da senhora que achou que o pai não sabia sueco (ou seria ela quem não sabia sueco?), eles riram do que ela tinha dito a ele (apesar de ele não ter nem batido em alguém!). Eles riram de que eles estavam rindo, apesar de não saberem ao certo por que estavam rindo. Quando eles terminaram de rir, o pai foi ao caixa e comprou sorvete e quando ele voltou com a bandeja de plástico o filho tinha calculado o valor total e quanto o pai tinha recebido de troco. Durante todo o caminho de volta para casa era suficiente o pai dizer *They have feelings*, para que todos começassem a rir, até mesmo a filha, apesar de ela ser bem pequena para entender o que de fato significava.

O pai que é um avô deixa a bandeja de plástico em cima da mesa e caminha em direção à saída. Lá dentro do centro de informações turísticas ele pega mapas e brochuras publicitárias e pede uma sacola de plástico azul com a logo da coroa real bem embaixo. A Vasagatan está a mesma coisa. Com exceção das agências de viagem, a loja de couro e a loja de molduras, que foram substituídas por outras lojas mais modernas. Lá fica um hotel, um restaurante chinês, uma loja iluminada por neon que vende algo que o avô não sabe ao certo o que é. Depois vêm o estacionamento, as escadas e o Sheraton, onde ele e os amigos costumavam entrar escondidos para usar o banheiro, antes de terem sido instaladas fechaduras com código.

Do outro lado da rua, perto da água, com vista para a Cidade Velha e para a Centralbron, fica o Túnel dos Suspiros. Foi ele quem inventou o nome. Mesmo que ele nunca tivesse ido a Veneza, ele sabia que há uma Ponte dos Suspiros lá, e Túnel dos Suspiros era um nome perfeito para aquele lugar. Onde todos se reuniam nos fins de semana. Eles bebiam cerveja e contavam piadas enquanto os filhos jogavam gravetos e latas vazias na água, e uma vez uma dessas crianças levou uma vara de pescar. Na maioria das vezes eles vinham para cá para dar uma pausa das suas famílias. Naquele tempo podia-se comprar qualquer coisa aqui. Envelopes, roupas infantis usadas, aparelhos de VHS etiquetados com solda de ferro, bastões de caminhada, conservas enormes de cavalas enlatadas, haxixe, livros doados de bibliotecas, espanadores de pó plastificados, jaquetas corta-vento recém-desetiquetadas e (uma vez) um daqueles modelos antigos e desajeitados de projetor. Quem vai querer comprar isso?, perguntou o avô que era pai. Talvez aquele ali que é professor?, respondeu um amigo. O pai e seus amigos do mundo todo vendiam e compravam produtos em promoção. Os peruanos buscavam mão de obra para as suas firmas de polimento de pisos, os poloneses procuravam trabalho como pedreiros, os iugoslavos tinham contatos que ofereciam moradias de verão baratas em Split, e todos

IV. SÁBADO

se perguntavam por que todas as mulheres suecas se chamavam Kerstin. Os veteranos alertavam os recém-chegados sobre o Vírus Sueco. O que é isso?, perguntavam os recém-chegados. É como o vírus da Gripe Espanhola, só que pior, explicavam os veteranos. A Gripe Espanhola mata o corpo, enquanto o Vírus Sueco mata a cabeça. Ele penetra no cérebro, os homens chegam aqui como jovens saudáveis, com sonhos e esperança e acreditando fortemente que tudo é possível. O Vírus Sueco te sufoca aos poucos. Deixa eu te dar um exemplo prático, disse um dos amigos do avô. Um jovem que gosta de tocar guitarra se muda para a Suécia. Sonha em começar uma banda, lançar discos, fazer turnês de limusine. Quando isso não acontece, ele ajusta os seus sonhos. Começa a sonhar em se tornar professor de música, encontrar uma namorada bonita, conseguir comprar um Volvo 740. Ele tenta entrar no conservatório. Não é aceito. Ele tenta se inscrever para Pedagogia. Não é aceito. Quando nada funciona, ele ajusta os sonhos novamente. Ele sonha com um trabalho, qualquer um. Ele quer encontrar uma namorada mediana. Tudo que ele encontra é um contrato por hora na loja de conveniência Pressbyrån. Procura um trabalho extra numa fábrica de salsichas em Årsta. Ele não consegue comprar um carro. Não arruma uma namorada. A única namorada que ele encontra não é a namorada dos seus sonhos. Ela é feia. Ela é gorda. Ela tem uma voz irritante e espinhas e escuta vozes quando se esquece de tomar os remédios. O pai dela já morreu. O irmão vive num hospital psiquiátrico. Não é a pessoa ideal para se tornar mãe. O guitarrista sabe disso. Sabe que é muito bonito para ela. Sabe que deve continuar procurando. Mas mesmo assim eles se tornam um casal. Ele está cansado de ficar sozinho. Eles têm filhos. Ela reclama que ele não contribui o suficiente para a família. Não importa quantos trabalhos extras ele consiga. Nada é suficiente. Ela quer que ele venda a sua guitarra, ele se recusa. Meio ano se passa. Ele não consegue mais horas extras no Pressbyrån. Ele vende a guitarra. Duas semanas depois o dinheiro acaba. Mas nada disso é culpa da Suécia. O Vírus Sueco se infiltra quando o jovem percebe que nenhum trabalho vai pagá-lo mais do que o dinheiro que ele recebe gratuitamente do Estado quando ele não trabalha. O jovem percebe então que o seu tempo vale menos do que aquilo que é gratuito. O Estado lhe diz que ele é tão sem valor que preferimos pagá-lo para ficar em casa e assistir a programas de venda na televisão a ir para a rua e nos incomodar com as suas horas de trabalho. E é aí que o Vírus Sueco começa a influenciar a cabeça do jovem. Ele se acomoda no ouvido dele. E sussurra que a vida inteira dele não passou de um fracasso. Ele o convence de que a única maneira de tornar a vida mais digna é começar de novo. Acabar com tudo. Abandonar a família e encontrar uma nova. Ele abandona a família. Ele não consegue olhar os filhos nos olhos. Tudo que ele consegue fazer é estar aqui no Túnel dos Suspiros e tentar alertar tipos como vocês, galos jovens que ainda possuem a fagulha acesa, tenham cuidado com este país aqui, não permitam que ele os transforme, não aceitem aquilo que é gratuito, porque nada é gratuito. O gratuito deles é viciante. Em troca, eles querem a sua alma. Mas o avô nunca escutou os avisos dos veteranos. O Vírus Sueco era algo que eles inventaram para tentar lidar com os fracassos. Agora que ele já se aposentou, ele os entende melhor.

Quando o avô chega ao Túnel dos Suspiros, ele está vazio. Nenhum dos seus antigos amigos está lá. Alguns já morreram. Outros estão presos. Muitos se mudaram para outro país. O único vestígio de alguma vida humana são algumas latas vazias de cerveja que se encontram estranhamente enfileiradas na frente da lixeira verde. O avô que é um pai se senta no banco e suspira. Ele olha para a água. Ele aperta os olhos e balança o celular que está tocando, para a frente e para trás contra o rosto, na tentativa de

IV. SÁBADO

enxergar quem está ligando. Ele enfia o celular de volta no bolso quando vê que é o filho. Ele fecha os olhos. Quando os abre, tudo está escuro.

*

No metrô eles se dividem. A mãe fica com o filho de um ano. O pai com a filha de quatro anos. Eles acham um assento livre e o pai pega um livro infantil na mochila. É a história de um senhor que compra uma maçã de um comerciante de frutas desonesto que vende uma maçã de plástico ao invés de uma maçã superbonita do seu próprio jardim. O senhor não percebe nada, vai para casa e coloca a maçã de plástico no beiral da janela para ela amadurecer. Um papagaio faz a maçã cair na cabeça da avó, o grito da avó assusta o gato na árvore, um carro bate na cerca do comerciante de frutas, o Bertil pega a supermaçã e a entrega à professora, o ladrão pega a maçã da professora, mas esbarra na diretora, a maçã voa pela janela e aterrissa na mão do bombeiro, que está indo ajudar o gato a descer da árvore. O bombeiro se desequilibra da escada, o colega dele então sobe na árvore, mas, para tirar o gato, ele é obrigado a deixar a maçã de lado. Ele a coloca no mesmo beiral onde a maçã de plástico tinha sido colocada e, quando o senhor descobre a maçã de verdade, ele acredita que a maçã de plástico amadureceu. A última ilustração do livro é um panorama da cidade. O pai fica satisfeito porque a filha de quatro anos prestou atenção na história toda. Em seguida eles chegam a Mariatorget e não falta muito para chegarem à T-Centralen. E agora é a vez do show. O pai começa a apontar para as letras espalhadas pela cidade. O que está escrito aqui? Que letra é esta? A filha de quatro anos lê as letras. Uau, quatro anos e você sabe todas as letras, diz o pai. Ele se delicia com os olhares ao redor. Aliás. Tem alguém prestando atenção? Ele olha ao redor. Todos estão sentados com seus fones de ouvido.

Ninguém levanta a cabeça das suas telas. A única pessoa que reage é a sua namorada, que está perto das portas, de pé, observando-o com um olhar cheio de desprezo. O pai não desiste. Ele mostra à filha de quatro anos que T Á X I é táxi e que S A L Ã O é salão. Em seguida ele aponta para uma escola. Que letra é essa? ES. Isso. CO. Exatamente. LA. Hm. O que é então? A filha de quatro anos pensa. Es, diz o pai. Escooo. Escova. Quase. Escooo, diz o pai. Escada?, pergunta a filha de quatro anos. Ah, você está bem perto agora, diz o pai. Escoooooo... Esquilo?, pergunta a filha de quatro anos. O pai desiste. Ele olha para a namorada e sorri. Ela olha para fora. O filho de um ano deve ter dormido, já que ela colocou seus fones de ouvido brancos. Vamos encontrar o vovô hoje?, pergunta a filha de quatro anos. Talvez, responde o pai. Vamos ver.

*

Uma turista que quer somente ser uma turista tenta fazer o melhor para filtrar tudo que enfeia a cidade. Ela já esteve aqui uma vez em meados da década de 1980, quando trabalhava no setor financeiro, ela ficou hospedada num hotel de luxo na Birger Jarlsgatan, tudo por conta da empresa, eles tinham reuniões o dia inteiro, não sobrava muito tempo para fazer turismo, mas na última manhã, antes que o táxi agendado fosse buscá-los, ela saiu para caminhar pela cidade. A cidade era incrivelmente linda. A água reluzia. As pessoas brilhavam. Até mesmo os mendigos aparentavam frescor. Havia mendigos naquela época?, ela se pergunta. Não. Havia coletivos de hippies bondosos que tocavam violão, havia grupos de cristãos que ofereciam café, havia indígenas com roupas tradicionais que tocavam flauta de pã. Mas ela não se lembra de nenhum mendigo, nenhum pedinte, nenhum tipo de pobreza. Durante muitos anos ela viajou entre capitais, ela tinha uma bolsa que só mudava o conteúdo quando ela fazia escala no seu próprio

IV. SÁBADO

apartamento. Fazia quase dois anos que ela morava lá e ainda não tinha comprado panelas. Ela trabalhava entre oitenta e cem horas por semana. São pelo menos sessenta horas em excesso, dizia a sua mãe. Você tem que dar uma pausa. Respirar. Tirar férias. Encontrar os amigos. Dançar. Constituir família. Aproveitar o tempo comigo. Não tem problema algum, ela dizia. Sou jovem. Tenho tempo. Um pouco depois a sua mãe teve leucemia, a filha voltou para casa para cuidar dela, a mãe morreu em fevereiro de 1993 e no outono seguinte a filha começou a estudar Enfermagem. A sua especialização, na verdade, eram crianças e adolescentes, mas o primeiro contrato que ela conseguiu foi numa casa de repouso com uma vista maravilhosa, e ela gostava tanto de lá que acabou ficando.

Toda manhã ela dava uma volta para cumprimentar os velhinhos do seu corredor, batia na porta e abria as cortinas, arejava o odor de urina e trocava os lençóis, ela os convencia a descer até a sala de café da manhã para tomarem uma xícara de café e quando lá estavam ela sempre tentava fazê-los contar algo sobre os anos da guerra, e como foi atacar os nazistas em Dieppe em 1942 ou internar os japoneses em acampamentos em 1943 ou como a Europa estava em 1948, quando contra a vontade dos seus pais eles fugiram de casa e começaram a trabalhar para a Cruz Vermelha. Mas todos pareciam ter vivido a uma distância segura do centro dos acontecimentos. No dia 7 de maio de 1945, eles não foram celebrar o fim da guerra porque sabiam que haveria gente demais. Muito se falou sobre a chegada à Lua, mas no dia 20 de julho de 1969 um deles tinha um horário agendado na lavanderia; e o outro, a visita de um primo que vinha de longe. Alguns estavam tão confusos que mal se lembravam do nome dos seus irmãos, outros queriam conversar sobre acontecimentos da atualidade e não históricos. Eles contavam sobre os netos que haviam participado de competições de dança, os filhos que pensavam em se mudar para outro país, imigrantes que se transferiram para cá para construir mesquitas e viver de auxílios do governo. Minha mãe imigrou para cá, dizia aquela que já não tinha uma mãe. Ela deixou os seus ideais políticos para trás no seu país natal por uma carreira de guarda de estacionamento. Em vinte anos ela só ficou doente três dias, para depois morrer de leucemia. Coitada dela, disse James, 84. Sempre há exceções, disse Thelma, 91. Pouquíssimos imigrantes são esforçados como a sua mãe, disse Helen, 89. Mesmo assim, ela permaneceu na casa de repouso e logo em seguida se tornou a referência em informática, não tanto porque fosse especialmente entendida de computadores, mas por ser a única que ousava trocar o toner da impressora. O boato dizia que uma vez ela conseguiu fazer cópias frente e verso. Duas vezes ela ajudou a chefe a desconectar um pen drive problemático do computador dela. Daí em diante era a ela que todos os velhinhos recorriam quando tinham algum problema com a internet. Ela tinha uma paciência infinita, ela explicava com uma voz calma a Steve, 82, que ele não conseguiria consertar a sua internet sem fio desligando o roteador e soprando no contato, ela nunca se irritou com Betty, 92, que tentou tocar um DVD na sala de estar colocando o disco no ventilador do projetor. Ela ajudou Earl, 91, a salvar o disco rígido quando ele sem querer despejou leite no computador. Ela trabalhou lá até se aposentar e agora, de repente, ela tem uma infinidade de tempo livre. A vantagem de não ter filhos ou netos é que ela é livre para viajar ao redor do mundo e descobrir lugares onde ela já esteve, mas dos quais mal se lembra. A desvantagem é que ela não tem ninguém para mostrar as fotos. Se tivesse tido filhos, ela ligaria para eles e contaria que a cidade onde ela está agora continua a mesma, mas também diferente. Os prédios continuam os mesmos, o céu continua alto, a água reluzente. Mas as pessoas mudaram. Agora as pessoas aqui são as mesmas que em Copenhagen, Bruxelas, Paris, Nova York e Praga. Tudo que tornava esse lugar especial desapareceu. Perdeu qualquer particularidade. Ou melhor, a única coisa característica

IV. SÁBADO

são as lojas turísticas que vendem camisetas azul-amarelas com o escrito 100% SUECO, capacetes vikings de plástico e cavalos de madeira vermelhos de tamanhos diferentes. Atrás do estande com bandeirolas vermelhas estão parados dois jovens com chapéu de Papai Noel vendendo balas natalinas apesar de faltar mais de um mês para o Natal. Na ponte, turistas observam o Canal de Estocolmo. Eles tiram fotos uns dos outros na frente do Parlamento. Ela não tira nenhuma foto. Ela vira à direita e segue a água em direção à Prefeitura. Aqui é mais calmo. Nenhum turista. Nenhum Papai Noel. Somente ela e a água movimentando-se e uma pequena escada que dá na beira do cais. Ela o avista de longe. Ele está sentado na frente de um quiosque de sorvete fechado durante o inverno. Casaco preto. Tênis brancos brilhantes. Uma sacola azul ao redor do punho. Em seguida ela vê as latas de cerveja e pensa que ele está bêbado. Depois ela se aproxima e conclui que as latas de cerveja estão muito longe para serem dele, além de ele estar bem-vestido e com a barba feita recentemente para se sentar num banco e beber cerveja a uma hora dessas. Ele deve estar apenas dormindo. Em seguida ele abre os olhos e grita. Ele se levanta e caminha alguns passos em direção à beira do cais. Ela se apressa e consegue pegá-lo a apenas um metro da beirada.

*

A família se levanta e desce na T-Centralen. A mãe quer ver uma exposição sobre os corpos do futuro na casa de cultura Kulturhuset, o filho de um ano quer brincar no Espaço para Crianças, à filha de quatro anos foi prometido brincar com os pinos de madeira. O tempo de espera para entrar no Espaço para Crianças é de pelo menos uma hora, então eles retiram uma senha, comem frutas e seguem para a exposição. Dentro de uma caixa de vidro há cerca de trinta pênis muito realistas, eretos e cheios de veias.

Flautas de pipiu!, diz o pai. Louco, né? A filha de quatro anos dá de ombros. Outra obra é composta de espelhos e efeitos sonoros. Uau, sussurra a filha de quatro anos e sai da sala.

O pai confere o celular o tempo inteiro. De tempos em tempos ele liga para o número sueco do pai. Às vezes ele sente que o pai desliga a chamada, outras vezes ninguém atende. Amor, diz a namorada. Esquece. Se quiser nos ver, ele liga. Não podemos deixá-lo ditar o nosso dia.

O filho o deixa para lá. Ele tenta aproveitar o tempo com a família. Tenta não olhar o celular e pensar sobre o que pode ter acontecido. Depois da exposição, eles tomam um café e em seguida chega a vez de entrarem no Espaço para Crianças. Eles deixam os sapatos nas prateleiras. A mãe pendura o seu casaco em um cabide para crianças. O pai fica com a própria jaqueta. Ele não confia nos outros pais. Qualquer um pode pegar a jaqueta se ele a deixar pendurada ali. Não importa que haja funcionários na entrada. Eles não sabem qual jaqueta é de quem. A mãe o olha, mas não diz nada. O filho de um ano engatinha entre os livros para bebês, a filha de quatro anos primeiro constrói uma estrada e depois um transporte para vacas de pinos de madeira. Faz uma pausa agora, diz a mãe. Não, tranquilo, diz o pai. Sim, amor, estou falando sério. Desce até a biblioteca. Pega uns livros emprestados. Escreve os seus *cinco minutos*. Faz meditação. Faz o que você quiser, mas tenta recarregar a energia. Não, prefiro ficar aqui, diz o pai. Com a minha família. Mas que inferno, sussurra a mãe. Eu sei exatamente o que vai acontecer se você ficar aqui. Você vai vomitar a sua raiva porque todos fizeram algo que queriam menos você e aí vai ficar emburrado o resto do dia porque você não é maduro o suficiente para satisfazer as suas próprias vontades. Sai. Daqui. Agora. Eu fico com as crianças. Ele se levanta e sai do Espaço para Crianças. Papai!, grita a filha de quatro anos. O pai sorri, ele diz que

IV. SÁBADO

volta logo, ele não sabe ao certo se ele acha bom ou desconfortável que a filha fique tão triste quando ele sai de perto.

Ele desce até a biblioteca. Pega uns livros e se senta numa poltrona perto da janela. Lê as primeiras páginas de um elogiado romance americano contemporâneo. Lê a metade do prefácio de uma coletânea francesa de contos. Ele tem uma ideia para uma piada, anota no celular e adormece. Acorda com o telefone vibrando e fica mais feliz do que gostaria de admitir. Onde você está?, pergunta a voz que não é aquela do pai dele. Estou fazendo uma pausa, ele responde. Como você disse que eu deveria fazer. Faz uma hora e dez minutos que você saiu, diz a namorada. Desculpa, ele diz e se levanta. Tem mais lenços umedecidos no carrinho?, ela pergunta. Vou buscá-los, ele diz. Ele pega a escada rolante até o terceiro andar. Ele olha o celular. Ele escreve uma mensagem no grupo da família. *Alguém tem notícias do pai?* A irmã responde na mesma hora: *iríamos almoçar juntos, mas tive um contratempo. Ele parecia estar bem.* A mãe: *não conversei, não tenho notícias.*

O filho que é um pai sai da escada rolante e tenta ligar uma última vez. O celular toca. O pai responde. A voz soa diferente. Ele soa quase... feliz? Ao fundo ele escuta um barulho de passos. O que você está fazendo?, pergunta o filho. Estou na cidade, responde o pai. Estou fazendo uma caminhada. Caminhada?, pergunta o filho. Sozinho? Com uma amiga, responde o pai. Uma amiga?, pergunta o filho. Qual amiga? Uma amiga, responde o pai. Você não a conhece. Te ligo mais tarde.

O pai desliga. O filho fica parado com o telefone na mão. Uma amiga? O pai não tem nenhum amigo. O pai não tem nenhum amigo desde o dia em que a polícia fez uma batida no Túnel dos Suspiros e a mãe o obrigou a nunca mais ir lá.

*

Um pai que é um avô abre os olhos. O mundo está todo escuro. Ele teve um infarto. Ele teve uma hemorragia cerebral. Alguém entrou no cérebro dele e cortou o nervo ocular. Ele está morto-vivo e em breve morto-morto. Ele escuta vozes. Crianças rindo. Uma bola quicando. Carros. Mais carros. Um ônibus estaciona e, com um som parecido com um apito, desce em direção à calçada. Ele se levanta do banco, tateia no escuro, escuta a sua voz ecoar em direção à água. Alguém pega no braço dele, o leva de volta para o banco e dá um tapa na cara dele. *Do you hear me?*, pergunta a mulher. *Yes*, ele responde. *Did you take something? No, I just fell asleep.* Silêncio. A mulher desaparece. Ela se levantou e foi embora. Exatamente como todas as outras. Em seguida ele escuta o som de um isqueiro e sente o cheiro de um cigarro. Ela continua lá. Ela não o deixou. *I don't sleep much*, ele diz. *I can see that*, ela diz. *There is something wrong with my eyes*, ele diz. *Try opening them*, ela diz. Ele abre os olhos. Pisca. Ele percebe que está sentado, o que é bom sinal, já que as pessoas quando morrem costumam cair. O suor frio também é bom sinal, considerando que as pessoas mortas não sentem nada. A escuridão se mistura com pontos de luz, primeiro como pequenas explosões, em seguida linhas mais compridas, como se vários horizontes fossem se iluminando, um de cada vez. Depois o mundo está de volta, a luz do sol invade os olhos dele, tudo está lá, as árvores, as casas, os bancos, os carros e a senhora fumante do lado dele. Está se sentindo melhor? Ele faz que sim com a cabeça. Ela não é como ele a imaginou. Sua voz é mais bonita do que o rosto. Mas não importa, pois ela está lá.

*

O pai que uma vez foi um filho está rodando, entra e sai de uma porta giratória da entrada do piso térreo da Casa de Cultura. A filha de quatro anos está com ele e gargalhando. Somos um circo!, ela

IV. SÁBADO

grita e dá tchau para as pessoas que tentam passar pela porta giratória mas não conseguem, pois está ocupada pelo pai, pela filha de quatro anos e pelo filho de um ano no carrinho todo sujo de banana. Uma das rodas está com os pneus meio murchos, o lábio superior do filho de um ano está coberto de catarro seco, a cestinha debaixo está cheia de livrinhos estragados por causa da água, uma trava de arame com cadeado com segredo, cascas de mexerica seca, pares de luvas de modelos diferentes, meias extras esquecidas, uma bomba para encher os pneus que estão soltando ar, um guarda-chuva, pedras aleatórias que a filha de quatro anos decidiu guardar e uma brochura da exposição que acabaram de ver. Uma amiga, murmura o pai. Ele não tem nenhuma amiga. A filha olha para ele. Ele fica em silêncio. Eles saem da porta giratória. Ela procura na bolsa de fraldas, lá tem de tudo menos lenço de papel. O pai limpa o catarro do filho de um ano com um lenço umedecido, o filho fica triste por causa da sensação de frio, o pai se lembra de quando ele e a namorada eram um casal saltitante, ficavam pulando entre exposições, cafés, jantares e festas, tantas possibilidades cabiam em um dia, saíam de manhã e voltavam para casa à noite. Eram como gazelas, agora são como diplodocos, eram como jet skis, agora são como tanques de petróleo, demoram quinze minutos para mudar de direção, eles entram em cafés aconchegantes e são informados de que infelizmente o carrinho tem que ficar do lado de fora e que não há nenhuma cadeira infantil. Por isso o pai prefere almoçar no Café Panorama, onde os funcionários são grosseiros uns com os outros daquele jeito agradável que somente é possível ser quando se é da mesma família. A vista é fantástica. O refil do café é gratuito. O bufê de salada é ótimo. Ou melhor, razoável. E eles têm aqueles pães de milho que o filho de um ano adora. E os preços são bons também, diz o pai. Mas a mãe já comeu lá várias vezes e nunca achou especialmente bom. Ok, diz o pai. Vamos então ao Bar do Teatro?, sugere a mãe. Lá as toalhas são brancas e os preços altos. O pai responde que ele não está muito a fim. Aquele restaurante asiático então? A família vai até o restaurante no piso térreo. A mãe analisa o cardápio. O pai sabe que ela não fica satisfeita, não há nenhum prato vegetariano sem glúten, aliás há sim, dois pratos, mas quando ela pergunta no caixa ambos contêm derivados de leite. Eles saem da Casa de Cultura. Ficam parados na praça Plattan em meio ao vento frio. Você agora não come lactose?, pergunta o pai. Prefiro não comer, responde a mãe. Você tem algum problema com isso? De forma alguma, diz o pai. Quero comer cachorro-quente, diz a filha de quatro anos. Aonde vamos?, pergunta o pai. Cachorro-quente com ketchup, diz a filha de quatro anos. Não sei, aonde você quer ir?, pergunta a mãe. Cachorro-quente, cachorro-quente, cachorro-quente, diz a filha de quatro anos. A Jackie me falou de um lugar vegano em Kungsholmen, a mãe diz e pega o celular. CACHORRO-QUENTE, diz a filha de quatro anos. O pai fica em silêncio e pensa que com um pouco de planejamento esse tipo de situação teria sido evitado. Quando ele era pequeno, a sua mãe fazia sanduíches, levava uma garrafa com suco e algumas maças, e isso era o almoço. Ele e as crianças comeriam em qualquer lugar. Nos dê cachorro-quente que ficamos satisfeitos. Alguns cheeseburgers do McDonald's. Comemos de pé e depois podemos focar em outra coisa. Mas, em vez disso, eles esperam até que a mãe ache o endereço do lugar vegano, eles começam a caminhar em direção a Kungsholmen, eles pegam a Klarabergsgatan, passam pela loja de bebidas Systembolaget, onde alguns clientes tentam entrar em vão, apesar de a hora marcar dois minutos depois das três da tarde em um sábado. Eles passam pela farmácia 24 horas, cruzam a ponte por cima da Vasagatan, passam pela fila de taxistas gentis e pela fila de taxistas maldosos. A caminho da próxima ponte, o pai se recorda daquela noite que eles passaram por aqui e estavam recém-apaixonados, tiveram a ideia de jogar algo na água, acharam um monte de pedras, cada um jogou três pedras, cada pedra representava alguma coisa que eles queriam atenuar na própria personalidade, ela jogou a pedra

IV. SÁBADO

Medo-de-planejamento, a pedra Vergonha e a pedra Pedir-desculpa-apesar-de-não-ter-feito-nada-de-errado. Ele jogou a pedra Autocrítica e a pedra Conformismo. Na hora da terceira pedra ele não conseguiu pensar em algo para jogar fora. Talvez você queira jogar fora um pouco de sua necessidade de controle?, ela perguntou. Eu não tenho nenhuma necessidade de controle, ele respondeu. E a minha necessidade de controle não é maior do que a de qualquer outra pessoa. E se é que eu tenho mesmo uma necessidade de controle, isso não quer dizer que seja algo ruim, eu não teria chegado aonde cheguei sem a minha necessidade de controle, é graças à minha necessidade de controle que eu faço as coisas acontecerem. Tudo bem, ela disse. Tranquilo. Joga fora outra coisa então. Ele segurou a pedra quadrada e pesada. Ela brilhava com a luz do amanhecer. Ele nomeou a pedra de Perfeição e a atirou na água. Eles caminharam na direção de casa. Perfeição e Necessidade de Controle não seriam dois lados da mesma moeda?, ela perguntou. Para mim não, ele respondeu. Sete anos depois eles cruzam a mesma ponte com os dois filhos. Eles não conversam um com o outro. Eles viram à direita. Continuam não conversando um com o outro. Vamos comer cachorro-quente?, pergunta a filha de quatro anos. Eles se aproximam do lugar vegano à meia-luz, as mesas marrom-escuras, as paredes revestidas de papel de parede. O pai se arrepende de ter desconfiado da namorada. Ele pensa sobre como tem a sorte grande de tê-la. Sem ela, ele se transformaria no seu pai, ele comeria uma salada de camarão velha de três dias só porque está com desconto. Ele andaria com roupas velhas de dez anos. Ele teria um celular antigo com uma bateria que dura vinte minutos. (Amiga? Como assim amiga? Que amiga? E por que ele soou tão feliz?) Não é bonito?, pergunta a mãe. E o ketchup? Vamos entrar e ver, diz o pai. Ele empurra a porta. Está trancada. Eles abrem somente durante a semana das 10h às 17h. A filha de quatro anos começa a chorar. O filho de um ano começa a chorar porque a filha de quatro anos começou a chorar. Um ônibus azul se aproxima. O pai é tomado por um impulso de soltar o carrinho, subir no ônibus e desaparecer. Em vez de fazer isso, ele solta o carrinho e entra na Seven Eleven mais próxima, compra três cachorros-quentes, dois para as crianças, um para si mesmo, ele o devora lá dentro da loja para não ter que enfrentar o olhar da namorada. A balconista o observa. Estes aqui são para os meus filhos, ele diz. Ela acena com a cabeça.

Eles sobem a Hantverkargatan, terminam num café onde nenhum deles já esteve antes. Pertence a uma cadeia desconhecida de cafés, o tipo de lugar onde nem ele nem ela cogitariam entrar quando não tinham filhos. Encontraram uma mesa boa com espaço para o carrinho, o pai vai até o caixa, pede uma salada de tofu para a namorada, um sanduíche e café com leite para si mesmo, *smoothie* e *biskvin* para as crianças. A namorada ouve o pedido e olha para ele, ele troca o *biskvin* por uma *energy-ball*. E como você se chama?, pergunta o rapaz atrás do caixa. Perdão?, diz o pai. Seu nome?, pergunta o rapaz. Ele está segurando a caneta. O filho pensa por um instante. Ele diz um dos seus nomes. O rapaz escreve o nome no copo, e pergunta se ele quer o recibo.

*

Um avô e uma turista estão sentados num banco perto do Túnel dos Suspiros e conversam sobre a diferença entre várias cidades. Ela conta que mora em Vancouver, Canadá (ela diz exatamente assim, primeiro a cidade, depois o país), ela trabalhou durante muitos anos no setor financeiro e depois se formou em enfermagem e começou a trabalhar numa casa de repouso. Ela diz o nome da casa de repouso com o mesmo tom seguro com que ela diz o nome do país. Mas o avô nunca ouviu falar da casa de repouso e esqueceu o nome imediatamente. Agora a turista está aposentada e faz um trabalho extra em um ateliê onde costura chapéus para

IV. SÁBADO

«clientes que são até mesmo mais velhos do que eu». Você não é velha, diz o avô. Você não sabe de nada, diz a turista e ri. E você?, ela pergunta. Com o que trabalha? Eu trabalhei como vendedor a vida inteira, diz o avô. Já vendi sementes de gergelim e perfumes, relógios importados e bidês dinamarqueses, fitas VHS e roupas de couro. Mas agora eu também me aposentei, diz o avô. Moro fora. Estou aqui visitando os meus filhos. E eu que achei que você fosse turista, diz a turista. Eu? Turista? O pai ri. O que fez você achar isso? Talvez a sacola do centro de informações turísticas. Ah, é só para fazer as pessoas serem mais gentis, ele diz. Quais pessoas?, ela pergunta. Todas, ele responde. Mas principalmente as atendentes das lojas. E os motoristas de ônibus. E a polícia. A turista reflete. Todo mundo que encontrei até agora foi muito gentil, ela diz. Eles são gentis no começo, diz o avô. Depois eles se transformam.

A turista acende mais um cigarro sem oferecer ao avô. Ele entende como um elogio. Ele é muito bonito e bem cuidado e jovial para ser um fumante. Ele a observa. Vinte anos atrás ele a teria notado. Dez anos atrás talvez, mas teria rapidamente decidido que ela não fazia o seu tipo. Hoje decidiu que ela é bonita o suficiente. Ela não tem culpa por ter nascido com esses olhos. Eu estava a caminho da Prefeitura, diz a turista e se levanta. Eu também, diz o pai.

Eles caminham acompanhando a beira da água. O pai conta que, paralelamente a seu trabalho como vendedor, ele já teve infinitas ideias para negócios próprios. Ele foi o primeiro, por exemplo, a ter a ideia de que alguém poderia comprar uma estrela no espaço e dar um nome a ela. Ele tinha um plano inovador para fabricar a primeira escova de louças com detergente no cabo. Mas alguém sempre chegava primeiro. Alguém com mais dinheiro e melhores contatos.

Eles atravessam a ponte em direção à Prefeitura. A turista lê o seu guia turístico em voz alta. Ela conta que a Prefeitura demorou doze anos para ser construída e precisou de 8 milhões de tijolos vermelhos. Perda de tempo e tijolos se quiser saber a minha opinião, diz o avô. Eles entram no jardim interno da Prefeitura. O vento arrefece. Eles cruzam com turistas segurando paus de selfie, um casal recém-casado é emparedado por um fotógrafo de boina e colete bege, um grupo de alunos holandeses tenta formar uma pirâmide na frente do professor do grupo. Como é incrivelmente bonito com toda esta água, diz a turista. É verdade que as pessoas se banham aqui no verão? Sim, responde o avô. Mas a água é bem fria. E excepcionalmente limpa, diz a turista. Mas não potável, diz o avô. Ao contrário do que alguns políticos idiotas acreditam. A turista assente com a cabeça. Ela não faz nenhuma outra pergunta, mas o avô conta assim mesmo, sobre alguns políticos municipais que convidaram o comitê dos Jogos Olímpicos e uma coletiva de imprensa para experimentar a água do lago Mälaren na esperança de Estocolmo ser escolhida para sediar a Olimpíada. Mas bem naquele dia a água estava impotável e todos do comité dos Jogos Olímpicos ficaram com diarreia e Atenas foi a escolhida para sediar os Jogos. Que azar, diz a turista. Bem feito, diz o avô. São todos uns idiotas. Quem?, pergunta a turista. Todos eles, responde o avô. Mas especialmente os políticos. E o comitê dos Jogos Olímpicos.

Vou seguir em frente, disse a turista. Mas foi um prazer conhecê-lo. Aonde você vai?, pergunta o avô. Cidade Velha, responde a turista. Vou com você, diz o avô. Não tenho nenhum compromisso. Eles cruzam a ponte de volta. Ela lê o seu guia turístico. Ele apressa o passo para não ficar para trás. Lá fica a Cidade Velha, ele diz. Eu sei, ela diz. É lá que eu vou. Eu também, diz o avô. O telefone dele toca. Com licença, preciso atender, ele diz. A turista segue em frente. É o filho dele. O pai explica que está ocupado e desliga. O avô e a turista chegam à Västerlånggatan. Segure firme a sua bolsa, diz o avô. Aqui tem muitos batedores de carteira, diz o avô. Eles param para ver a troca de guardas do castelo. Os soldados

IV. SÁBADO   125

mais medrosos são os que vêm parar aqui, diz o avô. Eles caminham de volta em direção ao Kungsträdgården. Aquela é a estátua de um rei muito amado pelos nazistas suecos, diz o avô.

A turista boceja e diz que está cansada. Ela quer voltar para o seu quarto no navio de cruzeiro que vai levá-la até Helsinki e São Petersburgo. O avô, que é um cavalheiro, se oferece naturalmente para acompanhá-la. A turista diz que consegue encontrar o caminho sozinha. O avô insiste para acompanhá-la. A turista agradece, mas diz que prefere ir sozinha. O avô diz que essas ruas aqui podem ser perigosas por causa de todos os vendedores africanos de droga. Nunca se sabe quem pode estar escondido atrás dos becos. Agora chega, diz a turista. Ela se vira e vai embora.

Voltando para casa o avô se convence de que é melhor ser um lobo solitário. Ele se sente orgulhoso de não precisar de outras pessoas. As pessoas são idiotas. Sua filha mais nova é uma idiota por ter cancelado o almoço, seu filho é um idiota por querer jogar o próprio pai na rua, sua ex-mulher é uma idiota por ter deixado o casamento entrar em colapso, sua primeira filha é uma idiota por ter morrido, seus irmãos são idiotas por entrarem em contato somente quando precisam de dinheiro, os dirigentes do metrô de Estocolmo são uns idiotas porque os metrôs da linha vermelha passam raramente e aquele idiota ali com aparelho nos dentes é idiota por falar tão alto no celular ao mesmo tempo que está comendo laranja com a boca aberta e a senhora com a bolsa de mão é idiota por não entender como é fácil alguém roubar a sua carteira se ela não fechar a bolsa e o condutor do metrô é um idiota por frear tão bruscamente. Mas os mais idiotas são as turistas velhas, pensa o avô, quando com passos lentos caminha pelo bosque em direção ao apartamento. Turistas velhas sino-canadenses, fumantes e feias, vestidas com roupas caseiras, com pochetes e sapatos confortáveis que se aproximam e conversam sobre assuntos desinteressantes e depois insinuam que eles vão dormir juntos no navio de cruzeiro luxuoso, deitar um ao lado do outro numa cama dura, com um edredom pesado, ficar abraçados, respirar nas costas um do outro, se acalmar com a respiração um do outro, é um navio grande, ninguém vai perceber que no quarto reservado para uma pessoa há duas pessoas. Você pode dormir no sofá, diz a turista, apesar de ao chegarem à cabine ficar claro que ela quer que ele durma na cama com ela. Tudo bem se ligarmos a televisão?, ele pergunta. Eu preciso do barulho ao fundo para conseguir dormir. Você vai conseguir dormir, diz a turista e o leva para a cama. Ela tem razão, ele consegue dormir sem a televisão e no dia seguinte eles comem o bufê luxuoso e o navio parte. Ninguém sente falta dele quando ele desaparece. Mas nada disso aconteceu e foi uma pena, pensa o avô enquanto afunda no sofá. Pena para ela. Ela teve uma chance, mas a jogou fora. De madrugada ele sonha que alguém está dentro do seu corpo, alguém está caminhando na sua corrente sanguínea, alguém coloca a mão ao redor do seu coração e o abraça da mesma forma que abraça um passarinho, devagar, muito devagar, mais forte e mais forte, até que o pássaro quebra o pescoço e o pai acorda de solavanco, vestido com uma camiseta branca com alguma estampa publicitária que, de tão molhada, ficou transparente.

V. DOMINGO

Um filho que é um pai pôde dormir até as 4h45. Depois o domingo começa. Ele espera até as 9h para ligar para o pai que é um avô. Sem resposta. Liga de novo às 9h15. Às 9h20. Às 9h25. Por fim o pai atende. E aí, tudo bem?, pergunta o filho. Estou cansado, responde o pai. Muito cansado. Meus pés estão doendo. Estou com a vista embaçada. O que você está fazendo? Assistindo futebol. Campeonato inglês. Vamos nos encontrar?, pergunta o filho. Eles marcam um encontro no café que fica na frente da pizzaria. Quer que eu te pegue ou nos vemos direto no café? Nos vemos lá, responde o pai. Traz os documentos do banco.

O filho sai de casa e vai até o escritório. Ele escuta aquela playlist que faz a caminhada demorar vinte minutos em vez de 25. A música o leva a apertar o passo um pouco mais, os passos levantam uma nuvem de poeira, a boca se fecha num único risco, a coluna ereta, as sobrancelhas arqueadas. Dezessete anos. Isso se arrasta há dezessete anos. É mais tempo do que ele tomou conta da gente. Mas como assim «tomou conta»? De que maneira ele teria tomado conta da gente? Ele vinha e ia embora. Ele estava lá e de repente desaparecia sem deixar traços. Um fim de semana eles se encontravam e iam ao cinema. Três meses depois ele aparecia no parque sem avisar. Meio ano depois ele aparecia com dois pacotes que continham roupas íntimas para a mãe. Depois poderia passar um ano e meio sem nenhum sinal de vida. Aí ele ligava e perguntava por que o filho não entrava em contato. Mais tarde ele precisou de um inquilino para a sua quitinete no centro da cidade, e foi quando eles entraram em acordo sobre a cláusula do pai. Aí depois disso o pai se mudou para fora do país e ligava somente quando precisava de ajuda com alguma transação bancária.

A primeira vez foi quando o filho estava em Berlim visitando um amigo. O pai ligou. Ele precisava enviar dinheiro para alguém na Bulgária. É uma emergência, disse o pai. Faz uma transferência por meio da Western Union no mais tardar hoje. O filho escreveu o nome e o endereço do destinatário e começou a procurar por agências da Western Union em Berlim que estivessem abertas no domingo. Ele contou ao amigo o que estava acontecendo, porque assim ele mostrava que tinha um vínculo forte com o pai, que eles tinham uma relação, que ele não tinha sido completamente abandonado. Ele pegou o computador emprestado do amigo, transferiu o dinheiro de uma conta para a outra, retirou o dinheiro num caixa rápido, atravessou Berlim, pegou um bondinho até o metrô, um metrô até a estação de trem. Quando ele chegou faltavam vinte minutos para a agência fechar. Ele entrou na fila. A senhora demasiadamente maquiada lhe informou que ele não poderia enviar o dinheiro sem algum documento de identidade, e que a carteira de motorista sueca não contava como documento. Ela precisava ver o passaporte. Ele tentou convencê-la. Ele contou que era uma emergência. Disse que poderia voltar com o passaporte no dia seguinte mas que o dinheiro precisava ser enviado hoje. Por fim, ela fechou o caixa e ele foi obrigado a ligar para o pai e confessar que tinha fracassado. Ele se preparou para ser insultado. O pai gritaria que ele era um zero à esquerda que não dava conta de fazer nada certo. Mas, ao contrário, o pai disse que tudo bem se

V. DOMINGO

o dinheiro chegasse no dia seguinte. Mas não era uma emergência?, perguntou o filho. Amanhã não tem problema, disse o pai. No dia seguinte, o filho achou uma agência da Western Union perto da casa do amigo, ele transferiu o dinheiro e recebeu um código com vários números que ele enviou ao pai. O filho não recebeu nenhuma resposta. Ele enviou uma nova mensagem, escreveu o código e pediu ao pai que confirmasse se tinha recebido a mensagem. De novo, nenhuma resposta. Por volta da hora do almoço o filho ligou para o pai, que atendeu com aquela voz de raiva com que ele sempre atende quando alguém liga para ele, como se tivesse certeza de que a pessoa do outro lado é um vendedor de telemarketing que quer enganá-lo. Sou eu, disse o filho. E?, perguntou o pai. Você recebeu o código? Sim, respondeu o pai. O dinheiro já chegou. Ok, disse o filho. Ótimo, disse o pai. Eles desligaram.

O filho sobe a colina. Ele se lembra de outras transações. Um primo na Inglaterra precisa de dinheiro rapidamente. Envie quinhentos euros a uma fábrica da Seat em Portugal como pagamento de uma peça reserva importante. Envie setecentos euros a um fabricante de eletrônicos na Eslováquia. Envie quatrocentos euros a um fábrica de roupas no Vietnã. O pai sempre entrava em contato com ele. Nunca com a irmã. Porque ele era o filho mais velho. Ele era quem morava no apartamento do pai. Por um período ele ia tanto à Forex na estação central que os funcionários o reconheciam, o cumprimentavam amigavelmente e perguntavam como tinha sido o fim de semana. E algumas vezes o filho achava engraçado que os funcionários da Forex lhe faziam perguntas que o próprio pai nunca fazia.

Somente um dos seus amigos pensou em dizer algo em relação a essa situação, o que morava em Berlim e que tinha uma relação parecida com o próprio pai. Tenho todo o amor por você e o seu pai, ele disse. Mas preciso te perguntar: o que o seu pai faz na verdade? Importação e exportação, respondeu o filho. Importação e exportação de quê? Várias coisas, respondeu o filho. Mas o dinheiro é seu? Não, disse o filho. Claro que não. O dinheiro é do meu pai. Ele tem uma conta aqui que eu movimento e depois transfiro da conta dele para a minha. Você não deveria conferir para quem você está enviando o dinheiro?, perguntou o amigo. Nesses tempos paranoicos eu tomaria o máximo de cuidado possível ao enviar dinheiro se eu não tivesse certeza absoluta sobre o destinatário do dinheiro. Mas você com certeza já pensou nisso, né?

O filho nunca pendurava um casaco numa chapelaria sem funcionários por perto. Ele trancava a sua bicicleta com cadeado duplo. Ele sempre se sentava de costas para a parede em cafés ao responder um e-mail. Ele sempre tinha a sensação de que o mundo estava atrás dele o tempo todo, e somente muitos anos depois, ela, que se tornaria a mãe dos seus filhos, lhe explicou que um dos motivos da paranoia é o abandono dos pais, e como na ausência dos cuidados deles a pessoa imagina que está sendo vigiada. Antes perseguido do que ignorado completamente. Mesmo assim ele nunca tinha pensado no risco que corria ao enviar dinheiro para os quatro cantos. Ele se sentia orgulhoso de que o pai entrava em contato com ele. Quando participava de jantares ou estava em um bar, se alguém falava algo que tinha a ver com dinheiro ou com parentes, ou planos para o fim de semana, ou algo sobre a previsão do tempo, ele conseguia de alguma maneira relacionar o assunto com o fato de que ele recentemente havia enviado dinheiro para um contato de negócios do pai em Istambul. Isso o fazia se sentir um bom filho, como se eles tivessem uma relação razoavelmente normal. E sempre havia pressa. Mesmo que o filho estivesse ocupado com três declarações que precisavam ficar prontas antes do fim de semana, sempre era absolutamente mais importante ir até a Forex, preencher o formulário preto e amarelo da Western Union e enviar o código ao pai o mais rápido possível. Não posso dizer não ao meu pai, disse o filho ao amigo. Por quê?, perguntou o

V. DOMINGO

amigo. O que aconteceria? Ele cortaria contato comigo, respondeu o filho. Ele já fez isso antes.

O filho dobra à esquerda e entra no bosque. Ele se recorda daquele dia em Paris quando estava com dois amigos. O celular vibrou. Era o pai. A mensagem continha três letras: sos. O filho se levantou da mesa e telefonou na calçada em frente ao restaurante. O pai respondeu com uma voz mais grave do que o normal. Não conseguia parar de tossir. Depois de alguns minutos, um dos lacaios do pai pegou o telefone, o pai estava gravemente doente, ele estava de cama havia semanas, eles desconfiavam de que era câncer de pulmão, eles desconfiavam de que podia ser tuberculose, hoje cedo ele cuspiu muito sangue, não consegue se levantar, está fraco, pálido, está com uma forte sensação de que algo cresce dentro dos seus pulmões, vamos tentar fazer uma nova radiografia dos pulmões o mais rápido possível, mas o mais importante agora é que você venha para cá. Seu pai precisa de você. Venha o mais rápido que puder. O filho já estava a caminho do hotel. Ele explicou para os amigos, mas também para a recepcionista, que seu pai estava muito doente. Que ele precisava ir ao aeroporto o mais rápido possível. À meia-noite, ele aterrissou no outro país com uma sensação estranhamente esfuziante no peito. O lacaio, que era mais velho alguns anos e tinha se tornado calvo desde a última vez que se viram, foi buscá-lo no aeroporto. Eles se abraçaram e se encaminharam em direção ao carro, o homem mancava, tinha sofrido um acidente. Ele contou que dirigia na estrada em direção à costa quando um trator que estava na sua frente perdeu o reboque e o fez bater em uns fardos de feno e rodar para fora da estrada. Isso tinha acontecido fazia oito meses, e agora ele estava quase recuperado, embora ainda tivesse alguma dificuldade para andar por causa da dor. Entraram no carro e seguiram pela avenida que levava ao centro. Nos postes de luz havia uma fileira infinita com pôsteres idênticos do presidente, com o seu sorriso piedoso contra um fundo roxo, aquele que garantia estabilidade ao país e liberdade às mulheres e possibilidades econômicas a todos que não temiam o futuro, aquele que entendia que todas as mudanças precisam acontecer gradualmente, aquele que era a garantia para que o país não fosse atirado num futuro hostil e caos religioso (segundo uma parte da família). Aquele que defendia o terror e a opressão religiosa e as prisões em massa e antidemocráticas, aquele que era o lacaio das potências ocidentais, o traidor da Palestina, um idiota corrupto sedento por poder com uma esposa ainda pior (segundo a outra parte da família). O filho olhou para os pôsteres. Você sabe por que ele sempre é fotografado contra um fundo roxo?, perguntou o filho. O lacaio olhou para o presidente. É ele?, disse. Nunca tinha pensado nisso. Nem reparo mais nessas fotos. Eles viraram à esquerda na rua principal e depois à direita naquela rua estreita detrás do mercado central onde o pai morava. Ele estava deitado num sofá, suava frio, não conseguiu se levantar, sorriu com os olhos entreabertos e sussurrou que o filho precisava levá-lo para casa. Para casa na Suécia. Quando você pode viajar?, perguntou o filho. Eu não posso viajar, murmurou o pai. Me sinto muito fraco. Vou morrer. O filho correu até o cybercafé mais próximo. Ele pediu um café, entrou na internet e começou a procurar por passagens, ao mesmo tempo que ligou para um conhecido de um conhecido que trabalhava no Ministério das Relações Exteriores, ele perguntou como se fazia para transportar para casa um cidadão sueco que estava prestes a morrer, deram-lhe o número do serviço de emergência, o custo de um voo-ambulância era de muitas centenas de milhares, ele conversou com a seguradora, desde que a pessoa esteja registrada no endereço correto o seguro oferece uma proteção de viagem de até 45 dias. Ele está fora há quatro meses e meio, disse o filho. Então o seguro da casa não cobre, disse a seguradora. Ele desligou, continuou procurando possíveis alternativas, não havia nenhuma solução de voo fretado, nem voo regular, a única

V. DOMINGO

alternativa para chegar a Estocolmo o mais rápido possível era reservar um voo para Barcelona e depois outro voo de Barcelona para Estocolmo. O site se recusava a aceitar a reserva, devido ao curto tempo disponível para ir de um terminal ao outro, então o filho comprou os voos separados. Vai dar certo, ele pensou. Não temos outra opção, temos que sair daqui, temos que chegar em casa, ele precisa receber assistência médica de verdade, vamos dar conta da viagem juntos. Ele correu de volta até o apartamento, o pai estava praticamente desacordado, contou que tinha conseguido marcar a viagem de volta, tinha agendado o serviço de cadeira de rodas, vamos voar via Barcelona, vai dar tudo certo, vou estar com você o tempo todo. Quanto custou? Não importa, respondeu o filho. Eu pago a viagem, disse o filho. Obrigado, respondeu o pai, dando-lhe um tapa afetuoso nas costas. Mas não dou conta de partir. Você tem que dar. Passaram o resto do dia se preparando para a viagem. O lacaio foi até o centro de reabilitação e pegou emprestado um tipo de andador que o pai pudesse usar para chegar do portão até o carro. O filho arrumou uns lanches para levar, conversou com o serviço de assistência sanitária e com a mãe, que desejou boa sorte, e com a irmã, que deu o número de uma amiga que trabalhava para a Médicos Sem Fronteiras. O filho ligou para a médica, relatou os sintomas, os exames que o pai fez, as radiografias do pulmão que não apontaram nada. A amiga da irmã ficou em silêncio. Ela limpou a garganta. Ele fez uma radiografia, foi isso que você disse? Duas, disse o filho. E ele chegou a consultar algum médico aí? Claro. Vários. Mas eles não acharam nada. São uns incompetentes. O sistema de saúde aqui é uma piada. Quem disse?, perguntou a médica. Ele costuma dizer isso, respondeu o filho. Ele está tomando antidepressivos?, perguntou a médica. Ele parou de tomar os remédios? Mas quando é que alguém fica paralisado e tosse sangue por causa de depressão?, perguntou o filho. O meu conselho é que vocês vão direto à emergência psiquiátrica quando chegarem, disse a médica.

A viagem foi no dia seguinte. O lacaio e o filho desceram a escada carregando o pai. Ele se apoiou no andador e se arrastou até o banco da frente do carro que os esperava. O filho colocou a bagagem no porta-malas e, apesar de o pai ter dito que estava prestes a morrer e que não sobreviveria à viagem, eles chegaram ao aeroporto, o filho pegou uma cadeira de rodas e fez o check-in. Embarcaram no avião para Barcelona e pela primeira vez a companhia aérea nacional não se atrasou mais do que dez minutos. Vamos chegar a tempo do voo para Estocolmo?, sussurrou o pai. Acho que sim, disse o filho. Tem que dar. Vai dar. Eles se sentaram bem na frente no avião, uma cadeira de rodas os esperaria no desembarque em Barcelona. Vocês vão desembarcar por último, disse a aeromoça. De jeito nenhum, disse o filho. Ele se levantou quando apagaram o aviso de segurança. Ele bloqueou a passagem daqueles que estavam na fileira de trás. Levantou o corpo desajeitado do pai e o segurou pelos braços para que ele, com passos lentos, pudesse sair do avião. Quando ele se sentou na cadeira de rodas que o esperava, ele parecia a ponto de desmaiar, a pele estava amarelada, a respiração ofegante, e falou baixinho que precisava dormir. Passaram correndo pela esteira de bagagem, o filho empurrava a cadeira de rodas e o responsável pela cadeira de rodas corria ao lado, dizendo que o avião para Estocolmo decolaria do terminal que ficava do outro lado do aeroporto, que seria impossível chegar a tempo, que era possível pegar um ônibus até lá, mas que demoraria quinze minutos. O pai parecia desacordado, ele estava sentado com os olhos abertos e os lábios trêmulos e secos, o branco dos olhos estava amarelado, o filho se recusou a processar a informação. Quando eles saíram pelas portas automáticas, lá estava o ônibus. É aquele lá, gritou o rapaz que era responsável pela cadeira de rodas, ele correu e acenou para o motorista, quando o

V. DOMINGO

motorista fechou as portas ele correu na frente do ônibus, juntou as palmas das mãos uma contra a outra e as balançou para a frente e para trás, olhou para o motorista, apontou para o filho e o pai. O motorista parou o ônibus, abriu as portas traseiras, o filho e o rapaz da cadeira de rodas colocaram o pai para dentro do ônibus. Eles foram até o outro terminal e olhavam as horas a cada trinta segundos. Não vai dar tempo, repetia o rapaz da cadeira de rodas sem parar, mas agora ele dizia aquilo com um novo tom, como se quisesse testar se realmente havia uma chance de dar certo. Ele gritou algo para o motorista do ônibus e o ônibus parou do lado de fora de umas portas onde não havia nenhuma parada de ônibus prevista. Eles desceram com a cadeira de rodas e correram em direção ao check-in. Faltando quatro minutos, eles fizeram o check-in para o voo até Estocolmo e continuaram a corrida até o portão correto, o rapaz da cadeira de rodas corria junto, parecia esgotado. Quando chegaram, o embarque ainda não tinha começado, o filho se agachou ao lado da cadeira de rodas, acalmou a respiração, comprou água, café e um pacote grande de Snickers que dividiu com o pai e o rapaz da cadeira de rodas. Deu certo, disse o filho. Nunca duvidei, disse o rapaz da cadeira de rodas. Eles se despediram na entrada do avião, o pai se apoiou no filho, os assentos que conseguiram ficavam no fundo do avião, mas uma família com crianças se ofereceu para trocar de lugar. O pai se afundou no assento e adormeceu. O filho se debruçou sobre ele e afivelou os cintos de segurança. Apesar da doença, apesar das noites em claro e dos ataques de suor, apesar do estresse, o pai cheirava incrivelmente bem.

Assim que eles desembarcaram do avião pegaram um táxi direto para a emergência psiquiátrica do Sankt Göran. A irmã os esperava quando o carro virou na área de desembarque. Ela abraçou o pai c o ajudou a descer. Obrigado por ter vindo, sussurrou o pai para a irmã. Fico muito feliz que você esteja aqui. Com passos bem curtos o pai conseguiu chegar à sala de espera, quase inteiramente sozinho. O filho veio atrás com a bagagem. Eles pegaram uma senha e ficaram aguardando. Depois de meia hora um rapaz chegou com os antebraços engessados e limpadores de cachimbo coloridos no cabelo. A mãe dele conversava com a menina atrás do balcão, enquanto ele observava o seu entorno, como se tivesse vindo de outro planeta. O jovem entrou antes do pai. Ele está fingindo, disse o pai e balançou a cabeça. Ele não está doente de verdade. Depois de uma hora e meia foi a vez de o pai consultar um médico. O filho foi junto, a irmã ficou esperando do lado de fora. O pai teve um ataque de tosse. E outro ataque de tosse. Ele cuspiu catarro e sangue em um lenço de papel. A médica pediu que ele se sentasse.

O pai disse que estava ali contra sua vontade. Psicologia era coisa de mulher e louco. Freud era um pedófilo judeu viciado em cocaína. Jung era gay. Sim. Era verdade que o pai tinha passado por períodos em que se sentia triste. Como depois do divórcio. Ou quando ele descobriu que tinha diabetes. Mas quem não fica triste às vezes? Os pássaros ficam tristes. Os cachorros ficam tristes. As pessoas também podem ficar tristes. E quando foi a última vez que você ficou triste?, perguntou a médica. Triste? Eu nunca fico triste. Não tenho tempo de ficar triste. Eu tenho três filhos. Dois filhos. Trabalhei a vida toda. Minha mente é forte. É o meu corpo que está estragado. O filho se sentou numa cadeira atrás do pai. O filho chorou. Estou vendo que o seu filho parece estar triste, disse a médica com um sotaque russo. Ele pensa demais, disse o pai. Ele é extremamente sensível.

Como você certamente pode imaginar, eu não posso te internar. Mas posso passar o contato para um atendimento ambulatorial. O pai a encarou com olhos afiados. Eu não preciso de psicólogo nenhum. Preciso de um médico de verdade. Preciso de uma ressonância magnética. Preciso... Ele começou a tossir e não

V. DOMINGO

conseguia parar. Acho que é o caso de alguém no pronto-socorro dar uma olhada nessa tosse, disse a médica.

O pai foi atendido por um médico que o internou com suspeita de tuberculose. Ele ficou em observação, fizeram um raio X dos pulmões, ele ficou num quarto sozinho com TV, lençóis estampados e flores de plástico na janela. Ele parecia se sentir bem. Quando os filhos o visitaram, ele disse que a comida era ótima e as enfermeiras simpáticas e que os médicos desconfiavam de tuberculose ou alguma outra inflamação nos pulmões. E vocês que achavam que eu estava deprimido, ele disse e gargalhou. E desde quando uma depressão deixa alguém paralisado? Houve dias em que a tosse estava melhor, outros em que ele tinha dificuldade para se levantar. Eles o levaram de ambulância para a ala de infectologia do hospital Huddinge. Havia uma pequena sala de espera onde se podia pendurar o casaco, e uma TV sobre rodas com videocassete acoplado. Seus filhos que não eram crianças e sim adultos foram obrigados a usar máscara branca quando vinham visitá-lo. Quando ele reclamou da oferta de canais, eles levaram um monte de fitas cassetes alugadas. Todos os filmes que eles sabiam que o pai amava, como *A outra face, A força em alerta, Duro de matar* e *Acima da lei*. Nenhum com o Van Damme?, perguntou o pai. Claro que sim, *O alvo* aqui. E *Duplo impacto*. O pai sorriu. Ele parecia mais animado. Depois de algumas semanas os médicos constataram que a tuberculose suspeita tinha sarado. Os filhos fizeram exame de tuberculose e deu negativo. O pai parou de tossir, ou pelo menos tossia menos. Uma psicóloga foi chamada, ela recomendou eletrochoques e antidepressivos. Ele foi transferido para a ala psiquiátrica, onde dividia o quarto com outros três homens que segundo o pai eram «completamente loucos». Foram prescritos alguns eletrochoques e antidepressivos e numa bela terça-feira ensolarada clc rcccbcu alta.

Agora ele estava finalmente deitado na sua cama, que na verdade era a cama do filho, no apartamento onde o filho morava, que na verdade era do pai. A TV estava ligada. A irmã estava lá com o seu filho. Que provação, murmurou o pai. Sabem como eu dei conta de tudo isso? Sabem o que salvou a minha vida quando já não tinha mais esperança? O filho sorriu. Sabia o que estava por vir. A hora chegou. Depois de todos esses anos de espera. Agora ele vai dizer. Que foi o amor aos meus filhos que me salvou, era o que estava escrito no roteiro do pai. Meu filho me salvou, era o que o pai deveria dizer, mas não foi o que fez. Em vez disso, falou: eu dei conta de tudo graças à minha mente extremamente forte. Sem ela, eu não teria sobrevivido.

O filho foi ao banheiro. Ele escutou os cochichos no quarto. Quando ele voltou, o pai disse ser grato por ter filhos tão amados e bem-sucedidos. Ele disse aquilo com a relutância de um ator que sabe que a sua réplica vai levar à morte o personagem que ele está interpretando e fazê-lo desaparecer da série. De todo modo, o filho se sentiu contente. O pai nem ao menos fez menção de reembolsar os gastos, a viagem de avião, as corridas de táxi e a alimentação. Claro que não. Somos uma família, não é mesmo?

No horário combinado, o filho que é um pai está parado do lado de fora do café. Ele já deu um pulo ali dentro e cumprimentou os funcionários. Ele poderia se sentar numa mesa e esperar, mas sabe que haveria o risco de ele ficar esperando por mais de uma hora e ele não quer que isso tome o dia todo. Depois de dez minutos ele atravessa o parquinho entre os prédios, sobe as escadas até o primeiro andar e busca o pai que está sentado meio adormecido no sofá na frente da TV. Como estão as coisas?, pergunta o filho, com aquela voz que ele odeia. Nada bem, responde o pai, esticando-se no sofá. Me sinto cansado. Estou doente. Tenho dor nos pés. Meus olhos estão pifando. E o Everton está perdendo.

V. DOMINGO

O filho recolhe os jornais do chão, dobra as caixas de pizza, abre as persianas para entrar um pouco de luz. Isso aí que está passando é uma reprise, ele diz. O pai não responde. Venha, vamos sair, diz o filho. Você se sente bem aqui? Está ok, responde o pai. Mas tem livros por todos os lados. Não sobra espaço. A mãe conta que você lia com frequência quando vocês se conheceram, diz o filho. O pai não responde. Então, vamos agora, diz o filho. Não gosto dos vizinhos, diz o pai e continua deitado. O que há de errado com os vizinhos?, pergunta o filho. Usam drogas, responde o pai. Você está falando do Sandro? Ele trabalha como zelador, é um pouco estranho, mas com certeza não usa drogas. A daqui do lado tem clientes, diz o pai. Quem? A Klara?, pergunta o filho. A chinesa, diz o pai. Ela é metade tailandesa, diz o filho. Homens vêm e vão o dia inteiro, diz o pai. Ela desenha abajures, diz o filho. Ela trabalha de casa. Aquele abajur com a Frida Kahlo que temos na nossa sala de estar foi ela quem fez. Você viu? Tem muito tempo que não vou na sua casa, diz o pai. De todo modo, é bem bonito, diz o filho. Ele se abaixa para recolher alguns livros do chão. Eles caíram aqui sozinhos?, pergunta o filho. O pai finge que não escutou. Bom, agora vamos, diz o filho com a voz que o faz sentir-se como um personal trainer que odeia o seu trabalho ou um ator pornô que precisa fingir excitação. O pai se levanta com um suspiro. Farelos de pizza caem no chão. Está frio lá fora?, pergunta o pai. Sempre está frio lá fora, responde o filho. Por que você não está usando um gorro?, pergunta o pai. Caminham lado a lado, o pai anda devagar, o filho percebe que ele está mancando. Você deveria estar de gorro, diz o pai. Está muito frio para as orelhas.

Lá dentro no café o pai se senta numa mesa no canto. Ele diz ao filho o que ele quer pedir. O filho faz o pedido no caixa. Ele tem esperança de que, pelo menos uma vez, o pai vai se oferecer para pagar o café, ao mesmo tempo que ele despreza a si mesmo por não poder convidar o próprio pai para um café sem começar a pensar em outras dívidas. Ele sonha com a liberdade, mas não sabe ao certo o que o mantém preso. O pai não se mexe da cadeira. O filho volta com café, doces e água. O pai reclama que a vela em cima da mesa se apagou. O café está muito fraco. O *biskvi* é pequeno demais. Você trouxe os papéis?, pergunta o pai. O filho faz que sim com a cabeça e pega a pasta de plástico com os extratos bancários. Ali estão todos os saques e depósitos que foram feitos nos últimos seis meses. Não houve muito movimento na conta. Alguns saques para as viagens do pai. Algumas consultas médicas. A anuidade da fila municipal de habitação. Pagamento da declaração do imposto de renda. Os extratos das duas contas cabem em uma única página. Mas mesmo assim o pai pega uma caneta e começa a analisar todos os saques e depósitos, um por um. Ele pega emprestado o celular do filho para usar de calculadora e conferir se está tudo certo. Está certo, pai, diz o filho. O banco é sério. Eles não estariam funcionando se roubassem o dinheiro das pessoas. O melhor criminoso é o mais confiável, diz o pai. Isso é um ditado?, pergunta o filho. É o meu ditado, responde o pai. O que é isto? É a passagem de avião da última vez, diz o filho. Seis mil e trezentos? Elas sempre custam entre cinco e seis. Mas seis e trezentos? Acho muito. Da última vez você quis vir de última hora, lembra? Seis e trezentos? Seis e trezentos? O pai repete os números várias vezes. O filho está preparado, pega o recibo da última viagem, aponta para o número mais abaixo à direita e o pai se acalma. E você está vendo o valor total, né? Comparando com o saldo, seis e trezentos não é especialmente muito, não acha? O pai ignora a tentativa do filho de criar um clima positivo.

Quando terminam de beber o café, o filho limpa a garganta. Agora precisamos conversar sobre a cláusula do pai, ele diz.

*

V. DOMINGO

Um pai que se tornou avô acorda cedo por causa do celular. O telefone toca várias vezes até que por fim o avô atende. O filho quer encontrá-lo hoje sem falta, porque na próxima semana ele vai estar de licença-paternidade com as crianças, então é agora ou nunca para eles se encontrarem a sós. Eles decidem que vão se ver. O pai volta a adormecer. Quando ele acorda, o filho está no apartamento. Ele abriu a porta e entrou sozinho. Da cozinha dá para escutar suspiros irritados. Ele está com raiva. Como sempre. Ele nasceu com raiva e vai morrer com raiva. Na presença do filho é impossível fazer qualquer coisa certa. Se você faz uma pergunta, você é curioso demais. Se você não pergunta, ele fica com raiva porque você não se importa com o que acontece na vida extremamente sem graça dele. Se você traz comida de fora, ele te acusa de importar baratas. Se você não traz nenhuma comida, ele fica com raiva quando você pede para ele comprar os itens de primeira necessidade. Se você fica durante um mês, você o impede de trabalhar. Se fica dez dias, você não tem tempo de ver os filhos dele. E o quer que eles façam, que assistam a uma partida de futebol na televisão, que tomem um café no centro, que passeiem por Drottninggatan, ele consegue sempre relacionar a algum episódio do passado a que ninguém mais dá importância. A vida acontece ao redor deles e não há motivo algum para trazer de volta o passado. Mesmo assim ele consegue achar uma forma, ele diz que as camisas do time da seleção de futebol o fazem lembrar-se da cor daquele quadro pendurado na sala de espera do quarto do pai no hospital. O filho segura uma xícara de café e pergunta se o pai se lembra de quando ele acabou numa briga com aquela senhora gorda no McDonald's. Eles estão subindo a rua em direção a Tegnérlunden e o filho diz, a propósito de nada: você se lembra quando estávamos na cozinha do apartamento antigo e você me deu um tapa na orelha? O pai não se lembra de nenhum tapa. Nunca houve tapa algum. Em contrapartida, o pai se lembra de quando o filho era um adolescente encorpado com a barriga inchada de gordura. Ele saía com amigos errados e se vestia como um gângster, ele usava lenços vermelhos na cabeça como se fosse um pirata, seus jeans eram largos e esvoaçantes como um furacão. Ele chegava em casa à tarde depois da escola e olhava para o pai com desprezo só porque o pai estava doente. E outra vez quando eles estavam na cozinha o pai perguntou sobre os estudos e o filho respondeu que iam bem e o pai disse que o mais importante na vida era fazer o máximo possível de coisas e, quando o filho respondeu que o pai não fazia tanta coisa assim, o pai perdeu a cabeça. Mas não foi um tapa de verdade na orelha, mal foi um empurrão, o filho deveria ficar agradecido pelo fato de o pai não o ter pegado de jeito, porque aí ele teria deixado uma marca maior.

Eles vão ao café. Eu ofereço, mas você paga, diz o pai e ri da sua piada engraçada. Ele deixa o filho pagar. É sinal de que o filho se tornou adulto, o sinal para o mundo de que ele fez um bom trabalho como pai. Mas o filho não está satisfeito. O filho nunca está satisfeito. Assim que eles se sentam, o filho começa a fazer contas de tudo com que ele ajudou o pai nos últimos anos. Ele marcou as viagens do pai, transferiu dinheiro entre as diferentes contas dele, tomou conta da correspondência do pai. É tão difícil abrir alguns envelopes?, pergunta o pai. Sem contar que eu tinha uma conta bancária que funcionava bem. Foi você quem sugeriu que eu trocasse para uma conta digital para conseguir taxas melhores. O filho não responde. E as viagens eu mesmo posso marcar, é só você me ensinar como usar a internet. Você não tem um computador, diz o filho. E nem cartão do banco. É só você pedir um para mim. Essas coisas têm um custo, diz o filho. Não importa, diz o pai. O mais importante é que fiquemos bem um com o outro. Não quero brigar com você.

Mas o filho não está pronto para achar uma solução. Ele quer guerra. Ele acusa o pai de nunca fazer uma faxina antes de ir embora.

V. DOMINGO

Ele alega que o pai já roubou coisas do escritório. Ele diz que o pai só entra em contato quando precisa de ajuda com alguma coisa, o que não é verdade, pois é o filho que nunca liga para o pai. Isso aqui é um tribunal?, pergunta o pai. Do que estou sendo acusado? Nada, diz o filho. Então por que você quer me jogar na rua? O filho suspira. Ninguém vai ser jogado na rua. Você nem mesmo mora aqui, como é que você pode ser despejado então? Você já conversou com a sua mãe sobre isso aqui?, pergunta o pai. O que ela tem a ver com isso? Conversa com ela antes de fazer algo de que vai se arrepender, diz o pai. A única coisa que me arrependo é de ter deixado isso acontecer durante todos esses anos, diz o filho. O pai olha para ele. Tenta entender de onde vem a raiva do filho.

Eu só quero que eu e você tenhamos outra relação, diz o filho. Primeiro eu era criança e você adulto. Depois eu me tornei adulto e você criança. Não seria maravilhoso se conseguíssemos agir como adultos um com o outro antes que seja tarde demais? Eles ficam em silêncio. Você não é adulto, diz o pai. Você nunca vai se tornar adulto. Quem troca fraldas e vive do salário da mulher é uma criança. Por que você está dizendo essas coisas?, pergunta o filho. Você não entende que me faz ficar triste? Só estou dizendo a verdade, diz o pai. Quem fica triste com a verdade não é adulto. Eu sempre tomei conta de mim mesmo a vida inteira. Nunca precisei de outra pessoa. Ninguém. Mas será que não houve pessoas que precisaram de você?, pergunta o filho. Quem? Seus filhos, por exemplo? Meus filhos, grita o pai tão alto que o rapaz atrás do balcão levanta os olhos da máquina de café. Eu nunca decepcionei os meus filhos. Sempre estive presente para os meus filhos. Sempre os apoiei. Eu... Você acha que a sua primeira filha concordaria com você?, pergunta o filho. O pai se levanta e deixa o café. Ele atravessa a rua. Depois se vira e volta ao café, inclina-se sobre o filho e sussurra: você vai se arrepender quando eu morrer.

Uma irmã que é uma mãe convidou a família para jantar no domingo. Pelo menos aquele lado da família que conversa um com o outro. A mãe e o pai não conseguem estar na mesma cozinha sem que comecem a gritar e balançar os garfos. O filho ela não pode convidar porque ele ainda está morando com o pai e desliga as chamadas dela quando ela telefona. O namorado ela não quer convidar já que ele não é o seu namorado. Os que vêm hoje à noite são o pai e o irmão. Ela preparou a sua lasanha vegetariana. Pelo menos uma vez na vida eles têm que dar conta de conviver sem brigar. Eles vão conversar sobre coisas cotidianas, as eleições na Itália, vantagens das ciclovias, os planos dos amigos para o Natal. Vão conversar sobre alguma série de TV da qual todo mundo está falando, mas à qual nenhum deles teve tempo de assistir ainda. O irmão não vai interpretar esse jantar como uma oportunidade para confrontar o pai sobre o porquê de ele ter sido ausente quando eles eram pequenos, e o pai não vai dizer que o filho é uma decepção por ele ganhar menos do que seus colegas de classe. Ela não vai se sentar no meio e tentar mediar um irmão que se comporta como um adolescente e um pai que se comporta como um idiota. Eles vão somente passar um tempo juntos. Como uma família completamente normal.

Ela se estica para pegar a garrafa de vinho. Mas muda de ideia. Enche a taça com um suco extraforte de frutas vermelhas e olha as horas. Eles devem estar chegando. O celular vibra. O irmão pergunta se ele deve comprar alguma coisa. Ela responde. Depois ela confere o e-mail. Ela não precisa fazer isso. É domingo à noite. Ela não está esperando nada em especial do trabalho. Já enviou algumas linhas para o filho que nunca responde. Ela explode de alegria quando vê o nome do filho no campo do remetente. Em seguida ela lê o conteúdo e quase deixa o telefone cair.

V. DOMINGO

*

Um filho que é um pai saiu de casa para jantar na casa da irmã no domingo à noite. Totalmente inacreditável. Não faz muito tempo que ele a buscava na escolinha, enviava cartas para o clube da Disney onde escreviam que ela deveria ser a heroína da semana por causa do pai que havia sumido e a consolava toda sexta-feira à noite quando eles descobriam que outra criança havia ganhado. Agora ela mora num apartamento do final do século XVIII em Vasastan e é responsável por quatro contas de clientes num escritório de RP com cinquenta funcionários. Alguns segundos atrás a irmã chegava em casa da escola com os olhos vermelhos porque alguém tinha zombado dela, agora ela organiza galas contra assédio moral transmitidas na televisão e patrocinadas por empresas socialmente conscientes. Recentemente ele ensinava a ela como fazer feitiços de bruxa com restos do armário-bar da mãe, Campari, vodca, uísque, Baileys e Fernet numa mistura viscosa escura. Agora ela pede ao irmão mais velho para trazer vinho «de preferência de garrafa». Claro que ele vai levar vinho. E já faz muitos anos que ele não bebe vinho em tetrapak. Ele estava em casa na cozinha e tentava escolher entre duas garrafas de vinho. Para ter certeza de que a faixa de preço estava correta, ele foi até a página do *Systembolaget*, uma das garrafas custava 170 coroas suecas, e a outra 79. Ele escolheu o vinho mais barato. O de 170 exigiria demais de um jantar comum de domingo. *Devo levar algo mais além do vinho?*, ele escreveu para ela quando estava no metrô a caminho da cidade. *Manga para a salada!*, respondeu a irmã. *E cebolinhas!*, na segunda mensagem. Ele compra manga, cebolinhas e uma sacola de plástico. A sacola de plástico na verdade não era necessária. Mas ele quer mostrar à irmã e ao pai que ele é do tipo que compra uma sacola de plástico, apesar de que as coisas caberiam perfeitamente em uma dessas sacolinhas transparentes gratuitas.

*

Uma irmã que é uma mãe lê e relê as palavras do seu filho. Ela se senta no sofá. Ela se deita na cama com a cabeça debaixo da colcha. Ela se recorda do que o seu pai lhe disse quando era pequena, quando ela estava triste, quando a Elise Petrén ou a Francesca Åberg tinham dito algo grosseiro sobre as marcas de nascença dela no vestiário, ou quando o Max Lutman zombou dela por ela ter as axilas cabeludas. O pai se agachou e disse baixinho que eles diziam essas coisas porque tinham inveja dela. Eles já entenderam que nós não somos como eles. Nós somos duas vezes mais. Você talvez acredite que você é uma pessoa normal, mas não é verdade, sussurrou o pai. Você tem asas, você é uma rainha, você tem uma chuva de estrelas correndo nas suas veias, os seus olhos são luas cheias. É verdade?, ela perguntou, e o pai fez que sim com a cabeça. Pelo menos uma vez na vida, ele estava sério. Nós não somos como todos os outros, cochichou o pai. Somos anjos do universo. Tudo de que somos feitos sempre existiu. Você sabe do que um ser humano é composto? Oxigênio. Hidrogênio. Carvão. E outras substâncias, tipo nitrogênio e cálcio. É tudo que é preciso para fazer um ser humano. E antes de você nascer eu não tinha interesse em ter mais filhos. Eu tinha uma filha, eu tinha um filho, e apesar de ser com duas mães diferentes eu achava que era o suficiente. O mundo era feio. Depois, quando você nasceu, tudo mudou. Você não era igual a ninguém. Você era uma obra de arte, você era o ponto-final da humanidade, eu poderia ficar deitado por horas olhando os seus cotovelos, as suas dobrinhas do joelho, aquela ruga que você tinha em cima de uma das sobrancelhas, como se eu reconhecesse a mim mesmo no espelho. E essa marca de nascença não é feia, ela é linda, é um sinal de que você é a escolhida. Escolhida de quê?, ela perguntou. Ninguém sabe, disse o pai. Ainda não. Mas nós dois somos criaturas maiores do que o

V. DOMINGO

nosso ambiente. Somos mais inteligentes do que 99% da população mundial. Somos mais bonitos e mais engraçados, somos mais musicais, pensamos mais rápido, corremos mais rápido, somos melhores vendedores e por isso nossas comissões são mais altas, tão altas que as pessoas se sentem ameaçadas por nós, os chefes têm medo de que tomemos os seus lugares, por isso eles inventam que temos problemas com autoridade e que vendemos coisas para lucro próprio e por isso eles sugerem que sejamos mandados embora, mas não é verdade, são os chefes que têm problemas pois não conseguem lidar com pessoas que tomam iniciativa própria e que não demonstram nenhuma fraqueza aparente. O pai toma fôlego. Somos simplesmente inteligentes demais, disse o pai. Inteligentes demais para trabalhar com pessoas comuns. Inteligentes demais para nos submetermos às suas regras idiotas. Quais regras?, ela perguntou. Todas as regras, ele respondeu. Nossos elementos vieram de um meteorito que se tornou um girino que se tornou um tricerátopo que se tornou uma prateleira de chapéus que se tornou um laranjeiro que se tornou a sua avó que se tornou eu que se tornou você e nunca vamos morrer.

*

Um filho que é um irmão está na portaria. O sistema de segurança foi trocado, aquele *dial* antigo foi substituído por uma caixa de metal digital, onde você tem que apertar o sobrenome da pessoa que você vai visitar. Ele aperta o sobrenome da irmã e do pai e seu próprio sobrenome. A tela indica que está chamando, mas não está escrito somente o sobrenome dela, como também o do ex-marido, o nome do homem com o qual ela já não mora há mais de dez anos. Em seguida uma mensagem de erro aparece. A ligação não pode ser completada, está escrito na tela. Ele liga para o celular da irmã. Vou descer, ela diz. Ele fica esperando alguns minutos.

Em seguida ela chega. Ela está com os olhos vermelhos. Foi um dia difícil, ela diz e olha para os carros.

Eles pegam o elevador até o sétimo andar, a porta está destrancada. Ela deixa destrancada também quando desce até a lavanderia. Uma vez ela deixou a porta destrancada durante o fim de semana com a chave pendurada do lado de dentro, porque dois amigos de Gotemburgo estavam para chegar. Amigos próximos?, ele perguntou. Bom, eu já me encontrei com eles algumas vezes, ela disse e riu da cara de espanto do irmão. Eles são superqueridos, ela disse e sorriu. É nesse ponto que somos completamente diferentes, ele disse.

E era verdade. Eles tinham os mesmos pais, eles cresceram no mesmo apartamento, mas esse aspecto do caráter do outro eles nunca iriam entender. Ela achou graça dele quando o levou a uma festa na casa de alguém e todos jogaram as jaquetas numa pilha em cima da cama, menos ele, que ficou na ponta dos pés e pendurou o seu casaco no mastro da cortina. Que porra você está fazendo?, ela perguntou. Escondendo o meu casaco, ele disse, como se fosse a coisa mais natural do mundo. Depois ele esvaziou o conteúdo do casaco e encheu os bolsos da calça jeans com a carteira, chaves e fones de ouvido. Ela sorriu quando ele lhe deu um HD externo e a ajudou a fazer um back-up de todos os arquivos dela porque ela tinha comentado, por alto, que nunca tinha feito back-up dos seus arquivos, fotos, coisas do trabalho e diário no computador. Mas como você pode ter um computador sem back-up?, ele perguntou quase gritando. Funciona perfeitamente, ela disse sorrindo. Num domingo qualquer havia uma mala grande e preta no hall da entrada dela. É sua?, ele perguntou, apesar de saber que não era dela, porque ela nunca compraria uma mala tão barata assim, e nunca faria a mala de forma tão abarrotada. É de um amigo de um amigo, ela disse. Que amigo?, ele perguntou. Amigo do Adrian, ela respondeu. Aquele que eu conheci em Cuba. O que a mala do amigo do Adrian está fazendo aqui?, ele perguntou. Ela contou

V. DOMINGO

sobre a turnê de dança, o amigo do Adrian tinha viajado a Suécia inteira com o Teatro Nacional, eles receberam salários em coroas suecas, o que fez com que todos os bailarinos comprassem coisas em excesso e quando chegou a hora de voltar para casa ele não pôde levar a mala. Então ele me pediu para levá-la da próxima vez que eu for a Cuba, ela explicou. Eles estavam parados no hall, com a mala entre eles. Você está falando sério?, ele perguntou. Como assim?, ela disse. Você com certeza já abriu a mala, não abriu? Não é minha, ela disse. Mas você está louca?, ele perguntou. Imagina se tiver drogas dentro dela? Chega, ela disse. Está cheia de roupas. Ele entrou em casa sem tirar os sapatos, pegou a caixa de ferramentas que ele usou no dia em que a ajudou a parafusar a beliche para o filho dela e o rack para TV onde ela não tinha nenhuma TV. Para com isso, ela disse. Não é minha, ela repetiu várias vezes. Ele pegou uma chave de fenda, alicate e martelo, que na verdade não era um martelo, e sim aquele tipo de martelo usado para amaciar carnes. Ela o deixou abrir a mala. Depois de dez minutos, ele conseguiu abrir o cadeado. Enfiou a mão na mala e começou a revirá-la, camada por camada. Como está indo o cão farejador de drogas?, ela gritou da cozinha. Encontrou um pouco de cocaína? Não seria ruim, estou precisando. Ele encontrou roupas esportivas. Tênis. Fones de ouvido. Duas sacolas grandes de comida de passarinho. Mas não encontrou nada ilegal.

A irmã deu uma gargalhada quando ele desistiu. Está vendo, ela disse. É possível confiar nas pessoas. Mas ele não estava satisfeito. Na véspera da viagem para Cuba, ele ligou para ela de novo, pediu que ela olhasse na parte de dentro da mala para se assegurar de que não havia nada escondido nos sacos de comida de passarinho. Não tem nada, ela respondeu. Tem certeza?, ele insistiu. Tenho, ela respondeu. Agora preciso fazer as malas. Ela fez as malas e partiu. Ele já podia imaginá-la sendo parada na alfândega porque a ração na verdade não era ração, e sendo levada aos tribunais e condenada à morte. Ela seria fuzilada e a sua última ligação seria para o filho, para dizer que o amava. Mas o filho desligaria na sua cara, e então ela ligaria para o irmão e lhe diria que tudo era culpa dele. Mas na verdade o único problema foi que ela teve que pagar por excesso de bagagem. O Adrian e o amigo a buscaram no aeroporto, o amigo pegou a mala, disse obrigado e pareceu não se importar com o cadeado quebrado. Depois ela terminou com o Adrian e veio embora.

Por que a irmã se tornou uma pessoa tão funcional? Talvez por ainda ser muito pequena quando o pai foi embora. Talvez por ser feita para essa vida. Talvez porque o filho que era um irmão mais velho teve de se tornar o pai que o pai nunca foi.

O irmão tira os sapatos e segue a irmã até a cozinha. Ele é o primeiro. Claro. O pai deve chegar em uma hora. O lustre é composto de taças de vinho de cabeça para baixo. No quadro-negro magnético em cima da mesa está escrito *You owe yourself the love you so freely give to other people* e *All progress occurs because people DARE to be DIFFERENT* e *Increase the peace*. Na lateral da geladeira há vários ímãs com fotos de quando o filho da irmã era pequeno, aquele que não faz parte da família há mais de um ano. Toda vez que olha aquelas fotos, ele pensa como se sentiria se estivesse separado dos seus filhos, quanto tempo ele daria conta, o quanto seria um inferno, o quanto seria uma libertação. Ela se agacha para conferir a lasanha. Você quer conversar sobre isso?, ele pergunta. Ela balança a cabeça e lhe oferece uma taça de vinho. Você pode pelo menos contar o que aconteceu?, ele pergunta. Daqui a pouco, ela responde. Vamos conversar sobre outro assunto primeiro, eu preciso me recarregar com coisas boas antes de entrar em tudo que é ruim.

*

V. DOMINGO

Uma irmã que não é uma mãe tenta fingir que está tudo bem. Ela desce e abre a portaria para o irmão. O cabelo preto cacheado dele está penteado para trás e parece ter congelado por causa do frio. A jaqueta dele é tão grande que ele mal precisa esticar os braços para abraçá-la. O que aconteceu?, ele pergunta quando estão subindo no elevador. Trabalho ou ex-marido? Juro que vou pegá-lo, eu vou... Ela balança a cabeça. Não vai começar você também, ela diz enquanto entram no apartamento. Meu namorado já se encarrega disso, ela continua. Seu namorado?, pergunta o irmão. O personal trainer? Ele não é personal trainer, é um professor de educação física. Ok, diz o irmão e aceita a taça de vinho. Que cara foi essa?, ela pergunta. Eu não fiz nenhuma cara, ele diz. Fez sim. Não é verdade. Por que você disse que ele era personal trainer? Talvez por saber que você faria essa cara se eu dissesse que ele era professor de educação física. Me conta o que aconteceu, diz o irmão. Por favor, vamos conversar sobre outra coisa primeiro, ela diz. Me conta algo. Qualquer coisa.

O irmão dela conta que a licença-paternidade está indo bem. Que ele decidiu experimentar stand-up. Que ele encontrou o pai deles hoje mais cedo e desabafou. E como foi?, pergunta a irmã. Foi tudo bem, ele diz. Fez um pouco de drama, claro, como sempre quando se trata dele. Mas pelo menos não brigamos. Acho que concordamos que essa é a última vez que eu cedo a sala para ele. Você acredita?, ela pergunta. Ele vai me devolver as chaves antes de ir embora. Se ele não me der, eu mesmo pego.

Eles ficam sentados em silêncio. Você sabe o motivo verdadeiro de ele nos visitar duas vezes por ano, não é?, pergunta o irmão. Porque sente a nossa falta?, ela pergunta. Claro que não. Porque, apesar de tudo, quer passar tempo com os netos? O irmão mais velho ri e balança a cabeça. Mais uma tentativa. Porque ele precisa dos remédios dele?, ela pergunta. Quase, ele responde. O motivo real é porque se ele ficar lá mais do que seis meses é considerado residente permanente. E aí ele precisa pagar impostos. Muitos impostos. A irmã olha para ele. Desde quando você é especialista no sistema fiscal deles? Só estou dizendo a verdade, ele diz. Ela se levanta e tira a lasanha do forno. Desculpa, ele diz. Tudo bem, ela diz. Achei que você sabia, ele diz. Talvez eu soubesse sem saber que eu sabia, ela diz.

Me conta agora, o que aconteceu?, ele insiste. Ela coloca de lado o descanso de panela, estica-se para pegar o celular e mostra ao irmão o e-mail do filho. O irmão fica pálido. Você está brincando, ele diz. Não foi ele que escreveu isso, foi aquele pai doente dele. Não pode ter sido ele. Não sei, diz a irmã. Mas eu não vou parar de escrever para ele. Eu vou continuar aparecendo pelo menos a cada dois dias. Ele não pode acreditar que a sua agressividade vai fazer o meu amor por ele diminuir. Posso reler o e-mail?, pede o irmão. Meu Deus. Eu ficaria arrasado se o meu filho me escrevesse algo assim. Há quanto tempo isso vem acontecendo? Treze meses, duas semanas, três dias, ela diz. Que horror, ele diz. Ele é tão pequeno, ela diz. As coisas vão se resolver, ele diz. Eu sinto isso. Tem que resolver. Ele vai perceber as mentiras do pai, ele vai voltar para você. Ele tem que fazer isso. Ela tenta sorrir. Esses pais, ele diz e balança a cabeça. Que idiotas de merda. Imagina se as nossas mães, ela diz, como se num experimento, se comportassem como os nossos pais. Nós definharíamos, ele diz. Por falar em pais, ela diz e olha o celular. Onde foi parar o nosso? Será que ligo?, ele pergunta. Ele tem os nossos números, ela diz. Deixa que ele liga. Ela prepara a salada e beberica o suco. Às 20h30 eles começam a comer.

*

Um avô que é um pai chega à portaria da filha 45 minutos antes do horário combinado. Não se sente nervoso. Sente-se

V. DOMINGO

extremamente feliz por poder encontrar sua filha amada em breve. Para não a incomodar antes da hora ele dá uma volta no quarteirão. Acomoda-se num banco e se sente em casa. Os carros bem-estacionados são caros e estão vazios. Nenhum banco de trás tem sinais de que alguém precisou usar o carro como moradia. As mulheres são plastificadas, os homens malhados, as crianças se vestem com jaquetas que combinam com os sapatos e os aposentados estão bronzeados. Ele poderia morar aqui. Quinze minutos antes do horário combinado ele volta à portaria. O código não está funcionando. O sistema de segurança instalado recentemente é tão complicado que é preciso ser engenheiro para entendê-lo. Ele poderia ligar para a filha, mas ele está com pouco dinheiro e se ela quiser que ele venha para o jantar é ela que tem que pelo menos passar o código correto, ou ligar para ele quando ele não chega. Ele se senta no bar de esportes do outro lado da rua, as mesas são forradas com um pano verde e eles estão passando futebol na metade das televisões e hóquei no gelo na outra metade. Uma placa na entrada diz que até 20h30 há happy hour com a cerveja da semana em oferta. O pai pede uma cerveja e espera a ligação da filha. Ele pede mais uma cerveja. Às 20h10 ele vê o filho chegar caminhando. Ele está segurando uma sacola. O pai fica surpreso. Ele estava ansioso para jantar sozinho com a filha favorita. Ele queria contar para ela que o irmão é um traidor que não toma conta da própria família. Agora ele ficou com menos vontade de ir ao jantar. Quando faltam dois minutos para as 20h30, ele pede mais duas cervejas. As duas são para você?, pergunta a garçonete. Por quê?, ele pergunta. Ela resmunga alguma coisa e sai. O avô pede mais uma cerveja, apesar de custar quase o dobro agora. Ele pega o celular. Ele não entende por que eles não ligaram. Não estão preocupados? Ou melhor. Ele entende, sim. Eles não ligam porque na verdade não querem que ele vá. Estarão contentes por ele não ter aparecido. Nesse momento devem estar brindando à sua ausência. Às 20h30, ele paga com dinheiro, sai do bar e vai em direção à portaria. Bate no vidro. Ele se inclina e bafeja em cima dos botões, um macete que geralmente revela quais botões foram apertados por último. Ele pega o cartão do metrô e tenta abrir a porta. Nada funciona. Quando finalmente chega alguém, é uma idiota desconfiada que pergunta se ele mora lá. Não, ele responde. Então eu não posso deixá-lo entrar, ela diz. Ele volta para o bar. Quanto tempo, diz a garçonete. Ele pede uma cerveja. Você quer ver o cardápio?, pergunta a garçonete. Não estou com fome, responde o avô.

*

Uma irmã que é uma mãe se reclina na cadeira e tenta não bocejar enquanto o irmão reclama da namorada. Ele diz que é impossível conviver com ela, que ela fica o tempo inteiro procurando erros nele apesar de ser ele quem faz tudo, ou quase tudo, em casa. Mas é ela que ganha todo o dinheiro?, pergunta a irmã. Não todo, ele responde. E eu estou de licença-paternidade. Você estava trabalhando muito pouco antes de entrar de licença, não?, ela pergunta. É difícil atrair novos clientes num mercado super-concorrido, ele rebate.

O irmão está sentado na mesma cadeira de sempre na cozinha. As costas contra o canto, o olhar preso ao telefone. Às vezes fico me perguntando se realmente somos feitos uma para o outro, ele diz. Pode parar agora, ela diz. Ela é com certeza a melhor coisa que aconteceu com você. Já esqueceu o quanto você era apaixonado por ela? Será que era mesmo?, ele pergunta. Mal me lembro.

Na verdade, a irmã nunca entendeu o gosto do irmão para mulheres. Quando ele estava no ensino médio, ele se apaixonava por feministas sardentas. Quando estudava Economia, ele se interessava por meninas que cresceram nos subúrbios, meninas com

V. DOMINGO

certo tipo de sotaque, calças de moletom e brincos dourados grandes. Depois de se formar e abrir a própria empresa, ele começou a se interessar por mulheres com estantes cheias de livros. Aos domingos à noite a irmã e o irmão costumavam se encontrar na cozinha dela. O filho da irmã podia ficar acordado até mais tarde e, enquanto o ex-namorado lavava a louça, o irmão confessava que tinha conhecido alguém. Mas essa não era igual às outras. Essa era para valer. Era por ela que ele tinha esperado. Por quê? Ela tinha um gato que se chamava Duras. Ok. A garota seguinte tinha um quadro com uma citação de Patrick Chamoiseau no banheiro. Aquela com a cabeça raspada na festa do apartamento tinha lido tudo de Anne Carson. Aquela com a cicatriz no lado de dentro do punho queria colocar o nome de Pnin no seu primogênito. Outra tinha estudado Biblioteconomia em Borås, a outra tinha lido *Em busca* durante um verão quando ela trabalhou como caixa no supermercado Ica. *Em busca?*, perguntou aquele que na época era o seu namorado. Era suficiente dizer *Em busca*, porque se alguém não entendia o que *Em busca* significava, obviamente não era nem mesmo digno de uma explicação. Com outra garota, o irmão começou a conversar porque ela tinha uma foto de Julio Cortázar como pano de fundo no computador. Outra emprestou para ele um exemplar de *Se um viajante numa noite de inverno* e lhe disse que ele poderia ficar com o livro se concordasse com ela sobre quais trechos eram maravilhosos e quais eram constrangedores (ela os tinha marcado com post-its de cores diferentes). A garota seguinte amava *Estética da resistência*, a outra odiava *Estética da resistência*, mas o irmão nunca poderia se sentir atraído por alguém que não tivesse ao menos ouvido falar sobre a *Estética da resistência*. O que é *Estética da resistência?*, perguntou o filho da irmã. Não tenho ideia, respondeu a irmã. A continuação de *O código Da Vinci*, disse o namorado dela. Ou melhor! Meu estômago depois de comer comida indiana. O irmão o ignorou. Um romance de Peter Weiss, ele disse. É bom?, perguntou o filho da irmã. Não sei, respondeu o irmão. Para ser sincero, eu nunca passei da cena de abertura. Todas as meninas com quem ele saía tinham raízes em outros lugares. Uma era metade polonesa, metade portuguesa. A seguinte tinha um pai peruano. A outra tinha nascido em Uganda, mas crescido em Eslöv. A seguinte tinha pais argelinos que moravam em Copenhagen. Todas tinham um nome que o celular tentava corrigir para uma palavra mais normal, com exceção da coreana adotada, mas ela tinha uma seção especial na sua estante dedicada a diferentes traduções de *Lord Jim* (o que o fez quase perdoá-la por organizar os livros de bolso por cores). Ele saía com elas durante alguns meses. Meio ano. Talvez um ano. Depois acabava.

No domingo seguinte ele se sentava na cozinha da irmã novamente e reclamava que ele nunca encontrava alguém de verdade. Talvez você tenha que deixar o controle de lado para se apaixonar de verdade, ela disse. Mas é exatamente o que eu tento fazer, ele respondeu. Você não pode controlar por quem você vai se apaixonar, ela disse. Tem certeza de que você quer se apaixonar? Claro que sim, ele respondeu. É a única coisa que eu quero desde que tenho quinze anos. Mas toda vez que você descreve a namorada dos seus sonhos parece que você está falando de você mesmo, disse o então namorado da irmã. Eles ficaram em silêncio e depois riram daquele jeito que se ri quando um comentário é muito absurdo ou verdadeiro para ser recebido pelo silêncio.

Seis meses depois ele conheceu a mulher que viria a ser a mãe dos seus filhos. Ele afirmava que ela era a sua alma gêmea, mas a irmã se sentiu aliviada quando ela viu que eles eram completamente diferentes. A única coisa em comum que a irmã conseguiu identificar foi que eles tinham o corte de cabelo parecido. Ele morava num condomínio no centro, ela num coletivo de esquerda em Nacka. Ele tinha duas empresas que ele gerenciava paralelamente, uma microempresa e a outra uma companhia limitada,

V. DOMINGO

por motivos de impostos. Ela tinha acabado de se formar em Direito e trabalhava com direitos trabalhistas num escritório que era propriedade de algum sindicato grande. Ele usava esticadores de sapatos e se preocupava com a aposentadoria. Ela usava celular pré-pago e sonhava em viajar para a Índia. Ele gostava de hip-hop, ela escutava soul. Mesmo assim, lá estavam eles na cozinha da irmã irradiando felicidade. O irmão nunca tinha olhado para alguém da forma como olhava para ela. Ela não é incrível?, ele dizia toda vez que ela ia ao banheiro. A irmã concordava. Ela era incrível. Ela é incrível. Talvez principalmente pelo fato de ela não se deixar controlar pelo irmão. Dois filhos depois, o irmão está sentado lá e afirmando que tem dúvidas. Às vezes eu tenho vontade de ir embora, ele diz. Como assim ir embora?, ela pergunta. Vazar, ele diz. Para onde? Não sei. Não faça isso, ela diz. Ela não te perdoaria. Eu sei, ele diz. Você não é como o papai, ela diz. Como você sabe?, ele pergunta.

Eles ficam em silêncio. São 23h30. Primeiro a lasanha esfriou e depois endureceu. Ele não vem, né?, ele pergunta.

VI. SEGUNDA-FEIRA

Uma filha que é uma irmã que não está mais viva, ou melhor, que está mais viva do que antes agora que finalmente se libertou do corpo, sobrevoa a cidade à procura do pai. Não sente falta de nada. Na verdade, a única coisa de que ela sente falta é do seu cabelo preto e longo, porque deve ser bonito voar por aí, por cima de cidades desconhecidas, e sentir o vento no cabelo. Mas, com exceção disso, ela não sente falta de nada. Seu corpo era só um peso que atrapalhava. Seu cérebro estava exausto, o sistema intestinal perfurado, o sistema imunológico um caco, a produção de endorfina havia parado de funcionar. Os braços pareciam normais de longe, mas doíam mais do que reumatismo por causa das veias dilaceradas. As pernas, especialmente a direita, estavam escuras, avermelhadas, como se tivessem sido queimadas. Nas poucas ocasiões em que ela ousava colocar uma saia, as crianças paravam e apontavam para ela, enquanto os adultos desviavam o olhar intencionalmente, porque os sinais das picadas de agulha chegavam até as coxas. Seu corpo era uma casa caindo aos pedaços, e dizer adeus a ele foi como tirar um casaco que cheirava ao suor de uma pessoa desconhecida. Finalmente ela estava livre. Na primeira noite ela ficou cuidando da mãe, para não a deixar sozinha. Ela a abraçou e a confortou quando ela colapsou no chão quadriculado da cozinha e ficou sem ar, quando ela caiu na cama e começou a hiperventilar, quando ela se levantou, arrumou a blusa, pegou o telefone, digitou o número da filha e depois, com o rosto em choque, atirou longe o telefone. Onde estão os seus amigos?, perguntou a filha. Por que você não liga para o Philippe e a Marie-Christine, onde está a sua irmã, por que você se fechou em si mesma e tenta dar conta disso sozinha? No dia seguinte, bateram na porta, Marie-Christine gritava para que ela abrisse, Philippe disse que se ela não abrisse por vontade própria ele chutaria a porta. A filha que não tinha mais um corpo sorriu ao imaginar Philippe, com resistência óssea de uma tênia, chutando até derrubar a porta de segurança do apartamento. A mãe estava prostrada no sofá. A filha tentou empurrar a mãe para a porta, ela flutuou até a fechadura e enfiou a chave, mas ainda não tinha aprendido a reunir energia para interagir com o mundo real. De alguma forma ela podia sentir o metal brilhante da chave, a aspereza do avental da mãe, a viscosidade do bigode cinza perfeitamente delineado de Philippe, quando a mãe por fim se levantou do sofá, abriu a porta e se deixou ser abraçada pelos amigos. Mas toda vez que a filha tentava tocar o mundo real a sua mão atravessava as coisas, era como se tentasse pegar um holograma, como se tentasse apanhar um fio de água, como se tentasse empurrar um cheiro. Philippe e Marie-Christine ajudaram a mãe com as coisas práticas. Todos foram ao enterro, menos Patrick. Foi uma cerimônia bonita. A filha flutuava para a frente e para trás entre as fileiras dos bancos. Ela se sentia embevecida com todas as lágrimas. Ela riu alto quando Marie-Christine se colocou na frente do caixão e fez um discurso confuso e cheio de palavrões sobre o quanto mãe e filha lutaram contra todas as probabilidades, como elas nunca desistiram, apesar de tantos as terem deixado na mão. Marie-Christine não mencionou o pai

VI. SEGUNDA-FEIRA

pelo nome, mas ficou claro para todos sobre quem ela estava falando. Foi aí que a filha percebeu que o pai não tinha vindo. Claro que ele não estava lá. Ele tinha uma nova família. Novos filhos. Uma nova vida em um novo país. Algumas semanas depois do enterro, ela flutuava para lá e para cá explorando os seus poderes. Havia conhecido outros sem corpos, eram muito mais numerosos do que ela podia imaginar, eles se reuniam em cima dos telhados planos ao entardecer, passavam a noite conversando sobre as coisas das quais tinham se arrependido, o que eles fariam se pudessem voltar, por quais motivos haviam decidido não prosseguir em direção à meta seguinte. Não me lembro de ter feito uma escolha, disse a filha. Acho que eu simplesmente fiquei aqui. O clima ficou um pouco pesado depois que ela disse isso. Todos podem escolher, disse uma mulher em seus quarenta anos com uma faca saindo do olho direito. Não, nem todos, disse um homem mais velho com tumores preto-amarronzados em forma de grandes caroços na garganta. Eu também não pude escolher, disse um homem de meia-idade sem a parte de baixo do corpo. Eu simplesmente fiquei, ninguém me contou sobre as duas semanas probatórias, eu morri e depois vim parar aqui. Para sempre. Talvez seja diferente para cada pessoa, disse a mulher com a faca. Eu só sei que eu pude escolher e decidi ficar. Eu também, disse uma velha corcunda vestida de soldado. Nós também, disseram duas adolescentes gêmeas com queimaduras de terceiro grau. Tínhamos catorze anos quando morremos, mas mesmo assim pudemos escolher.

Nas semanas seguintes ela ficou controlando por quanto tempo os seus amigos lamentaram a morte dela. Alguns voltaram para o trabalho logo depois do enterro. Alguns ficaram em casa durante alguns dias, eles ligaram para os seus chefes e contaram que estavam de luto por causa de uma amiga próxima que tinha falecido de repente. Em seguida passaram o café da manhã lendo o jornal e a tarde jogando video game. Mas Justine ficou triste de verdade. Ela continuou indo ao trabalho, não porque ela queria, mas sim porque ela parecia ficar mais angustiada ao permanecer em casa. Em duas ocasiões a filha viu Justine interrompendo as aulas e saindo para o corredor, de modo que os alunos não vissem o seu colapso emocional. A filha sorriu e pensou em como Justine era uma amiga de verdade. Patrick também estava triste. A filha percebeu isso quando ele foi até a estação de trem de Saint-Charles e comprou mais maconha do que de costume. Em seguida, ele foi para casa, enrolou uns baseados e se sentou na frente do computador e ficou olhando fotos das suas viagens juntos. Ele nunca chorou. Ele apenas permaneceu sentado com o olhar vazio enquanto passava foto por foto. Toda vez que um vídeo aparecia, ele o pulava.

Durante o verão, Justine e Patrick começaram a se encontrar. Eles marcavam na casa de Patrick. No começo, o principal assunto era aquela que não mais vivia. Mas depois eles começaram a conversar sobre outras coisas, Justine contou sobre os seus alunos briguentos, alunos inteligentes, alunos estranhos e alunos cujas perguntas ingênuas a faziam ter a impressão de que aprendia mais com eles do que eles com ela. Patrick contava sobre os seus planos para novos documentários, ele queria ir ao Peru para fazer algo sobre o massacre de Bagua, queria gravar um filme sobre Zidane e outro sobre Rahel Varnhagen. Ou talvez um filme sobre os dois. Justine sorriu. O Zidane tem alguma relação com a Rahel Varnhagen?, ela perguntou. Não sei, respondeu Patrick e deu de ombros. É isso que quero investigar. A filha sem corpo queria tirar Justine de lá. Queria lhe dar uns tapas na orelha. Queria voejar na cozinha, lançar um monte de talheres dentro do micro-ondas, ligar no máximo e depois gargalhar alto quando a fumaça obrigasse Justine e Patrick a evacuar o apartamento. A filha pulava no sofá, gritava, batia nas costas de Patrick

VI. SEGUNDA-FEIRA

com todas as forças. Mas eles não reagiam. Continuavam a se olhar nos olhos um do outro. A única coisa que ela conseguiu foi fazer com que a vela em cima da mesa piscasse. Depois de um tempo, eles foram morar juntos e começaram a falar em ter filhos, e foi quando a filha que não tinha mais um corpo decidiu que nunca mais os visitaria. Doía muito, apesar de ela não ter um corpo e ter dificuldade em localizar onde exatamente sentia a dor.

Em vez disso, dedicou seis meses para achar o seu primeiro namorado, que trabalhava como instrutor de ski em Chamonix. Tinha ganhado uma barriguinha de cerveja, sua pele clara estava queimada, com exceção da região ao redor dos olhos, e passava as madrugadas nos balcões de bares tentando conquistar meninas que tinham a metade da sua idade. Uma madrugada, quando ele estava voltando para casa, ela criou coragem e atirou toda a sua energia contra o pé direito dele. Seu ex-namorado caiu e quebrou a tíbia, e não pôde mais trabalhar durante aquela temporada. A filha estava exausta, não tinha energia para voar de volta para casa e foi obrigada a tomar sol nas proximidades de um riacho durante semanas antes de se sentir razoavelmente recuperada. Mas ela não conseguia parar de rir do gemido que ele soltou quando estava deitado de costas sob as estrelas enquanto se lamentava pela dor no ombro.

Quando recuperou as forças, ela procurou o cara que lhe apresentou as seringas. Ele trabalhava em um centro de desintoxicação em Avignon, tinha se tornado religioso, fazia trabalho extra para uma empresa de turismo, à noite ele se sentava com um fone de ouvido com microfone na frente da tela de um computador; de início ela achou que ele vendia viagens, mas como ele repetia várias vezes «*Definitivamente* isso não deveria acontecer», parecia que ele trabalhava com queixas de clientes. A filha juntou as energias e bateu na testa dele. Ela o puxou pelo nariz. Deu uma joelhada entre as pernas dele. Depois de três minutos de ataque, ele disse: Sandrine, você não acha que está ventando um pouco aqui? Posso te pedir para fechar a janela? (Sandrine era sua colega, que mais parecia um pedaço de massa com cabelo.) A filha sem corpo o seguiu até a casa dele, ela o seguiu até as sessões de desintoxicação, ela o escutou tentando convencer um usuário de drogas de que a vida é sagrada e que Deus está em todo lugar. Ela juntou mais energia do que até então tinha conseguido juntar e uma noite conseguiu se fazer visível para ele. Ela estava no hall de entrada dele quando ele chegou em casa, ele abriu a porta, deixou as chaves e foi quando a viu, seu rosto se transformou, ele se ajoelhou, encostou a testa contra o chão, sussurrou alguma coisa, ela não conseguiu escutar o quê. O resto da noite ela ficou deitada, invisível, no chão do hall, enquanto ele choramingava no quarto; tentou mais de uma vez se levantar, mas caiu de novo no chão, somente por volta das 10h da manhã do dia seguinte ela conseguiu, bem lentamente e pausando muitas vezes, voar de volta para o telhado e contar o que tinha acontecido para as adolescentes queimadas, a mulher com a faca no olho e o homem de meia-idade que tinha sido envenenado pelo ex da namorada ou talvez pelo atual da mulher.

Alguns anos depois ela decidiu procurar pelo pai. Ela cruzou florestas e campos, rios e mais florestas. Encontrou a nova família dele, o sorriso constante, a esposa que sempre se vestia de preto. O filho espinhento. A filha maquiada de preto. Mas o pai tinha desaparecido. Ele tinha se mudado para outro país. Por fim, ela o achou em um bar pequeno com cadeiras de metal na cidade a que ele jurou nunca mais voltar. Ele estava inacreditavelmente envelhecido. Estava sempre sentado ali sozinho, sem falar com ninguém. Quando ela viu o pai, a raiva desapareceu. Ela começou a sentir pena dele.

Durante as madrugadas ela se sentava ao lado dele no sofá, naquele minúsculo apartamento com um taco de beisebol no hall

VI. SEGUNDA-FEIRA

e uma metralhadora na janela. Eles assistiam juntos aos telejornais. Quando crianças mortas apareciam na tela, eles soltavam palavrões. Idiotas. São todos uns idiotas. A UE é uma idiota por aceitar todos os países e tentar transformá-los no mesmo país e os EUA são uns idiotas por tentar controlar o mundo inteiro e Israel é idiota por matar os palestinos e a pizzaria da esquina é uma idiota por ainda não conseguir fazer uma quatro-estações razoável e os vizinhos do outro lado da rua são uns idiotas por deixarem os gatos correrem em cima dos telhados e por causa disso precisamos pegar a arma de chumbinho e atirar nos gatos até que possamos dormir em paz. Todos são idiotas menos nós. Nós somos pó de cometa. Nós somos anjos do universo. O pai mudou de canal. Eles riram de um sitcom. Eles murmuraram idiota para o idiota que respondeu a capital errada num jogo de perguntas. Eles fizeram drinques, brindaram e dançaram. Eles adormeceram um ao lado do outro no sofá. Ela se sentiu próxima dele de uma forma que ela nunca havia se sentido quando estava viva. Ela nunca iria deixá-lo sozinho. Durante a noite ela entrava no corpo dele, vagava dentro da corrente sanguínea dele, segurava o coração dele com suas mãos como se fosse um passarinho. Ela se sentava ao lado dele enquanto ele comia baguete de café da manhã. Ela se sentava na sua frente quando ele comia pizza de almoço e quando comia macarrão no jantar. Ela tentou pará-lo quando ele depois de tomar cinco cervejas cismou que iria dirigir até o litoral. Ele se levantou da mesa do restaurante, cambaleou alguns passos à procura do carro. Lá estava ele, preto e não mais tão brilhante. A alguns metros dali, exatamente onde ele o tinha estacionado. Ele foi até o carro e tentou abrir a porta. A fechadura estava quebrada. Algum idiota tinha sabotado a fechadura. Que merda de país, disse o pai. A filha concordou. O que você está fazendo?, gritou um homem sentado a uma mesa do lado de fora do restaurante. Desculpa, disse o pai e continuou procurando pelo carro certo. Ele abriu a porta e se sentou atrás do volante. Virou a chave. Apertou os olhos, os carros que vinham na direção oposta estavam de faróis altos, ainda que não fosse o caso de acendê-los desse jeito. Ele fez sinal para abaixarem e eles responderam com faróis tão fortes que ele foi obrigado a parar no acostamento e esperar que a sua vista voltasse. Você tem que ir até o litoral justamente esta noite?, perguntou a filha. Sim, ele murmurou. Ela arregalou os olhos. Será que ouvi errado? Por que você tem que ir até lá?, ela sussurrou e acariciou a cabeça dele. Não sei, ele murmurou. Seu rosto estava apoiado contra o volante. Ele soluçou. Virou a chave de novo. Durma um pouco primeiro, ela sussurrou. Feche os olhos. Descanse os olhos. Podemos ir até lá amanhã. Amanhã vamos até lá juntos, sussurrou a filha sem corpo. Você promete?, perguntou o pai. Prometo, respondeu a filha. Eles dormiram no carro. No dia seguinte eles acordaram no alvorecer, o sol tinha transformado o carro num forno. Desceram cambaleando e voltaram para casa a pé. Eles ligaram a televisão. Eles não foram até o litoral. O litoral está sempre lá. O litoral permaneceria sempre lá. Eles seguiram o ritmo da vida cotidiana. O pai voltava para a Suécia duas vezes por ano. Ele tinha que fazer estoque de insulina, seringas, trocar dinheiro, tratar dos pés, comprar coisas para revender e possivelmente monitorar a sua visão que estava piorando. E obviamente ver a família. Você não quer vir junto?, perguntou o pai. Não, eu fico aqui, ela respondeu. Ela não conseguiria ver o pai brincar e rir com os filhos, iria doer muito vê-lo abraçar os netos, cheirar o cangote deles e cochichar rimas infantis nos seus ouvidos.

Mas de qualquer forma ela está aqui agora. Ela sobrevoa a cidade à caça do pai. Ela percebeu que ele estava precisando dela e finalmente o encontrou em um bar que transmitia as partidas. Ele parece feliz, ri e brinca com as pessoas sentadas na mesa ao lado; resmunga quando eles pedem para ele trocar de mesa. Não quer ir para casa, apesar de primeiro a garçonete e depois o dono

VI. SEGUNDA-FEIRA

e em seguida ambos falarem para ele ir embora. Logo depois, ele sai acompanhado de uma mulher de certa idade. A mulher se agacha para fazer xixi atrás de uma estação de reciclagem. Ele segue caminhando. A portaria da filha está apagada. Ele olha para dentro no escuro. Ele soca o vidro. Um vizinho no primeiro andar abre a janela e ameaça chamar a polícia. Quero ver a minha filha, ele diz. O vizinho fecha a janela. Vem. Vamos sair daqui. É 1h da madrugada. Já é muito tarde. A gente liga para ela amanhã. Podemos pedir desculpas. Tudo se resolve. Agora vamos sair daqui. Caminhar até o metrô. Ele obedece às instruções da filha.

Eles passam pelas catracas. Sentam num banco. Doze minutos para o próximo metrô. Fica acordado, diz a filha. Você pode ligar para ela amanhã. Ela vai entender. Qualquer um pode se atrasar, esquecer um jantar ou fazer um filho e depois não se responsabilizar.

Ele olha para os trilhos. Olha as horas. A plataforma está vazia. Ele se levanta do banco e desce até os trilhos. Não. Para. Sobe. Agora. Ele olha ao seu redor. Eu te ajudo a subir, diz a filha. Se apoia em mim e eu te ajudo a subir na plataforma. Ele fica parado. Rápido, diz a filha. Dez minutos para o próximo metrô. Ele continua parado. Nove minutos. Ele segue parado. Oito minutos. Ele se abaixa e pega algumas pedrinhas pretas do trilho. São estranhamente redondas, como aquelas que se colocam nos vasos das plantas. Vamos, diz a filha e se sente como uma mãe. Não vou falar de novo. É a última vez que falo, ok? Eu já disse muitas vezes e eu não vou dizer de novo. Sobe agora. Anda. Agora. Você está me escutando? Cinco minutos. Ele continua parado. Quatro minutos. Ele continua parado. Sobe. Para. A. Plataforma. AGORA!, grita a filha com a voz mais militarizada possível. Três minutos. Pai. Isso não tem mais graça. Levanta agora, porra, você não pode ficar aí, nada vai melhorar dessa forma, dois minutos, por favor por favor por favor por favor, pai, eu te peço, sobe, você não pode ficar aí, você vai para casa, o que você quer eu diga, que eu te amo, que sinto sua falta, que eu te perdoo, um minuto, os trilhos estremecem, os trilhos trepidam, SOBE, SOBE, SOBE, SOBE, SOBE, SOBE, SOBE, SOBE, S...

*

Um filho que está de licença-paternidade e uma mãe que é uma avó vão se encontrar para almoçar naquele restaurante indiano do bairro. O dal custa 75 coroas, os pratos de carne ou peixe 85 coroas, os grelhados 95 coroas, salada, bebida, café e bolinho estão incluídos, o naan normal custa dez coroas, o naan com alho custa quinze. O filho sabe todos os preços de cor. Ele não consegue registrar os filhos no pediatra sem que ele tenha que pegar o celular para conferir a data de aniversário deles, mas os preços do restaurante indiano ele lembra de trás para a frente. Os preços estão enraizados nele, enquanto todo o resto passa despercebido.

O filho que é um pai chega cinco minutos adiantado. O filho de um ano adormeceu no carrinho e continua dormindo mesmo quando o pai o empurra cuidadosamente até a mesa no canto. Aqui é possível conversar tranquilamente. O restaurante está meio vazio. Dois trabalhadores entraram e pediram comida para viagem. Vai demorar quinze minutos, diz o rapaz atrás do caixa. Quinze minutos?, repete um dos trabalhadores olhando em direção à praça. Pode ser dez minutos? Podem pegar salada e café enquanto vocês esperam. Os trabalhadores se sentam. O filho balança o carrinho. Ele já internalizou o movimento. Mais de uma vez já aconteceu de ele balançar carrinhos de supermercado vazios da mesma forma. Ele olha as horas. Ele não está minimamente preocupado com a possibilidade de que a mãe não venha. Nunca aconteceu de ela não aparecer. E também nunca chegou três minutos adiantada.

Ele se lembra de quando o pai tinha ido embora e a mãe saía com as amigas. Eles moravam no apartamento antigo, aquele em que a janela da cozinha dava para o corredor externo, a janela que

VI. SEGUNDA-FEIRA

eram obrigados a limpar mais frequentemente do que as janelas comuns por causa dos gases de exaustão que vinham da estrada de quatro pistas e manchavam o vidro e as molduras das janelas e o peitoril entre as portas duplas no corredor. A irmã mais nova dormia, ele ficava acordado, não havia nenhum celular, nem internet, mas havia relógio e era tarde. De repente ele teve certeza de que a mãe tinha morrido, que ela tinha sido violentada e sequestrada. Se ele ficasse de pé lá no fundo da cozinha, com a cabeça contra o armário da limpeza, era possível enxergar a locadora de vídeo, era possível ver a esquina onde ela deveria passar se ela escolhesse a estrada em vez do túnel. E é claro que ela escolheria a estrada, ela não é tão boba de escolher o túnel a esta hora. Ou é? De repente ele teve certeza de que ela tomaria o túnel e esse seria o último erro da sua vida. Ele ficou observando a esquina do quarteirão. O dono da locadora de vídeo estava parado na rua e fumando. Um ônibus noturno parou e foi embora. A mãe não chegava. Ela estava esquartejada em algum porta-malas. Seus restos mortais estavam banhados em ácido. Ele teve uma ideia. Ele tinha descoberto o poder da música recentemente e, se conseguisse prender a respiração durante toda a canção *Part Time Mutha* do Tupac, a mãe chegaria em casa sã e salva. Pegou o CD novo e brilhante, colocou no tocador de CD na cozinha, esperou o primeiro verso, depois respirou fundo. Rapidamente percebeu que não iria funcionar. Seria impossível. Ele refez as regras. Se ele conseguisse segurar a respiração durante o primeiro verso, respirar no refrão e segurar a respiração de novo durante o segundo e o terceiro versos, a mãe chegaria em casa sã e salva. Ele tentou. Era difícil, mas ele conseguiu. Quase. Ficou pensando onde ele e a irmã morariam agora que a mãe estava morta. Ficariam ali com o pai? Na casa da avó com o pai? Na casa da avó durante a semana e com o pai nos fins de semana? A avó e o pai nunca iriam querer morar juntos. Nós somos muito diferentes, diz o pai. Vocês são muito parecidos, diz a mãe. Igualmente teimosos, igualmente egocêntricos. Papo de merda, diz o pai e sorri. Você nunca teria se apaixonado por mim se eu fosse igual a sua mãe. E se foi justamente por isso que eu me apaixonei por você?, pergunta a mãe. Que pensamento tenebroso. Os pais sorriram. Como o pai vai reagir à notícia? Ele vai ficar louco. Disso o filho tinha certeza. Toda vez que alguém ameaçava a sua família, ele se transformava de vendedor a tiranossauro rex. Uma vez, quando o filho estava num parque jogando basquete com os amigos, a bola caiu sem querer em cima da família que estava fazendo churrasco ao ar livre. Não tinha caído na comida, a bola encostou nas costas de uma das senhoras e o filho se lembra de como ele se sentiu feliz em ter a chance de buscar a bola e pedir desculpas. Os seus amigos estavam com medo por causa da fama do irmão mais velho daquela família, mas ele achava que esta seria uma boa oportunidade para se aproximar deles, esta era a oportunidade que ele tinha esperado, ele pediria desculpas na linguagem do próprio pai e aquele cara durão com uma cicatriz na bochecha sorriria e diria que tudo bem e que ele e os amigos eram bem-vindos para comer um pouco se quisessem. Mas o irmão mais velho nessa outra família não aceitou as desculpas dele. Ele ficou fora de si quando a bola encostou na sua tia, por isso pegou a bola e a chutou no espaço, ela voou longe para o outro lado da quadra de areia. O filho não conseguia entender o que tinha acontecido, o porquê de o seu pedido de desculpa não ter dado o resultado que ele havia esperado. Ele buscou a bola, e voltou para casa chorando. Mas o seu pai tinha acompanhado tudo e cinco minutos depois já estava lá embaixo no quintal. Ele foi até o irmão mais velho, ele disse coisas na língua deles, o filho entendia uma palavra a cada três, e com certeza não eram palavras que havia aprendido nas aulas de língua materna na escola. Ele ouviu quando o irmão mais velho pediu desculpas, como os tios e as tias tentaram intervir, como a mãe do irmão mais velho tentou

VI. SEGUNDA-FEIRA

fazer o pai se sentar e comer um pouco, mas o pai recusou a tentativa de corrupção, e continuou a gritar: não me deem motivos para descer aqui novamente! Depois eles foram para casa, o pai e o filho e a bola de basquete. O filho continuou grudado na janela, escutando a mesma canção sem parar. Quando a mãe finalmente chegou, fedia a cigarro e álcool. Estava maquiada e parecia mais cansada do que de costume. Meu amor, ela disse, quando ele começou a chorar. Olha para mim. Olha para esse salto alto. Não existe nenhum estuprador no mundo que teria a coragem de me atacar. Eu prometo. O filho contou sobre a música e a sua tentativa de prender a respiração e a certeza de que ela nunca mais voltaria para casa. Ela olhou para ele com um semblante tão preocupado quanto lisonjeado. Você não precisa se preocupar, ela disse. Não cabe a você garantir o funcionamento do mundo.

Faltando trinta segundos, ele vê o Prius dela chegar em alta velocidade. Ela entra na praça e estaciona entre dois bancos. Que forma mais criativa de estacionar, disse um dos trabalhadores quando ela entrou pela porta. Obrigada, ela disse e sorriu. Abraça o filho e chega perto do carrinho para olhar o neto que dorme. Ele dorme docemente, ela diz. Agora sim, ele diz. Eles vão até o balcão. O filho pede uma sopa de dal com naan de alho. A mãe faz dez perguntas sobre os diferentes pratos. Ela quer frango, mas com um molho bem apimentado, porém ela não gosta de couve-flor. Por fim, o rapaz promete que o cozinheiro fará um molho especial para ela. Muito obrigada, ela diz e entrega o seu cartão para pagar. Eu pago, diz o filho. De jeito nenhum, ela diz. Sim, ele diz. Não, ela diz. Eles discutem sobre isso durante trinta segundos, até que o rapaz atrás do balcão se cansa e pega o cartão do filho. Eles se servem a salada e a bebida e se sentam. Que pé-direito bonito, comenta a mãe. Deve ser do fim da década de 1940 ou início da de 1950, né? O filho dá de ombros. Acho que é de 1951, ela diz respondendo à própria pergunta. Quando o garçom chega com a comida, ela pergunta quando o prédio foi construído e se foi antes ou depois das Lammelhusen[1]. Lammelhusen?, ele pergunta. Você por acaso não sabe quem desenhou o prédio?, ela pergunta. Não faço ideia, responde o garçom. Assumimos o local há dois anos. Antes disso, havia um restaurante chinês aqui. Eu acho que é de 1951, diz a mãe. O garçom coloca os pratos fumegantes em cima da mesa e desaparece. Impressionante como as pessoas sabem tão pouco sobre a própria história, sussurra a mãe.

Eles começam a comer. A mãe segue falando. Ela conta sobre as viagens a trabalho para Londres e as viagens de inspiração para a Itália, amanhã ela vai a um recital na catedral de São Nicolau e na quinta vai a um festival de cinema francês no cinema Zita. E vocês?, ela pergunta. Vocês estão conseguindo dormir ao menos um pouco? Aham, está tudo bem com a gente, responde o filho. Está tudo indo. É gostoso estar de licença.

Seu pai amava, ela diz. O que você quer dizer com isso? Estar de licença-paternidade. Ele ficava em casa com você e sua irmã. Ele era ótimo. Ele fazia purês de cherívia e cenoura e era extremamente rígido em relação à hora de vocês irem para a cama. Não fazia ideia disso, diz o filho. Nunca te contei?, pergunta a mãe. Ele era um pai maravilhoso quando vocês eram pequenos. Foi depois que vocês cresceram que ele se tornou mais imprevisível. Não entendo o que você viu nele, diz o filho. Vocês são completamente diferentes. A mãe coloca os talheres de lado. Ela pensa um pouco. Ele me contagiou com a sua coragem, ela diz. E o seu desprezo por regras desnecessárias. Ela sorri e observa a praça. Mas ele poderia ter escolhido outra profissão. Um homem com tanto carisma

---

1   Prédios de três andares típicos da Suécia, construídos entre 1940 e 1960. Considerados uns dos primeiros símbolos da social-democracia sueca. [N. T.]

VI. SEGUNDA-FEIRA

não deveria ficar viajando para lá e para cá vendendo bidês. Ele deveria estar num palco. Ou em frente às câmeras. Ele chegou a tentar?, pergunta o filho. Não. Ele não tinha o menor interesse. A única coisa que ele queria fazer era escrever. Bom, pelo menos antes de termos filhos.

*

Um avô que se sente o avô de um avô de um pai entra na sala de espera da clínica que fica no centro da cidade para se consultar com o seu médico. Seu endereço está correto?, pergunta a enfermeira quando ele se registra na recepção. Ela abre a janelinha do guichê e aponta para a tela cinza do computador. O avô coloca os óculos de leitura e franze os olhos. A enfermeira se afasta para trás ao sentir o hálito dele. O avô coloca um segundo par de óculos em cima dos primeiros e move a cabeça para a frente. Sim, ele responde. O endereço está correto. Você sabe que pode ter um médico de família mais perto de casa?, pergunta a enfermeira. Eu sei, obrigado, responde o avô. Mas não dá para confiar nos médicos de lá. A enfermeira não diz nada, o que deve significar que concorda com ele. O avô é conduzido para a próxima sala de espera, ele se senta em um banco, se recompõe e tenta não cair no sono. Estranho como se pode ficar com a boca tão seca de tanto beber.

Ele se lembra de quando este mesmo corpo era seu amigo. Era imortal. Ele poderia enchê-lo com qualquer coisa, e ele sobrevivia a tudo. Agora esse corpo se virou contra ele. Sofreu uma mutação. É como o seu Passat antigo, que funcionava perfeitamente até ele parar de funcionar e tudo parou de funcionar ao mesmo tempo, os retrovisores se soltaram, os botões das janelas pararam de funcionar, a tampa do tanque de combustível emperrou, até mesmo uma das portas só fechava se alguém a levantasse ao mesmo tempo que a empurrasse.

A enfermeira chama o nome dele. Ele se recompõe e se levanta. Por onde começamos?, pergunta a médica mesmo antes de eles se sentarem. Os pés doem, os joelhos doem, uma das coxas dói, justamente hoje a cabeça está doendo, às vezes ele sente uma queimação na barriga, com muita frequência sente uma pressão no peito, sobretudo quando vai dormir, ele acorda suando frio, ele tem que trocar de camiseta várias vezes porque elas ficam encharcadas. Você tem pesadelos?, pergunta a médica. Não, nenhum pesadelo, responde o pai. Mas sonhos estranhos. Algumas noites atrás sonhei que estava caminhando por horas em Marselha. Mas não era a Marselha de agora. Era a Marselha de antigamente. Todos os carros eram antigos, os outdoors com propagandas de cigarro também, até mesmo a música que vinha de um café era de meados da década de 1970. Ele caminhava sentido norte na Rue de Lodi, depois virou à direita na Rue Fontange e depois à esquerda na Rue des Trois Rois, e depois muito estranhamente à direita na Rue Sibie, sendo que todos sabem que para chegar à estação de trem é muito mais rápido seguir direto na Rue des Trois Mages e depois virar à direita no Boulevard Garibaldi que dá no Boulevard Dugommier que dá no Boulevard d'Athènes. Mas no sonho ele não tinha nenhuma pressa, ele não tinha nenhuma mala, ele não tinha dores nos pés, ele apenas perambulava pelo ar ameno de primavera, daquela maneira leve que ele fazia quando tinha seus vinte anos e havia passado a noite em alguma festa e acordado de madrugada num apartamento de algum desconhecido e saído no raiar brilhante do sol e não tinha a menor ideia de onde estava, apenas tinha começado a caminhar numa direção qualquer até que visse algo que reconhecesse, como uma fonte, um bar, um cinema que estivesse passando um novo filme de Alain Tanner. Mas no sonho ele sabia exatamente onde estava e aonde ia, ele caminhava pela Rue Sibie, seguia direto até a Place Jean Jaurés, onde ele virava à

VI. SEGUNDA-FEIRA

esquerda, seguia de volta até a Rue Curiol, virava à esquerda na La Canebière e à direita no próximo bulevar e somente quando estava subindo as escadas até o prédio da estação que mais parecia um forte ele percebeu que estava sozinho. A estação estava vazia. Os trens abandonados. As bilheterias abertas, mas vazias. Ele percebeu que tinha percorrido todo o caminho desde a Rue de Lodi até a estação de trem sem ver uma única pessoa. E no sonho ele não ficava com medo, ele se sentia aliviado.

Ok, disse a médica e parecia pensativa. E sabe o que é mais estranho?, perguntou o pai. Eu nunca conheci alguém que morasse na Rue de Lodi. Minha ex-mulher morava na Rue Marengo, que fica a dois quarteirões de lá. Mas não era de lá que eu começava minha caminhada. A médica acena com a cabeça e escreve algo. Você não parou de tomar os seus remédios, parou?, pergunta a médica. Não, não parei, responde o avô. Eu tomo os meus remédios. Mas de vez em quando eu faço umas pequenas pausas. Não quero ficar dependente. Não tivemos exatamente esta mesma conversa na última vez?, pergunta a médica e passa os olhos na tela do computador com o histórico médico do avô. Não combinamos que, aconteça o que acontecer, você vai continuar tomando os seus remédios? O avô fica sentado em silêncio. Você tem que entender que depressão é uma doença séria, prossegue a médica. Se você parar de tomar os seus remédios, vai haver consequências. O avô faz que sim com a cabeça. Principalmente se você parar repentinamente, ou você foi diminuindo aos poucos? Eu não quero me tornar dependente, diz o avô. Você não vai ficar dependente, diz a médica. Mas quanto tempo vou ter que tomá-los?, pergunta o avô. O tempo que for preciso, diz a médica. Eu não quero precisar deles, diz o avô. Eu entendo, diz a médica. Mas se você quiser se sentir melhor você tem que tomar os seus remédios, se você quiser se sentir pior você pode parar de tomá-los. Eu quero fazer uma ressonância magnética, diz o avô. Não tem necessidade, diz a médica.

O avô permanece sentado em silêncio. Eu posso te ajudar com tratamento para os pés e te dar uma receita para antidepressivos, algumas seringas e a insulina. Alguma outra coisa? Minha visão, murmura o avô. Há algo errado com os meus olhos.

*

Uma mãe que é uma avó que é diretora de obras dirige a noventa em uma estrada com limite de quarenta. Está voltando para a obra que fica ao norte da cidade e já está quatro meses atrasada. A construtora está enrolando, algum problema com o sindicato, dois funcionários se machucaram em um acidente há alguns meses, e agora estão à espera de uma disputa judicial e, para piorar tudo, os spots de luz que ela encomendou há mais de oito meses ainda não chegaram. Apesar de a empresa ter garantido a entrega no mais tardar no fim de setembro. É a última vez que ela trabalha com amadores. Ela está muito cansada de ser rodeada de pessoas medianas. A vida inteira ela esperou poder trabalhar com pessoas que tivessem a mesma competência que ela. Quando ela frequentava a creche, era rodeada de crianças pequenas babando e ali ela já pensava que tudo seria diferente quando começasse a escola. Mostraria aos professores que já sabia ler. Passaria os recreios discutindo as diferentes matérias com os seus colegas de classe. Mas a escola foi uma decepção. Os meninos mal sabiam falar, e as meninas apenas fofocavam ou discutiam quem era o mais charmoso entre o Paul e o John. Começou a sonhar que o ensino médio seria diferente. Mas foi a mesma coisa, talvez pior. Um bando de idiotas por todos os lados. Professores sem talento. Meninos espinhentos. Meninas obcecadas com a aparência. Diretores imbecis. Ninguém pensava grande. Todos eram prisioneiros da vida cotidiana. Eles frequentavam festas, se apaixonavam, terminavam os relacionamentos, viajavam. Comportavam-se como

VI. SEGUNDA-FEIRA

se não entendessem que a vida acabaria em breve. Os pais se preocupavam por ela não sair com ninguém. Disseram-lhe que deveria estudar menos e dormir mais. Mas ela odiava dormir. Ela sabia que o sono é uma perda de tempo. Ela dormia no máximo cinco horas por noite e isso não a afetava significativamente. Claro que às vezes ela se sentia cansada, mas antes cansada do que uma pessoa que dorme mais da metade da vida. Quando ela fez dezoito anos, seus pais sugeriram que ela conversasse com um pastor que era amigo da família. Ela aceitou contrariada e se sentou em um banco duro na cozinha do pastor, enquanto ele cozinhava uma salsicha e fazia purê de tubérculos. A mãe contou que a filha não comia, não dormia, somente lia e lia e lia. Me parece maravilhoso, disse o pastor e sorriu para ela. Ela cisma que todas as pessoas no mundo são idiotas, disse o pai. Todas menos ela. O que você está lendo?, perguntou o pastor. Ela mencionou alguns nomes de escritores. Nada mau, disse o pastor. Estou convencido de que vocês não precisam se preocupar, disse o pastor. É só uma fase. Isso vem acontecendo desde pequena, disse o pai. Desde que ela aprendeu a ler, disse a mãe. Em breve ela vai entender que a vida é mais do que livros, disse o pastor. E se ela não entender isso?, cochichou a mãe. Ela vai entender, disse o pastor. Confia em mim. Os pais confiaram e seis meses depois ela foi visitar uma tia que vivia em Marselha. Elas foram a um concerto de jazz e quando as luzes se acenderam ela estava sentada na mesma mesa que um jovem rapaz com cachos escuros e risada alta. O que ela viu nele? Ela não sabe ao certo. Ela sabe somente que o mundo se expandia quando ele vinha visitá-la. Tudo se encolhia quando ele voltava para casa para visitar a filha. Ele sentia a mesma coisa. Ele se mudou. Logo em seguida ela engravidou. Eles se casaram. Ele prometeu parar de trabalhar com o seu negócio e arrumar um trabalho de verdade. Ele apenas venderia as coisas que ainda estavam no armário. Ele apenas viajaria a negócios para a Itália e voltaria. No início, ela não sabia ao certo o que ele fazia lá, mas ele sempre tinha dinheiro em espécie. Importação e exportação, ele mesmo disse, até que ele conseguiu um contrato probatório como vendedor naquela empresa de atacado dinamarquesa que fabricava artigos para banheiro.

Ela ainda sonhava encontrar um ambiente que combinasse com ela. Quando o filho começou a frequentar a escola primária, ela experimentou estudar Literatura. Durante seis meses ela participou de seminários longuíssimos onde comunistas calvos, com cachimbo e com coletes discutiam se Kafka era suficientemente subversivo. Na primavera ela decidiu pedir transferência e estudar Ciências Políticas. Durante seis meses ela foi obrigada a fazer trabalhos em grupo com pessoas tão estúpidas que não reconheciam a sua própria sombra. Desistiu. Procurou trabalho em uma loja de ervas medicinais e ficou lá até que o marido a convenceu de que ela deveria estudar Arquitetura. Ele tinha visto os desenhos dela. Ele dizia que ela tinha sido feita para algo maior do que ficar numa loja fedendo a incenso. Arquiteta? Ela nunca tinha considerado a ideia. Passou no teste e terminou o curso de cinco anos em quatro anos e meio. Pela primeira vez ela tinha mais paciência com os idiotas que a rodeavam, porque esses idiotas pelo menos tinham uma ambição em comum: eles sonhavam com a construção de algo que sobreviveria a eles mesmos. Ela conseguiu um emprego logo depois que se formou. Trabalhou durante alguns anos em um escritório, depois junto com dois colegas da faculdade montou a própria empresa, foi logo depois da crise, todos disseram que não daria certo, que os riscos eram grandes demais, mas deu certo, eles sobreviveram à crise e à crise seguinte e agora eles tinham sete funcionários e quatro estagiários e ela podia atravessar a cidade para almoçar com o filho num restaurantezinho meia-boca.

Mas o filho que é pai tem tão pouco interesse no universo dela quanto tinha o ex-marido. Ele não pergunta nada sobre a obra. Não

VI. SEGUNDA-FEIRA

quer conversar sobre a arquitetura do bairro, ou sobre as soluções de iluminação de Rem Koolhaa na Fondazione Prada, ou sobre a exibição de Mona Hatoum na Tate Modern em Londres. Em vez disso, prefere elencar todas as coisas que fez antes do almoço: acordou, colocou a louça na máquina, a roupa na máquina de lavar, preparou algo que ele chama de pré-café da manhã para as crianças, deixou a filha de quatro anos na escola, pendurou a roupa no varal, fez a reciclagem, desceu com as embalagens de papelão até o contêiner, limpou o porta-malas do carro que estava cheio de lixo, trocou o bebê-conforto por uma cadeirinha nova. O filho de um ano esteve com ele o tempo todo, babando, pendurado no sling. O único inconveniente foi quando fechou a porta traseira do carro segurando duas sacolas com livros de instruções e brinquedos esquecidos, de alguma forma ele conseguiu fechar a porta no seu próprio dedo mindinho e agora a unha tinha inchado e ficado azulada. Eu tenho aloe vera, diz a avó e tira um tubinho da bolsa. Picada de inseto, inflamações, coceira, aloe vera faz milagres. Relação pai-filho?, ele pergunta. Também, ela diz entregando o tubinho.

Eu cancelei a cláusula do pai, diz o filho que é um pai, ao mesmo tempo que passa o creme na unha machucada. Ah, diz a mãe. Não dou mais conta, ele continua. Já passou da hora, agora é a vez de outra pessoa. Mas vocês não tinham um acordo?, ela pergunta. Sim, mas não pode durar a vida toda, né?, ele diz. Principalmente considerando o estado em que ele deixa o escritório. O filho conta sobre as portas estragadas do armário da cozinha. As pilhas de lixo. Café solúvel que desaparece. Moedas roubadas. A lista é infinita. Bom, é você quem decide, ela o interrompe. Como assim? Você escolhe se quer ter algum tipo de relação com ele ou não. Quer dizer que se eu não tomar conta dele ele vai romper comigo? Não sei, ela diz. Não seria a primeira vez. Foi isso que aconteceu com a primeira filha?, pergunta o filho. A mãe continua comendo. O que aconteceu de verdade? Você sabe o que aconteceu com ela, diz a mãe. Mas por que nunca conversamos sobre isso? Conversar sobre o quê? É verdade que ela se prostituía?, pergunta o filho. Pergunta para ele, diz a mãe. Ele se recusa a conversar sobre isso, retruca o filho. Eu não sei dos detalhes, ela diz. Só sei que ele era um homem maravilhoso e que depois se transformou. Imagino que ele não possa ficar na sua casa com você?, pergunta o filho. Ela responde com um olhar. Eu já o ajudei o suficiente, ela diz. Eu também, diz o filho. Mas não fui eu quem o escolhi. Você, sim. Ele tampouco te escolheu, ela diz.

Eles terminam de comer. Tenho que ir, ela diz. Senão aqueles incompetentes vão instalar as tubulares no assoalho. O filho não ri. Ele está com raiva. Ele é especialista em transformar uma faísca numa queimada e fazer uma tempestade num copo de água. Não importa se ela se oferecer para ficar com as crianças nos próximos dias. Ele não entende que ela passou a vida inteira ajudando homens. Primeiro foi seu próprio pai, depois seu marido e depois o filho. Agora já deu. A paciência dela com os homens acabou, ela pensa nisso ao se despedir sem que o neto tenha acordado, enquanto dirige rumo à obra.

O telefone toca. Ela olha para a tela. É o ex-marido. Ela desliga. Ele liga de novo. Ela deixa o telefone tocar. Ele liga de novo. Ela atende. Ele conta que acabou de sair da consulta médica. Eles examinaram os olhos dele, vai ter que operar. Queriam marcar um horário para daqui a algumas semanas, mas ele disse que morava no exterior e uma secretária simpática conseguiu encaixá-lo num horário de amanhã, devido a uma desistência. É gratuito porque tenho a isenção, ele diz. Que bom, ela responde. Eu não quero ir sozinho, ele diz. Pede aos seus filhos, diz a mãe. Nós brigamos, ele diz. Eles nunca têm tempo para mim. Eles só pensam em trabalhar e se preocupam apenas com eles mesmos. Liga para o seu filho, diz a mãe. Ele está de licença-paternidade.

VI. SEGUNDA-FEIRA

Eles desligam sem que ele tenha feito uma pergunta sequer sobre ela. Ela segue dirigindo. Onde foi parar aquele homem pelo qual era apaixonada? Aquele que conseguia arrancar um sorriso até da sogra que não tinha o menor senso de humor? Aquele com os olhos brilhantes, os dedos agudos, o pescoço largo, que não podia escutar a batida de um baixo sem que começasse a se mexer no ritmo. Aquele que a traía com qualquer coisa que respirasse. Quando ela disse que sabia, ele se isentou da culpa. Quando ela o advertiu, ele sorriu. Quando ela lhe deu uma última chance, ele fez a mesma coisa de novo e de novo e de novo. Mas não foi pelas traições que ela se cansou dele. Ela podia aguentar as traições. No fundo ele não era o único a ter aventuras. O que ela nunca conseguiu aceitar foi não poder contar com ele. O fato de que desaparecesse sempre que ela precisava. Acabou não aguentando mais e pedindo o divórcio. Ele aceitou e sumiu. Ele não fez contato com os filhos por muitos anos. Depois ele voltou, era uma sombra de si mesmo, e contou que a filha tinha morrido. Ele queria que eles tentassem novamente. Ela disse que já tinha virado a página. Ele perguntou se ela tinha outro e ela desatou a rir, pensando no quanto era absurdo ele cogitar a ideia de que ela teria tempo para isso, visto que ela passou os últimos anos se dedicando a ser pai, mãe, microempreendedora, orientadora, mediadora, definidora de limites, poupadora, chamadora de atenção, incentivadora, secadora de lágrimas, cabeleireira de penteados com gel, instrutora de matemática, técnica de futebol, plateia de futebol e uma vez (somente uma vez), quando o juiz que apitaria a partida de futebol da filha teve enxaqueca: juíza de futebol (sua última pergunta antes de ela pegar o apito e correr para o campo: impedimento? O que é impedimento mesmo?). Só houve uma coisa de que ela não deu conta, foi quando o filho iria para um baile estudantil e tinha comprado a sua primeira gravata, ele precisava de ajuda com o nó, ela ligou para o irmão, ele tentou instruí-la pelo telefone, ela tentou uma vez, duas vezes, a gravata foi ficando cada vez mais amassada, o filho cada vez mais desesperado, estava quase na hora, ele iria se atrasar muito, a gravata ficou muito curta, muito comprida, o nó ficou muito pequeno, parecendo um nó de marinheiro, por fim a mãe sugeriu que ele pedisse ajuda ao vizinho. O pintor que morava no andar de cima pegou a gravata e fez um nó perfeito, em seguida levantou os braços e colocou a gravata no pescoço comprido do filho como uma medalha. O vizinho puxou a gravata e disse: você está parecendo um príncipe. O filho correu para o baile, a mãe ficou sentada na cozinha, ela apagou a luz e o seguiu com o olhar enquanto ele corria em direção à escola, com aquelas pernas longas, aqueles sapatos finos e deslizantes, aquela gravata prateada que esvoaçava sobre os seus ombros e brilhava no crepúsculo de verão. O ex-marido tinha desaparecido, mas ela estava lá. Ela continuou preparando as merendas, retirando farpas, fazendo os orçamentos familiares e organizando jantares com as amigas, trocando cadarços e consertando zíperes, desenhando a entrada de um hospital, um estacionamento coberto, a reforma de uma doca de descarga de mercadorias e a reforma do sótão de um cliente privado, comprando pacotes tamanho família de *pierogi* congelado, colocando bandagem nos dedos de basquete torcidos, mediando conflitos entre os irmãos e os encorajando quando tinham provas, comprando vinho para as festas entre estudantes e consertando o controle da televisão, primeiro com massinha branca e depois com *silver tape*, comprando roupas de marca para os filhos, mas nunca para si mesma. Quando os amigos insistiram para que ela saísse com um urbanista barbudo divorciado, disse que não tinha tempo para o amor. Pelo menos, não por enquanto, ela disse, quando os amigos continuaram insistindo. Agora tenho que estar presente para os meus filhos, ela disse ao colocar a vida de lado até que a filha se formasse na escola. Quando ela saiu correndo pelas escadas da escola, a mãe gritou tão alto que perdeu a

VI. SEGUNDA-FEIRA

voz. Depois ela continuou falando com a voz cada vez mais rouca durante a festa de formatura. Ela fez um discurso. No dia seguinte ela não conseguia nem sussurrar. Durante semanas ela ficou para lá e para cá com um bloco de notas escrevendo nele tudo o que ela queria dizer. O médico disse que ela não podia rir nem sussurrar, a única coisa que ela podia fazer para recuperar a voz era ficar completamente em silêncio durante dez dias. Do contrário ela corria o sério risco de ficar com as cordas vocais danificadas para sempre. Você nunca vai dar conta, disseram os filhos. Você ficar de boca fechada por dez dias? Impossível. Mas ela conseguiu. Da mesma forma que ela deu conta de tudo quando as probabilidades estavam contra ela. A voz voltou. Mas o ex-marido ainda estava desaparecido. Ninguém sabia ao certo o que ele estava fazendo ou onde ele estava, e agora tantos anos já passaram desde o divórcio que as pessoas já há muito pararam de perguntar como ele estava.

Ela chega à obra e estaciona naquilo que, segundo a planta, deveria ser um gramado, mas que ainda é um misto de cascalho e poças de água. Ela corre até a sala de conferência improvisada que ainda está sem os spots de luz.

*

Um filho que é um pai se levanta para buscar mais café e dar uma olhada no filho de um ano. Agora sim está dormindo de verdade, diz. A mãe olha as horas. Ela engole o café. Você tem que voltar?, pergunta o filho. Ela faz que sim com a cabeça. Me avisem se vocês querem que eu fique com as crianças um dia desses. Sim, seria maravilhoso, ele diz. Nós estamos realmente precisando de uma pausa. Na próxima semana talvez? A mãe confere a agenda. Estou em Gotemburgo de quarta a sexta, ela diz. Eu e o Göran vamos encontrar um possível cliente. Talvez no fim de semana?, pergunta o filho. Nesse fim de semana fica um pouco difícil, infelizmente. No sábado tenho um vernissage no Magasin III e no domingo vou com as minhas amigas ao Berwaldhallen. No outro fim de semana? Podemos nos falar mais para a frente então, diz o filho como forma de puni-la por ela ter uma vida própria. Mas você vem à festa de aniversário no domingo? Claro que sim, diz a mãe. Você quer ficar com a aloe vera? Quero, diz o filho. Custa 119 coroas, ela diz e lhe entrega o tubinho. O filho agradece e passa um pouco mais de creme. É verde transparente. Dá uma sensação boa, ele diz. Um pouco gelada. Aloe vera é maravilhosa, diz a mãe. Esta aqui é importada. Ela cura todo tipo de inflamação. Quando trabalhei na loja, eu a recomendava a nove de cada dez clientes. O filho agradece. Custa 119 coroas, ela diz novamente. Você pode me enviar um paypal pelo celular. Ou transferir para a minha conta. O filho olha para a mãe. Você está falando sério?, ele pergunta. É o mesmo preço que eu paguei, diz a mãe. Não estou lucrando nada. O filho assente e lhe paga em dinheiro. Você ficou com raiva?, pergunta a mãe. Não, responde o filho e tenta esboçar um sorriso. Eles se despedem.

Ele continua sentado com o filho adormecido. Quando o carro desaparece da praça, ele se levanta e caminha para casa. Vira à esquerda e desce a rua. Passa pela cancela que fica fechada toda manhã entre as 7h e as 9h e toda tarde entre as 16h e as 18h. Ele tenta focar os pensamentos em alguma coisa, tenta inventar uma fórmula para tentar se lembrar de qual horário as cancelas estão fechadas, ele pensa que aos sete anos é quando você começa a escola e depois termina a nona série por volta dos dezesseis e aí depois você faz dezoito e tira a carteira de motorista, ele olha os carros que passam por ele e diz as marcas em silêncio para si mesmo, um Honda Civic, um Toyota Prius, um Volvo V70, mais um Volvo V70, um Mazda 3. Ele passa pelas casas e macieiras, pelos edifícios e sítios de construção onde começaram as escavações para dar lugar ao sistema de esgoto e a fundação: todos os dias às

VI. SEGUNDA-FEIRA

10h, às 12h e às 16h eles fecham a rua para os carros e é possível escutar os apitos altos, em seguida um barulho surdo, depois um apito longo sinalizando que a explosão terminou. Não falta muito, ele tenta manter os pensamentos ativos, ele pensa nas regras do estacionamento, ele pensa no senhor com aquele cachorro branco pequeno que sempre está com um colete, mas justamente hoje não, ele pensa no rapaz que trabalha como assistente de idosos vestido com a sua camiseta laranja e chaveiro grande que sempre sorri quando eles se esbarram no elevador, ele não sabe o porquê, mas ele entra no jardim, ele abre a portaria, tudo transborda no elevador, ele não sabe o porquê, mas ele consegue parar, é como quando ele era pequeno, ele entra no hall, ele estaciona o carrinho, ele vai parar no quarto, ele grita com a boca nos travesseiros, joga o edredom nas paredes, ele se vê no espelho e se acalma, ele fica sentado calado na beira da cama e tenta compreender o que está acontecendo. Seu filho acorda na entrada. O pai sai do quarto e o pega. O filho de um ano olha nos olhos do pai. Ele estica a mão e a passa na lágrima fria que ficou presa na bochecha do pai. Ambos sorriem quando a lágrima se rompe em um nada.

*

Um pai que é um avô sai do ambulatório com o coração palpitando. Liga para a ex-mulher, mas ela não tem tempo para ele. Ela tem prédios para construir, exposições para ir e amantes jovens com quem dançar tango. Então ele liga para o filho. O filho atende. Sua voz soa estranha. Você está gripado?, pergunta o pai. Não, responde o filho. É porque você não usa gorro, diz o pai. Não estou gripado, diz o filho. O que aconteceu ontem? Ficamos te esperando por horas. Por que você não foi ao jantar? Tive alguns imprevistos, diz o pai. Minha irmã ficou decepcionada, diz o filho. Ela fez lasanha. Vou conversar com ela, diz o pai. Eles ficam em silêncio.

Amanhã vou fazer uma cirurgia nos olhos. Sério? Sim. Quer que a gente vá com você? A gente quem?, pergunta o pai. Você sabe que estou de licença, diz o filho. Ok, diz o pai. Já que querem me acompanhar, então me acompanhem.

VII. TERÇA-FEIRA

Uma filha que é uma neta que é uma jogadora de futebol profissional que é uma domadora de dragões que é uma ninja com poder de fogo tem quatro anos mas a força de 19 bilhões. Não, ela não tem quatro. Ela tem quatro e meio. Não, quatro e tantos meses que ela já tem quase cinco. Ela é melhor do que o Zlatan no futebol. Ela é a mais rápida do mundo, quase mais rápida do que foguetes espaciais, apesar de ninguém ser mais rápido do que os foguetes espaciais. Somente o Blixten McQueen, porque ele possui fogo nas asas, fogo de verdade, que é mais quente do que lava. Os vulcões têm lava. Não existe nenhum vulcão aqui nem dinossauros nem tigres-dentes-de-sabre, apesar de existirem tigres que vivem nos zoológicos, mas eles não podem vir aqui à noite porque eles não sabem o código da portaria e não podem pegar o elevador sozinhos, e mesmo que alguém abrisse a portaria eles não conseguiriam entrar no apartamento porque eles não têm chaves nem bolsos. Os leões são mais rápidos do que os rinocerontes. Os rinocerontes têm dois chifres, que são duros como narizes duros, é por isso que eles se chamam rinocerontes, porque seu nariz é duro como chifre. Zinkensdamm se chama Zinkensdamm e não Stinkensdamm, apesar de rimar. Outras coisas que rimam é bola e cola, arco e Marco, legal e não legal, bonito e muito bonito. Não podemos ficar com raiva das crianças de um ano porque elas só têm um ano e não entendem por que não podem morder os balões ou rasgar os livros ou comer as rodinhas de lego ou jogar os crocodilos amarelos no lixo. As crianças de um ano não sabem fazer nada, elas não sabem falar, não sabem andar de patinete, não sabem jogar futebol, elas só sabem morder coisas e babar e ter meleca no nariz. Não se pode morder as crianças de um ano, mesmo que dê vontade. Não se pode bater na barriga ou na cabeça deles. Não se pode chutar as crianças de um ano, na cabeça não pode, nem nas costas, nem mesmo de levinho nos pés. Só de vez em quando se pode chutar as crianças de um ano, bem de levinho, se elas por exemplo tiverem feito alguma coisa bem idiota, como colocar uma bonequinha *troll* na privada, apesar de a bonequinha não ser delas. As crianças de quatro anos não usam fraldas. As crianças de quatro anos vão para a escolinha e jogam futebol e gostam de beisebol de balão. Aos sábados, as crianças de quatro anos ganham doces, as crianças de um ano não ganham nada, talvez elas ganhem milho, uma vez o filho de um ano provou passas. Mas as crianças de um ano não ganham pastilhas, nem balas de framboesa, elas não podem nem provar M&M's e muito menos balas de alcaçuz. As crianças de quatro anos gostam de balas de alcaçuz e flocos de milho e mexericas e peras marrons que estão duras, especialmente se elas ficaram na geladeira, e gelo na boca se elas morderam a língua, ou sorvete, de sabores diferentes, mas especialmente pera e chocolate. Existe sorvete com bala. Não existe bala com sorvete dentro. O sorvete derreteria dentro da bala. A mamãe não gosta de sorvete. A mamãe gosta de chocolate, castanhas, tâmaras e aquelas sementes verdes de abóbora que ela coloca no iogurte. O papai gosta de sorvete, balas e vinho e cachorro-quente. A mamãe toma um pouco de vinho e diz que tem um gosto nojento. A mamãe nunca quer comer

VII. TERÇA-FEIRA

cachorro-quente. A mamãe diz que ela gosta mais de outras coisas do que de cachorro-quente. O que é mais gostoso do que cachorro-quente? Queijo halloumi, por exemplo. A filha de quatro anos gosta tanto de halloumi quanto de cachorro-quente. Mas mais de cachorro-quente. Porque cachorro-quente é a coisa mais gostosa do mundo. Primeiro cachorro-quente, depois halloumi, balas e sorvete. E cachorro-quente. As crianças de um ano não podem comer cachorro-quente. Elas podem comer cachorro-quente, mas só se eles forem cortados em pedaços bem bem bem pequenos. Bem pequenos assim. Tão pequenos que são menores do que uma unha. Tão pequenos que quase não dá para enxergá-los. Principalmente quando a mamãe os corta. Quando é o papai que corta, os pedaços são maiores. A mamãe diz que o cachorro-quente pode ficar preso na garganta dos bebês pequenos e se eles não conseguem respirar eles têm que ir para o hospital e podem morrer. O avô do Leo morreu. Os esquilos podem morrer, mas os elefantes não, a não ser que eles caiam dentro dos vulcões. As crianças de quatro anos são sempre muito cuidadosas com as crianças de um ano. Emprestam a elas os próprios brinquedos. As crianças de um ano podem ficar no gol. As crianças de um ano são ótimas para agachar quando as crianças de quatro anos chutam o mais forte que podem. Mas o filho de um ano é muito burro para entender que o cachorro-quente é um cachorro-quente. Joga duas vezes no chão. A filha de quatro anos recolhe e devolve a ele. A mamãe e o papai não percebem porque estão parados perto do fogão conversando. A mamãe diz: por que você se ofereceu?, e o papai diz: não sei, e a mamãe diz: se você quer que ele dê conta das coisas sozinho, você tem que dar espaço, e o papai diz: ele vai operar. Eles dizem que estão conversando, mas eles estão brigando, dá para perceber pela voz deles. Por fim o filho de um ano entende que pedaços grandes de cachorro-quente também são cachorro-quente. O filho de um ano ri. Ele tem dentes na boca, mas não todos, a filha de quatro anos tem mais dentes e os dentes dela são duas vezes mais fortes. O filho de um ano enfia o cachorro-quente todo na boca. O filho de um ano ri. O filho de um ano tosse. O filho de um ano está engraçado. O rosto do filho de um ano muda de cor como um camaleão, como um dinossauro espinhoso que muda de cor. Primeiro o filho de um ano fica marrom-claro, depois azul, depois roxo. A mãe diz ao pai que ele deve se responsabilizar, o pai diz que é isso que ele está fazendo. A filha de quatro anos diz: olhem como a criança de um ano está engraçada! Muito engraçado! Olhem que engraçado! Agora não, diz o pai. Vamos só terminar de conversar, meu amor, diz a mãe. A filha de quatro anos vai até o filho de um ano. A boca dele se abre como se ele fosse vomitar, mas não sai nenhum vômito. Ele está fazendo uns barulhos muito engraçados. A mãe se vira. Meu Deus do céu, ela grita. O pai sai correndo e puxa o filho de um ano da cadeira. O prato cai no chão, o ketchup espirra no short de futebol da filha de quatro anos, a mãe vira o filho de um ano de cabeça para baixo, o pai bate nas costas do filho de um ano, o cachorro-quente sai e aterrissa no chão, ele tem umas marcas de mordidas pequenas, mas nenhuma tão grande. Você deu para ele?, pergunta o pai. Não, responde a filha de quatro anos. Fala a verdade, diz a mãe. Caiu ketchup no meu short de futebol, diz a filha de quatro anos. Foi você que deu para ele esse pedaço?, pergunta o pai, mas mais do que perguntar ele grita tão alto a ponto de quase arrebentar os ouvidos da filha. A filha de quatro anos nunca fica com medo, mas agora sente um pouquinho. O pai está segurando o cachorro-quente na frente dela, ele o agita tanto que parte no meio e cai no chão. Não se deve jogar comida no chão, diz a filha de quatro anos. O pai segura a filha firme pelo braço e a arrasta para fora da cozinha, grita que ela tem que ser boa com o irmão pequeno, que ele fica louco quando alguém tenta machucar alguém da sua família. Quando eles entram no quarto das crianças, o pai diz que está

VII. TERÇA-FEIRA

cansado de ser pai e que preferiria ser criança. Para com isso agora, amor, grita a mãe. Para você, diz o pai. Tira uns dias livres, diz a mãe, que chega correndo com o filho de um ano no colo. O pai solta a filha de quatro anos e entra no banheiro, a mãe volta para a cozinha com o filho de um ano, uns sons estranhos saem do banheiro. A filha de quatro anos fica parada do lado de fora. Ela bate na porta. Agora não, diz o pai. Ele soa como se estivesse agachado tentando tirar um parafuso agarrado; como se estivesse enchendo o pneu do carrinho com a bomba que tem o bico estragado e por isso precisa apertar com mais força, mais forte do que qualquer criança consegue. A mãe volta para a filha de quatro anos e a abraça. Você ficou com medo?, pergunta. Não, responde a filha de quatro anos. Não tenho medo de nada. Só tenho medo de tigres-dentes-de-sabre, slime e o Taurus. A mãe sorri. Você sabe que tem uma pessoa de verdade dentro da fantasia do Taurus, né? Não, diz a filha de quatro anos. O Taurus é um robô. Um robô de verdade. É por isso que ele joga slime nas crianças que são muito lentas. Sim, mas dentro da fantasia tem um ator de verdade, diz a mãe. Não, diz a filha de quatro anos. O Bill na escola diz que ele é um robô de verdade. Ok, diz a mãe. Mas você não precisa ficar com medo do Taurus porque ele é uma pessoa como eu e você. Você não sabe de nada, grita a filha de quatro anos e sai correndo para o quarto. Bate a porta. Ela pega os gizes de colorir e desenha na mesa, mesmo sabendo que não deveria. Cola os adesivos de dinossauro na parede. Retira a gaveta com as fantasias e a vira para baixo. Ninguém chega. Ela coloca uma capa do Homem-Aranha, uma peruca da Píppi Meialonga, uma tiara no pescoço como se fosse um colar, um cinto de pirata marrom-escuro, com um cabide de plástico como se fosse um arco e quatro canudos como flechas. Ela vai até a cozinha. O filho de um ano está sentado na cadeirinha de novo. Ele está comendo uma mexerica. Os gomos estão cortados em pedaços pequeninos, tão pequeninos que parecem mais bolinhas do que gomos. Ele está rindo. A mãe e o pai estão parados perto do fogão. Eles estão se abraçando. Eles têm vários quilômetros de altura, mas o pai é o mais alto, ele consegue esticar os braços e encostar no teto, a mãe é menos alta, mas ainda assim mais alta do que todas as professoras da escola, com exceção da Karro. O pai vê a filha de quatro anos. Ele a pega no colo. Ele pede desculpa por ter usado uma voz tão dura. Ele conta que hoje esteve com o vovô durante a cirurgia. Uma cirurgia de verdade?, pergunta a filha de quatro anos. Aham, diz o pai. Eles operaram os olhos do vovô. Você está brincando, diz a filha de quatro anos. Não, é 100% verdade, diz o pai. Era perigoso?, pergunta a filha de quatro anos. Não, na verdade não. O vovô achou que seria perigoso, mas foi uma cirurgia de rotina. O que é uma cirurgia de rotina? Algo que fazemos todo dia. Como escovar os dentes? Sim, mais ou menos. Mas sabe o que fizeram antes da cirurgia? Eles tiraram uma superfoto dos olhos do vovô numa câmera especial que fez zoom nos olhos dele para que eles pudessem ver bem, bem de perto porque eles queriam achar uma mancha amarelada que se chama pinguécula, que dá na região dos olhos onde a gente enxerga. E você sabe como é essa mancha amarela? Não, responde a filha de quatro anos. Como no espaço. Ela é como um vulcão num planeta verde. Ela parecia uma estrela num sistema solar, só que bem lá dentro dos olhos do vovô. Depois eles colocaram colírio nos olhos do vovô e depois limparam com um laser e agora o vovô consegue enxergar quase tão bem quanto eu e você. A filha de quatro anos sorri. Ela se aconchega no arco entre o braço e o antebraço do pai. De verdade? O quê? Ele tinha o universo dentro dos olhos? Aham. A filha de quatro anos ri. O pai ri. A mãe ri. O filho de um ano levanta o prato rosa de plástico com mexericas. Ele oferece para a filha de quatro anos. Ele quer que a filha de quatro anos as prove. A filha de quatro anos pega dois pedaços e os engole. Obrigada, ela diz ao filho de um ano, obrigada por me deixar experimentá-los.

VII. TERÇA-FEIRA

Vamos brincar que você é um alvo? *Muuu*, diz o filho de um ano.
Agora está na hora de ir dormir, diz o pai.

*

O filho de um ano que é um neto que é um irmãozinho e
o caçula da família limpa a garganta e diz: *Muuu. Muuu?* Vocês
devem estar brincando. Eu pareço que tenho quatro barrigas?
Posso enxotar os mosquitos com o rabo? Estou ruminando a minha
comida? Leite é a melhor coisa que eu conheço? Ok. Eu confesso.
Gosto de leite, leite é gostoso, leite é saudável, posso tomar leite
quente, frio, morno. Mas sinceramente. Quem nesse planeta (com
exceção da mamãe) não gosta de leite? O que não faz de mim um
idiota que muge. Sou pequeno. Uso fraldas. Tenho pouquíssimos
dentes. Ainda não consigo andar por conta própria. Sou fascinado
pelos meus próprios dedos e rio alto quando estou no trocador e
percebo que tenho um passarinho. MAS! Para a minha idade já
sou muito independente. Coisas que fiz na última semana quando
vocês não estavam vendo: comer terra do vaso de planta no quarto;
rasgar três páginas do livro que o papai tem em cima da mesa de
cabeceira ao lado da cama; comer uma capinha de borracha de um
fone de ouvido; e depois a outra; jogar o crocodilo amarelo de
plástico da minha irmã na lixeira da cozinha; colocar um controle
remoto dentro do saco de lixo reciclável. Mas vocês não perceberam nada porque vocês estão muito ocupados respondendo
mensagens no celular, ou brigando para ver quem tirou a louça
da máquina, ou estão olhando a minha irmã mais velha chutar
a mesma bola de borracha para a frente e para trás na cozinha.
Se vocês olhassem para mim da mesma forma que vocês olhavam para a minha irmã quando ela era pequena, vocês percebe-
riam que existem cem nuances diferentes de *mu*. Um *mu* significa:
não estou nem um pouco cansado. Tem o *mu* que significa: não,

infelizmente eu não vi nenhum crocodilo amarelo de plástico. Um terceiro *mu* significa: não fui eu. Um quarto *mu* significa: CUIDADO, TEM UM URSO VINDO! E um quinto *mu* significa: ops, desculpa, vi errado. Um sexto *mu* significa: ok, aparentemente há uma expectativa de que eu beije a bochecha desse homem desconhecido que todos chamam de vovô apesar de ele aparentar duzentos anos de idade e ter dentes podres e barba que espeta e eu vou fazer isso agora, vou beijá-lo na bochecha e babar na camisa dele, mas quero que vocês se lembrem disso, que eu me prontifiquei, fiz a minha parte, e vocês vão ter que levar isso em consideração hoje à noite na hora de escolher a fábula.

Mas ninguém entende nada porque ninguém está escutando, ninguém está vendo, somente eu, o mais novo, que está de olhos abertos. Hoje cedo eu vi uma coisa estranha. Acordei. Estava deitado no carrinho. Aos poucos a consciência se infiltrou em mim. Me lembrei daquela manhã, quando deixamos a minha irmã na escola, o estresse de correr até lá, a voz ofegante do papai que pedia desculpas por estarmos atrasados. Agora o carrinho está estacionado no café que fica ao fundo da casa de repouso, bem na frente da pequena fonte na praça. Eu vi as costas do papai. Ele era o único no café. Segurava uma xícara azul-turquesa e estava encurvado sobre o celular. Mas aproximadamente uma vez por minuto ele olhava para a praça. Sentado em um dos bancos da praça estava o seu papai, isto é, aquele homem que encontramos na sexta-feira passada e que todos chamam de vovô. Lá estava ele sentado no banco sob o sol de outono. Estava com um jornal apoiado nos joelhos, mas não estava lendo. O vovô não via o papai e o papai não me via. Em seguida ouvimos gritos e risadas de crianças. Um grupo de crianças da pré-escola vinha caminhando pela calçada. Os educadores estavam vestidos com jaquetas vermelhas, as crianças com coletes fosforescentes, todos segurando uma corda comprida. Reconheci o macacão roxo e o gorro acinzentado da

VII. TERÇA-FEIRA

minha irmã. Ela caminhava ao lado de uma coleguinha, rindo e pulando, e passou na frente do senhor de barba sem reconhecê-lo. O meu papai olhava para o seu. O vovô olhava para a sua netinha. Ninguém disse nada. Minha irmã desapareceu. Meu pai continuou sentado. Eu me inclinei para a frente para lembrá-lo de que, independentemente do que tenha acontecido entre ele e o pai dele, a nossa relação era única e esse é um dos verdadeiros desafios desta vida, não se deixar condicionar pelas circunstâncias familiares. Mas tudo que se ouvia era: *Muuu*. Você já acordou, meu amor?, disse o papai e sorriu. Eu assenti com a cabeça, pelo menos não a balancei como se dissesse que não. Nós fomos até a praça. O vovô nos viu. De onde vocês saíram?, ele perguntou. Estávamos no café, respondeu o papai. Vocês não me viram?, perguntou o vovô. Não, respondeu o papai. Vimos sim, eu disse. Aqui não tem nenhuma vaca, disse o vovô.

Fomos embora da praça. O papai colocou a sua carteira em cima de uma caixa de metal e em seguida duas portas de vidro se abriram para os lados para o carrinho passar. Entramos numa pequena sala de ferro que fedia a fralda usada. Segura a respiração, disse o papai e apertou um botão. O vovô acenava do lado de fora. A porta se fechou e aquela sala pequena desceu para o subsolo numa velocidade infinitamente lenta. Quando saímos e respiramos novamente o ar normal, uma cobra azul em movimento chegou, ainda que tivesse portas como se fosse um ônibus e luzes como a nossa cozinha. Entramos na cobra que na verdade era um trem. O papai e o vovô não disseram nada. Bom, uma coisa sim; quando descemos do trem para esperar outro, o papai disse: só para que você saiba, há formas mais rápidas de chegar até Fridhemsplan. Poderíamos ter pegado o ônibus Hornstull. Ou o metrô da linha azul da estação central. Não estamos com pressa, disse o vovô sentando num banco. Descemos do trem, subimos uma escada rolante e aquele quarto pequeno que subia e saímos na rua onde o sol brilhava e as pessoas caminhavam como se não percebessem que a rua estava cheia de ônibus sanfonas, caminhões, caminhões-pipa, reboques e (de verdade) duas motos policiais. Ai, eu gritei para que o papai e o vovô não perdessem todo aquele espetáculo, mas nenhum deles me respondeu. Eles simplesmente continuaram caminhando, com os olhos em tudo menos um no outro.

Chegamos a um grande edifício branco e entramos por uma porta de vidro. Meu pai tem uma cirurgia marcada, disse o papai à mulher de pele pálida como mingau. A mulher assentiu com a cabeça e entregou duas pastas de plástico para o papai, uma delas era sobre o exame, a outra sobre a cirurgia. Siga a linha amarela no chão até o ambulatório. A linha azul vai para a ala de cirurgia. Quanto tempo demora?, perguntou o papai. A cirurgia em si dura mais ou menos uma hora, respondeu a mulher. Mas o tempo de espera é maior. Eu preciso buscar a minha filha na pré-escola, explicou o pai, apesar de ninguém ter perguntado quais eram os seus planos para a tarde. O vovô estava do lado dele, mas foi o papai que pegou as pastas, que empurrou o carrinho até os banheiros, para depois voltar e descobrir que a tal sala pequena que nos levaria até o andar certo ficava do outro lado do prédio.

Do lado de fora da sala de espera havia cinco fotos iguais, porém diferentes. Uma menina sorridente com um vestido rosa com contornos ondulados. A mesma menina, mas com as bordas borradas. A mesma menina com o rosto coberto de pontos pretos parecendo vermes. A mesma menina encoberta por uma poça cinza-escura. O papai se inclinou para a frente para prender o carrinho. Ele apontou para as fotos. Como você as vê?, ele perguntou. O vovô se virou e olhou para elas. Não vejo nenhuma grande diferença, ele respondeu.

Ficamos sentados por muito tempo esperando que algo acontecesse. Quando comecei a ficar entediado, o papai buscou um jornal para que eu pudesse rasgá-lo. Logo depois uma enfermeira

VII. TERÇA-FEIRA

supersimpática veio falar conosco. Eu percebi na hora que ela era bem-humorada, pois logo que ela me viu se escondeu atrás das mãos e reapareceu dizendo um sonoro «Achou!». Nada melhor para demonstrar que alguém tem bom humor do que essa brincadeira de esconder. Fomos com ela até uma sala que tinha escadinhas de madeira nas paredes e uma televisão branca que exibia uns insetos pretos. Ela pegou um revólver e atirou ar no olho do vovô. Em seguida pegou um telefone branco e grande e fotografou bem lá dentro do olho do vovô. Depois ela o colocou sentado na frente da televisão, entregou para ele um par de óculos de plástico cinza com uma proteção para um dos olhos e perguntou se ele estava vendo a primeira linha. Mal vejo o quadro, respondeu o vovô. Ok, disse a enfermeira e colocou um olho redondo extra em cima dos óculos dele. Melhor, pior ou igual?, ela perguntou. Nenhuma diferença, respondeu o vovô. A enfermeira testou com outros olhos. Melhor, pior ou igual? Um pouco melhor, respondeu o vovô. Na quinta tentativa ele podia enxergar os insetos na tela e dizer o nome deles, algo como A, E, X e Z.

Você geralmente usa óculos?, perguntou a enfermeira. Tenho óculos de leitura, respondeu o vovô. Mas eu os esqueci em casa. Você sabe quantos graus eles têm?, perguntou a enfermeira. Eu os comprei num posto de gasolina, respondeu o vovô. De vez em quando ele usa dois óculos de leitura um em cima do outro para ver melhor, disse o papai. Ok, disse a enfermeira e olhou para o vovô. Ok, ela disse novamente. Então quer dizer que você nunca foi a um oculista?

Depois do exame, seguimos a linha verde no chão até a cafeteria. O vovô convidou o papai para almoçar. Eu comi uma lasanha vegetariana. O papai pediu que a esquentassem no micro-ondas e depois eu a enfiei dentro de mim completamente sozinho, com uns pedacinhos de pepino, milho e pão que o papai me deu.

Obrigado pelo almoço, disse o papai. O vovô não respondeu. Quer saber o que vou fazer amanhã?, perguntou o papai. Um espetáculo de stand-up. Stand-up?, perguntou o vovô. Um monólogo cômico, respondeu o papai. Na frente de um público de verdade. Você vai ser palhaço?, perguntou o vovô. Palhaço não, comediante, respondeu o papai. Eu sempre quis experimentar, mas nunca tive coragem. Você vai colocar um nariz vermelho?, perguntou o vovô. Para com isso, disse o papai. Coloca bastante maquiagem branca no rosto, disse o vovô. E um sapato bem grande. Senão ninguém vai rir. Não tem graça, disse o papai. Você também não, disse o vovô. Achei que você ficaria orgulhoso, disse o papai. Orgulhoso?, disse o vovô. De quê? Que eu esteja seguindo o meu próprio caminho, respondeu o papai. Eles ficaram em silêncio. A mamãe me contou que você sonhava em escrever quando você era jovem, disse o papai. Exagero, disse o vovô. E de mais a mais escrever é fácil. ABCD. Todos conseguem escrever. Estava esquecendo minha insulina. O vovô pegou uma caneta azul com a ponta longa e a enfiou na barriga. Eles continuaram comendo. Você quer que eu vá?, perguntou o vovô. Amanhã? Você quer ir?, perguntou o papai. Eu vou se você quiser que eu vá, disse o vovô. Eu quero que você vá só se você realmente quiser ir, disse o papai. Continuei sentado na minha cadeira e me senti o mais maduro ao redor da mesa. Por fim concordaram que o vovô iria. Desde que o olho dele estivesse bom depois da cirurgia.

Depois que terminamos de comer o papai desapareceu no chão com uma pilha de guardanapos. Finalmente um pouco de esconde-esconde, eu pensei. Mas ele não voltou. Deixa ficar no chão, disse o vovô. Você não trabalha aqui. Não podemos deixar desse jeito, disse o papai. Por fim, ele voltou, mas tampouco fez esconde-esconde. Eu não tinha chorado nenhuma vez desde que acordei lá naquele café. Mas ninguém me aplaudiu por isso, e muito menos me pegou nos braços me elogiando e me dizendo que sou um bebê maravilhoso. Nada, em vez disso a única coisa

VII. TERÇA-FEIRA

que eles perceberam é que eu deixei cair sem querer um pouco de comida e alguns pedaços de pão no chão. Esfreguei os olhos para mostrar que eu estava cansado. O papai me colocou no carrinho, seguimos a linha azul até a sala de espera da cirurgia.

Se você quiser, você pode treinar algumas piadas comigo, disse o vovô. Obrigado, mas pode deixar, disse o papai. Temos sensos de humor completamente diferentes. É verdade, disse o vovô. Meu humor é engraçado. Seu humor é exclusivamente sobre tomates amassados e judeus pães-duros, disse o papai. Deveríamos poder fazer piada com tudo, disse o vovô.

Nos despedimos. Quando acordei estávamos sozinhos. O papai estava olhando para fora da janela do trem. Ele parecia triste. Eu tinha feito cocô. Ficou quente e depois esfriou rapidamente. Qualquer bebê teria gritado. Talvez até mesmo feito uma cena. Mas eu não. Sou mais esperto do que isso. Eu sabia que em breve buscaríamos a minha irmã na pré-escola e depois iríamos para casa e eu não queria que o papai se irritasse sem necessidade. Fiquei calado. O papai estava conversando com alguém no telefone, imaginei que era com a minha mãe porque ele estava com aquela voz que o fazia parecer pequeno, apesar de ele ser grande. Ele dizia que tudo tinha dado certo e que o pai dele tinha prometido pegar um táxi para casa quando tivesse terminado. Quando chegamos à pré-escola, o papai percebeu que a fralda estava vazando. Mas pelo amor de Deus, rapazinho, faz quanto tempo que você está assim?, ele disse acariciando a minha bochecha. Dei de ombros e sorri. Deixei que o meu sorriso comunicasse que estava tudo bem. Que ele não precisava se preocupar comigo. Que a minha vingança viria esta noite.

VIII. QUARTA-FEIRA

Uma noite que não é uma noite não acaba nunca. O filho de um ano acorda a filha de quatro anos que acorda o filho de um ano que acorda a filha de quatro anos, o pai é paciente durante uma hora, ele busca leite de aveia e canta cantigas, eles caçam fantasmas no apartamento escuro e olham as janelas apagadas dos vizinhos, eles passam devagarinho e em silêncio do lado de fora do quarto onde a mãe está dormindo, porque a mamãe precisa dormir, a mamãe vai trabalhar, a mamãe tem uma vida própria para além desta família. Eles voltam para o quarto das crianças, leem historinhas para dormir, cantam, leem mais uma historinha para dormir, a filha de quatro anos faz xixi no penico, o filho de um ano faz cocô na fralda, depois de uma hora e meia os dois adormecem. O pai sai de fininho do quarto. A filha de quatro anos acorda. O grito dela acorda o filho de um ano. O pai volta, tudo se repete, com exceção da paciência do pai que acabou, ele ameaça cancelar os doces do fim de semana, e jogar fora todos os brinquedos favoritos da filha de quatro anos, por fim a filha de quatro anos fica em silêncio, o pai senta na cadeira, pega o telefone, lê os mesmos artigos que ele já tinha lido, o filho de um ano parece ter adormecido, a filha de quatro anos também, o pai volta devagarinho para a cama, ele fica deitado durante três minutos até que o filho de um ano começa a gritar, a filha de quatro anos acorda. Ao amanhecer, todos estão pálidos e com os olhos vermelhos com exceção da mãe, que sai do banho maquiada perguntando se ela não deveria deixar a filha na pré-escola hoje. Não, tudo bem, responde o pai. Pode deixar que eu levo.

Quando a mãe chega em casa depois do trabalho, as crianças estão dormindo e o apartamento está imerso numa tranquilidade maravilhosa. Deu tudo certo?, ela pergunta. Claro que sim, ele responde. Ele não conta que o filho de um ano estava na banheira quando o pai foi desligar a água fervendo da batata na cozinha e a filha de quatro anos conseguiu trancar a si própria e ao irmão pequeno dentro do banheiro. O pai ficou do lado de fora, dava para escutar a água transbordando na banheira, ele tentou orientar a filha de quatro anos a destrancar a porta, mas ela só ria e por fim ele pegou uma faca de cozinha e abriu a fechadura do lado de fora. Por que ele deveria contar uma coisa dessas? Ele é adulto. Ele não é tão despedaçado por dentro quanto ele se sente. Além disso, ele colocou as duas crianças para dormir e, quando ele olha para elas, vê que estão na mesma posição, de costas, com a boca entreaberta e as pálpebras cautelosamente contraídas. Ele nunca as ama mais do que quando elas estão dormindo.

A mãe senta na cozinha para pagar as contas. Ela limpou os vestígios do jantar e separou as roupas para lavar. Você sabe o que é isso?, ela pergunta e mostra um saque da conta conjunta deles. Coisas de escritório, ele responde. Coisas importantes?, ela pergunta. Se não fossem, eu não as teria comprado, ele responde. Tão importantes quanto aquela coisa quadrada e brilhante que você comprou quando queria se tornar produtor musical? Era uma bateria eletrônica, ele diz. É ótima para tocar ao vivo. Ela olha para ele. Você tem algum show marcado? Ele não responde. E isso aqui? Você sabe o que é? Livros de inspiração, ele diz. Que tipo de

VIII. QUARTA-FEIRA

livros? Biografias de comediantes famosos, ele diz. Biografias por 1.200 coroas?, ela pergunta. Tenho certeza de que posso descontar do imposto, ele murmura. Ela suspira. É um suspiro que diz tudo aquilo que ela já deixou subentendido tantas vezes que ele agora começa a acreditar. Que ela merece outra pessoa. Alguém melhor. Que ela quer alguém como o próprio pai, que tem oitenta anos de idade e sobe em árvores altas com um serrote e corta ramos, apesar de a cooperativa das casas geminadas possuir uma serra elétrica e você poder pegá-la emprestada gratuitamente. Ela quer um namorado como a sua mãe, que pode desmontar e montar um motor de Volvo com os olhos fechados. Alguém que não complique tanto a vida.

Ele troca de roupa e se prepara. Está se sentindo bem?, pergunta a namorada quando ele veste o casaco no hall. Um pouco nervoso, ele responde. Mas no bom sentido. Lembra de uma coisa, ela diz. Você é maravilhoso. Ninguém é melhor que você. Lembra disso. Ele assente com a cabeça. Independentemente de como as coisas forem hoje à noite? Eles se abraçam. Talvez o pai apareça por lá para assistir, ele diz. Ok, ela diz. Mas você realmente quer isso? Antes uma pessoa aplaudindo do que nenhuma, ele diz. Me liga depois para contar como foi, ela diz. Claro. Ele desce de elevador até o térreo, vira à direita e depois à direita de novo até as escadas que dão no estacionamento. Toda vez ele se lembra de quando a filha de quatro anos saiu na sua frente de bicicleta. Ele carregava umas coisas para jogar na lixeira de reciclagem e a filha brincava de motocicleta e acelerou passando pela fileira dos carros estacionados. Um carro estava dando ré, o pai gritou algo, um rugido rouco sem palavra, um novo tipo de som, a filha aumentou a velocidade e pedalou até o carro do pai, o motorista saiu do carro com as mãos na cabeça. Eu não o vi, ele dizia repetidamente. Eu não o vi. Eu não o vi. Tudo bem, a culpa foi minha, disse o pai e tentou aparentar calma. Eu não sou ele, disse a filha. Sorte que você deu ré devagar, disse o pai e tentou sorrir. Ainda faltava um bom pedaço, disse o pai à namorada que tentava consolar a filha e estava com o rosto pálido. Eu entendo que todos ficaram com medo, mas, sério, eu tinha controle da situação. Eu vi que o carro estava saindo. Eu gritei. Ela saiu pedalando. Não foi tão perigoso. Ele repetiu a si mesmo durante a noite, quando acordou encharcado. Não chegou nem perto. Nada perigoso poderia ter acontecido. Eu tinha controle da situação. Não foi nada.

Ele cruza o estacionamento e se aproxima do carro. Os vidros estão cobertos por uma geada. Ele estava quase terminando de raspar as janelas quando chega uma vizinha. Eles acenam um para o outro. Ela abre a porta do carro e vira a chave para aquecer o carro enquanto ela raspa o gelo dos vidros. Ele olha para ela. Ele se pergunta se é assim que se faz. Ele tenta não pensar que tenha feito algo errado. Ele tira a última crosta de gelo e se senta atrás do volante. Agora é a hora. Chegou a hora. Ele engata o carro e sai do estacionamento. Sobe a rua, vira à esquerda na rotatória e depois segue reto todo o caminho até o centro. Com bastante frequência, quando o pai e a filha saem para algum lugar, ele costuma dizer a ela que normalmente leva 45 minutos até o centro da cidade de transporte público. O que significa transporte público? Andar de ônibus ou de metrô, diz o pai. E bonde?, pergunta a filha. Aham, e bonde também. E bicicleta de pedal? Não, bicicleta de pedal não conta como transporte público, responde o pai. Mas sabe quanto tempo demora de carro? Só quinze minutos! Uau, diz a filha, apesar de os dois saberem que a filha não faz ideia de quanto tempo é quinze minutos. Ele só quer que a filha seja grata por eles terem um carro. O pai dedicou seis meses à compra do carro. Leu tópicos infinitos em que diferentes pseudônimos brigavam sobre qual carro era melhor para comprar usado como carro de família. Leu sobre testes com carros novos, testes com carros usados, entrevistas com revendedores de carros e relatórios de revisão. Quanto mais ele

VIII. QUARTA-FEIRA

aprendia sobre diferentes marcas e modelos de carro, mais difícil a escolha se tornava. O Prius aparentemente era de ótima qualidade mas a parte interna era um tanto plastificada, o Audi era gostoso de dirigir mas a manutenção era cara, o Hyundai era econômico mas impessoal, o Ford era barato mas apresentava alguns problemas elétricos, o Mazda tinha uma boa qualidade japonesa mas os modelos antigos enferrujavam facilmente, o Volvo nunca enferrujava mas era caro e um tanto careta segundo o mundo inteiro menos os pais da namorada dele. Ele costumava se deitar ao lado do berço da filha quando ela estava aprendendo a dormir sozinha, e lia sobre o sistema de combustível e trações dianteira e traseira. Ele já havia quase se decidido quando um amigo recomendou gás natural como combustível. Durante duas semanas ele se dedicou a ler sobre os benefícios ambientais do gás natural. Logo depois o mesmo amigo contou que o seu tanque tinha enferrujado, que o carro seria levado para a revisão, que ele faria uma reclamação, mas fica longe dessa porra de gás, disse o amigo. Ele voltou a procurar por carros a combustível comum. Baixou um aplicativo especial que avalia todos os modelos de carros usados à venda na Suécia e os classifica por ordem de preço, ano e quilometragem. Ele estava considerando um Prius, um Seat e um Mazda. O Prius era o que todos mais recomendavam, a qualidade era supostamente a melhor, a pegada era ok, o bagageiro um pouco pequeno, mas mesmo assim era o que talvez iríamos escolher, ele disse à namorada. Como é dirigi-lo?, ela perguntou. Quê? Como foi quando você o testou? Eu não testei, ele respondeu. Ela o encarou como se o rosto dele fosse uma palavra-cruzada. Quais foram os que você testou então? Eu não cheguei a testar nenhum deles. Ainda estou na fase da pesquisa. Você passou os últimos seis meses pesquisando sem testar um único carro sequer?, ela perguntou. Ele fez que sim com a cabeça. Na semana que vem vamos até uma revendedora e fazemos um teste, ela disse. Eles foram até uma revendedora de carros usados.

Eles rodaram entre os diferentes modelos. Sentaram no banco traseiro de um Prius, o teto era muito baixo, ele não conseguia se sentar ereto, não dava para abrir as portas do lado de dentro. É por causa da trava para crianças, explicou o vendedor ao abrir a porta para eles. Mesmo assim, ele queria testar dirigi-lo, e o vendedor o levou até eles. Até pouco tempo antes, o carro era de propriedade do município, então era preciso soprar o bafômetro para ligar o motor. Ele soprou o bafômetro. O carro ligou. Eles cruzaram a ponte de Liljeholmen, o carro deslizava como um foguete espacial, era como vestir um terno dos anos 1980, não havia nada de errado com a roupa, mas não era para ele. Experimentou dirigir outros carros, no Seat as pernas dele não cabiam, o Volvo era muito apertado, o Audi muito caro. Depois testou o Mazda e se sentiu em casa. Compra esse, disse a namorada. Agora não, ele disse. Preciso pensar um pouco. Ele foi para casa e passou quatro meses lendo testes, avaliações, comparações entre modelos de anos diferentes. Quando se sentiu pronto para comprar o carro, ele sabia tudo sobre o veículo, sabia que a capacidade do porta-malas era de 519 litros e que era possível baixar o encosto do banco traseiro automaticamente, sabia que ele queria um modelo com entrada AUX e que preferia um modelo preto, sedan, com pneus de inverno. Duas semanas depois, um modelo exatamente assim apareceu num lugar em Segeltorp. Ele sabia que o preço estava bom e foi até lá de manhã bem cedo no dia seguinte. Enquanto ele esperava pelas chaves para testá-lo, outro casal apareceu, mas ele tinha preferência, ele andou com o carro pelas ruas, acelerou o motor bastante fraco, sentiu o cheiro de carro novo, pensou que era isso, exatamente isso que lhe dava prazer, isso aqui é o meu luxo. Ele tentou negociar e conseguiu que o vendedor lhe desse novas pastilhas de freio, para o caso de vir a precisar. Em seguida ele fez o pagamento e foi para casa. Ele tinha comprado um carro. Não era um carro novo. Não era um carro chamativo. Mas um carro próprio.

VIII. QUARTA-FEIRA

Ele chegou em casa e parou o carro no estacionamento para visitas. Deu uma volta ao redor dele. Era o carro mais lindo que ele tinha visto. Por um preço maravilhoso. Com pneus de inverno. Na cor certa. Com entrada AUX. Durante a noite ele teve dificuldade para respirar. Ele se deitou e ficou revirando-se para lá e para cá. Ficou se perguntando se tinha feito a coisa certa. Ele pensou em todos os testes que mostravam que o Prius tinha uma qualidade ainda melhor, a manutenção mais barata, que era o carro mais adequado para uma família pequena. Mas, meu amor, disse a namorada dele. Você chegou a testá-lo. Você não gostou. Não, mas talvez eu tivesse me acostumado, ele disse. Às vezes é preciso acreditar na própria intuição, ela disse. Você se sentiu muito mais confortável com esse modelo do que com o Prius, não? Ele concordou. E não teríamos espaço para dois carrinhos no Prius. Ele concordou. E é um carro feio! Ele concordou. Tenta dormir agora, amor. Ele fechou os olhos. Fez aquele exercício de pensar em cinco coisas diferentes toda noite para ser grato. Pensou em cinco coisas, depois em mais cinco. E ainda assim ele não conseguia dormir. Algumas semanas se passaram, os freios começaram a chiar, ele levou o carro para a manutenção, eles trocaram os freios sem custo adicional, ele saiu de lá mais satisfeito do que nunca, mas durante todos os primeiros seis meses do ano ele sentiu aquele pânico estranho de ter feito alguma coisa errada, de ter se exaltado, de ter ultrapassado algum tipo de limite, porque lá no seu íntimo ele sabia que ele não era do tipo que tinha carro, ele não podia existir no mundo e ter uma vaga de estacionamento atrás do seu prédio e pegar as chaves exatamente como uma pessoa adulta costuma fazer.

*

Um pai que é um avô vai finalmente encontrar a filha. Como ele havia esperado. Eles se encontram naquele lugar de sempre, na esquina em frente à seção de perfumes na Åhléns. Ela é adorável. Ele mal consegue acreditar que fez parte da criação de um ser humano tão maravilhoso. Ela usa uma bolsa de mão brilhante, perfume caro e sapatos bem-cuidados. Como você está?, ela pergunta depois de abraçá-lo e beijá-lo. Como assim?, ele pergunta. Você parece cansado, ela responde. Eu operei os olhos ontem, ele diz. Eles só limparam as córneas, não?, ela pergunta. Eles me anestesiaram e me operaram com laser, dentro do próprio olho, ele diz. Eu sei, a Irène no meu trabalho fez a mesma cirurgia há alguns anos, ela diz. E voltou a trabalhar no dia seguinte. Eles caminham em direção à Kulturhuset. Quando estão subindo a escada rolante, o telefone dele toca. Ele franze os olhos para enxergar melhor a tela. Ele atende, apesar de ser o filho. Como você está?, pergunta o filho. Muito bem, responde o pai. Finalmente vou conseguir jantar com a minha filha amada. Que legal, diz o filho, sem que a sua voz soe especialmente contente. Onde vocês estão? Na Kulturhuset, responde o pai. Eu adoraria passar aí, diz o filho, mas não posso. Tudo bem, diz o pai. Tenho o show de stand-up. Vai começar daqui a pouco. Claro, diz o pai. Você vem, né?, pergunta o filho. É bem provável, responde o pai. Eles desligam. O pai suspira. O que foi?, pergunta a filha. Seu irmão, diz o pai. Ele e as suas ideias estranhas.

*

Um filho que em breve mudará de carreira consegue achar uma vaga boa para estacionar. Ele permanece sentado atrás do volante e respira fundo. Confere o cabelo no espelho retrovisor, se levanta com as pernas que parecem mais flexíveis do que de costume e caminha até o bar. Todos os olhares se viram em sua direção quando ele entra. O público não é grande, talvez trinta, quarenta pessoas. Elas estão sentadas em cadeiras dobráveis na frente de um palco baixo de madeira. Olham para ele na tentativa

VIII. QUARTA-FEIRA

209

de desvendar se ele está aqui para se apresentar ou para assistir. Ele vai até o bar. Um cara ruivo está no palco. Ele diz transpirar tanto quando está fazendo sexo que precisa usar uma faixa antitranspirante na cabeça. E nos ombros. E, no pau, aquelas faixas antitranspirantes para bebês. Ele diz que as mulheres sempre ficam curiosas para ver como são os pelos do seu pau, elas nunca ficaram com um cara ruivo e não sabem se os pelos do pau são ruivos ou louros ou castanhos. Por isso ele pode dizer o que quiser. Ele costuma dizer que não tem cabelo no pau, o que ele tem são chamas ao redor do pau. Ele tem um jardim de temperos italianos ao redor do pau. Ele tem... Ele se perde, mas faz uma piada sobre ter se perdido, ele brinca que não consegue pensar em nada mais para dizer e é isso que costuma fazê-lo conseguir trepar. O público está com ele, eles o ajudam, ele até ganha um aplauso espontâneo quando tenta usar o microfone para simular um pau e diz: isso aqui funciona muito melhor com um microfone sem fio. O filho que é um pai vai para a parte de trás do bar para ter uma visão panorâmica, para tentar acalmar os nervos, para tentar se misturar. Você vai fazer um número?, pergunta o bartender. Será que o bartender percebe que as mãos dele estão tremendo quando ele levanta o copo de Coca-Cola? Conversa com o Valle, ele é o apresentador da noite, diz o bartender e aponta para um cara de óculos redondos e um penteado que se estende até os pelos das costas. Ele está segurando um caderno contra o peito e exibe um sorriso grande nos lábios. O cara ruivo terminou, o Valle sobe no palco e anuncia a próxima comediante, ele diz que ela é a mulher que deu uma cara para o queijo cremoso, a comediante quase quase quase mais conhecida de Lidköping. Ele exclama o nome dela. Estranhamente a próxima comediante também é ruiva, algo que ela menciona. Ele diz que há um tema especial aqui hoje à noite, depois dela é a vez da Píppi Mcialonga fazer o seu show (risos). Depois é o Tintin (risos). Depois é a Lucille Ball (silêncio). Mas que merda é essa, vocês não sabem quem a Lucille Ball é? Vamos lá.

O apresentador se debruça sobre o caderno. O filho vai até ele e se registra. Você já fez isso antes? O filho faz que não com a cabeça. Ok, se prepare, o apresentador fala para ele e dá um tapa nos ombros do filho, como se ele já soubesse o que está por vir.

O próximo a subir no palco é uma mulher gorda da região de Skåne que faz piada com o fato de ser gorda e de Skåne. Em seguida é a vez de um cara jovem vestido com moletom de capuz que conta algo sobre observação de aves. Depois uma menina pálida de franja preta e tatuagens no ombro sobe no palco. Ela conta que já tem um tempo que ela faz stand-up, mas apesar disso ainda é péssima para conversar com o público, e é por isso que pensou em treinar aqui esta noite. Mas ela só tem uma piada, sobre uma profissão específica, então se a plateia responder errado não vai ter muita graça. Ela pergunta à primeira fila com o que eles trabalham, um é professor, o outro trabalha com isolamento. Chegou perto, diz a comediante. Mas minha piada é sobre um encanador. Não tem nenhum encanador na plateia? Não? Então deixa para lá. Obrigada. Ela se curva em reverência aos aplausos dados por educação, o apresentador pega o microfone, pede ao público uma salva de palmas para os comediantes corajosos, lembra ao público que o motivo pelo qual a entrada é gratuita é que hoje é quarta-feira e quarta-feira é oficialmente a melhor noite para tomar todas, então tomem todas, encham o bar de dinheiro para que possamos continuar aqui, contem para os amigos que esse lugar existe e preparem-se para o próximo comediante. Ele se chama. Ele diz o primeiro nome dele. Ele olha no seu caderno. Ele diz o sobrenome dele. Um filho que é um pai sobe no palco.

*

VIII. QUARTA-FEIRA

Um avô que é um pai está jantando com a filha favorita sentado a uma mesa perto da janela no Café Panorama. Ela conta sobre a conferência telefônica com Tóquio, a festa beneficente contra bullying, o lançamento do novo tipo de amaciante cujo aroma dura muito mais do que o de amaciantes comuns. E o seu filho?, pergunta o pai. Ele está bem? Ainda está morando com o pai, responde a filha. Por quê?, pergunta o pai. Porque ele quer assim. Mas ele é muito pequeno para decidir esse tipo de coisa, diz o pai. Quantos anos ele tem? Sete? Nove? Treze, responde a filha que não precisa ser lembrada de que é mãe. A partir de doze, as crianças passam a ter um poder maior de decisão sobre com quem elas querem morar. Quem disse isso?, pergunta o pai. A lei sueca, responde a filha. Que lei idiota, diz o pai. Doze não é nada. Ele precisa da mãe. Concordo, ela diz. Eu só não sei mais o que fazer além de ficar tentando entrar em contato com ele. Ela olha para os carros lá embaixo contornando a estátua de vidro iluminada. Mas hoje ele respondeu quando eu tentei ligar, ela diz. O que ele disse?, pergunta o pai. Ele desligou quando escutou que era eu, ela responde. Mas normalmente ele nem costuma atender. Eles são interrompidos por um homem tão largo quanto baixo. O pai estende a mão para cumprimentá-lo, mas o homem estica os braços e o abraça. Depois ele se curva e dá um beijo na boca da filha. Prazer em finalmente conhecê-lo, diz o cara. Quem é você?, pergunta o pai. Somos um casal, responde o namorado. Faz pouco tempo, diz a filha. Se é que um ano pode ser considerado pouco tempo, diz o namorado. Você ainda não tinha contado? Não, ela responde. Contado o quê?, pergunta o pai. Conta, diz o cara. Nada, ela diz. Contado o quê?, pergunta o pai novamente. O namorado parece prestes a explodir. Ele se inclina para a frente e coloca uma mão tatuada na barriga da filha. Ainda é cedo mas... Ela balança a cabeça. Sério?, pergunta o pai. A filha faz que sim. Você já tem um filho, diz o pai. Eles ficam em silêncio. E agora talvez eu tenha mais um. Que legal, diz o pai. É muito legal ter filhos. Filhos são a melhor coisa. Queria ter tido mais de dois. Por que não tiveram mais?, pergunta o namorado. Não tivemos tempo. A mãe deles cansou de mim. Ela me enxotou de casa. Minha vida acabou. Três filhos, diz a filha. Quê?, pergunta o pai. Dois filhos não. Três filhos. É verdade. Três filhos, mas um deles morreu, diz o pai. O café está incluído? A filha faz que sim e se levanta para buscá-lo. Como a sua filha morreu?, pergunta o namorado. Perdão? Sua terceira filha. Como ela morreu? Ela simplesmente morreu, responde o pai. Primeiro ela vivia. Depois ela morreu. Por que você quer saber? Você é policial? Trabalha para o FBI ou o Mossad? Dificilmente, responde o namorado e levanta os braços em direção ao teto. Sou professor de educação física. E estudei Cinema. Ele não para de sorrir nem mesmo quando diz as palavras «professor de educação física». Quem é essa pessoa estranha? O pai olha para o homem que não é um homem, porque nenhum homem de verdade pode revelar, com um sorriso no rosto, que trabalha fazendo crianças se exercitarem e não sentir vergonha disso. A filha dele está parada perto das cafeteiras. Ela serve café. Ela espirra num lenço de papel. Fecha os olhos e se recompõe antes de voltar para a mesa com três xícaras de café numa bandeja quadrada com cantos arredondados. Conta para ele sobre a sua tese, ela diz e o namorado começa a contar, ele diz que queria escrever sobre a temporalidade, como o tempo é retratado em diferentes filmes, ele diz um monte de nomes de diretores dos quais o pai obviamente já ouviu falar como Bergman e Tarkovski, Resnais e Lang. O mais importante é ter uma boa profissão, diz o pai. E aquele que consegue vender coisas pode trabalhar de qualquer lugar do mundo. Tentei ensinar isso ao meu filho, mas ele infelizmente não quis me escutar.

*

VIII. QUARTA-FEIRA

Um filho sobe no palco. Ele pega o microfone. A boca está seca. O coração acelerado. A iluminação de fundo reduz a plateia a um pano de fundo cheio de silhuetas negras. A porta se abre. Alguém entra. Ele sabe que é o pai. O pai está aqui. Ele veio. Está um pouco atrasado, mas veio. Ele sentiu que o filho precisava dele hoje da mesma forma que ele precisou do filho ontem. O olhar do pai enche o filho de coragem. Ele sabe que vai dar certo. Tudo o que ele precisa fazer é começar. É só mandar ver. O filho limpa a garganta. Os lábios estão secos. Ele tem uma boa entrada. Um meio mediano. Um final muito engraçado. Principalmente o início é fantástico. Ele sabe que o público vai rir. Ele segura o microfone contra a boca. Tem cheiro de eletricidade e poeira. Se há uma coisa que ele aprendeu depois de ter escutado centenas de horas de vídeos de stand-up, é que você tem que ter um início engraçado. O início é tudo. Principalmente quando você só tem cinco minutos, você tem que abrir bem. Ele observa o local. Limpa a garganta. Conta que veio de carro até aqui. Um Mazda. Eu sempre sonhei em ter um Audi quando eu era pequeno. Mas acabou sendo um Mazda. Silêncio. Ele observa o local mais uma vez. Ele se pergunta se o microfone está ligado. Deve estar porque o bartender está olhando para ele com uma cara de sofrimento.

*

Um avô que é pai de menino e que também é pai de menina passou meia hora tentando explicar para a filha e o namorado sobre a traição do filho. Ele contou que o filho pôde comprar o apartamento antigo dele com a condição de o pai sempre poder ficar lá, e, além do mais, foi o pai quem pagou pelas cópias da chave. Ele pega as chaves e as balança como se fossem uma bandeira. Eu não entendo por que vocês estão brigando, diz a filha. Vocês se comportam como crianças. Estou pensando em processá-lo, ele diz. Ah, pare com isso, diz a filha. Vai processá-lo baseado em quê? Quebra de contrato, responde o pai. Nós tínhamos um combinado. Mas, pai, diz a filha. Quando foi que vocês combinaram isso na verdade? Não foi tipo há dezessete anos? Você tem ficado com ele duas vezes por ano há dezessete anos. Não estaria na hora de um novo acordo talvez? O namorado limpa a garganta. Mas um acordo é certamente um acordo, ele diz. E não soa completamente insano que um pai não possa ficar na casa do filho? O pai concorda. Ele está começando a gostar desse professor de educação física. Ele tem bíceps grandes e sorri o tempo todo, mas parece ter a cabeça no lugar.

*

Um filho que é um pai não desiste. Ele se preparou. Ele tem tudo dentro de si. Ele estudou os seus ídolos. Ele deveria dar conta disso aqui. A abertura não teve o retorno que ele imaginou. Quanto tempo ele ficou calado? Cinco segundos? Sete? Quinze? Suas costas estão suando frio. O lábio superior está úmido. Ele deveria fazer piada sobre como as coisas estão indo mal. Deveria anotar num caderno invisível que a abertura não funcionou. Deveria comentar o silêncio como se fosse uma perspectiva externa, com uma voz aguda como se fosse a plateia. Mas ele não faz isso. Ao invés, fica parado lá, naquele palco pequeno, respirando em cima do microfone. Inspirando. Expirando. Depois de trinta segundos de silêncio o apresentador começa a rir. Logo depois o silêncio de novo. Em seguida o comediante ruivo grita: Mais um! Mais um! A plateia ri.

*

Uma filha tenta fazer o pai mudar de perspectiva. Conta como você conseguiu o contrato do apartamento, ela diz. O pai sorri.

VIII. QUARTA-FEIRA

Esta é uma das histórias favoritas dele. Na lábia, ele diz. Como se consegue um apartamento na lábia em Estocolmo?, pergunta o namorado. É impossível. Não para mim, diz o pai. Eu posso vender mel para abelhas, já vendi bidês para pessoas que só os usavam para banhar os pés, já vendi relógios para turistas que... Conta como você fez, diz a filha. Eu fui até o escritório da Secretaria de Habitação, diz o pai. Eu me sentei na sala de espera. Eu disse à secretária que eu me recusava a sair de lá sem que eles me ajudassem com uma moradia. Depois de algumas horas veio um assistente e me disse que eles talvez conseguissem achar algo no final da linha do trem. Mas eu disse que não. Um não em alto e bom som. Eu disse que ou era no centro ou era nada, pois precisava estar perto dos meus filhos. Acabei conseguindo uma quitinete no centro. Depois eu a aluguei até que me avisaram que eu não poderia mais fazer isso, e foi então que entrei em contato com o meu filho e lhe ofereci para morar lá. Ele assumiu o contrato, sem custo extra. Mais tarde ele pôde comprá-la quando foi transformada em propriedade privada. Depois ele a vendeu sem dividir o lucro. E agora ele quer me jogar na rua. Não tem ninguém querendo te jogar na rua, diz a filha. Se eu não puder ficar com ele, eu posso sempre ficar com vocês, diz o pai. Claro, diz o namorado, sem perceber a cara da namorada.

*

Um filho que é uma estátua que é uma raposa capturada no farol alto que é um comediante que não é um comediante deveria descer do palco. Ele deveria pedir desculpas. Deveria explicar que está sem dormir há tempos por causa dos filhos. Deveria ter feito os seus cinco minutos como planejado, seguido a sua setlist, indo de carros dos sonhos a cheiros de carro a tipos diferentes de cheiro de pum a um final sobre quais castanhas são as mais difíceis de comer e ao mesmo tempo parecer descolado (primeiro lugar: pistache). Ele deveria contar sobre o pai, que eles têm uma relação complicada, mas que se amam apesar de tudo, ou melhor, o filho ama o pai, mas ele nunca sentiu que o pai ama o filho, porque o filho é quebrado por dentro, há algo muito errado com ele, algo podre bem lá dentro que fez o pai desaparecer. Ele deveria dizer que é incapaz de ter sentimentos de verdade, que ele finge tudo, que não ama os filhos, nem a namorada, nem os amigos, nem a vida. Mas em vez disso ele fica parado em cima do palco. Com o microfone na mão. Depois ele abaixa o microfone e desce do palco. A porta se abre e se fecha. Se o pai estava lá, o filho sabe que agora ele já desapareceu.

Ooook, grita o apresentador. Agradecemos essa contribuição. Não foi muito engraçado, mas muito interessante, como o meu professor de stand-up me disse quando viu a minha primeira apresentação. Brincadeiras à parte, legal que você veio. Seja bem-vindo de volta quando se acostumar a adicionar algumas piadas à sua rotina. Seguimos em frente com um comediante que nos prometeu ser engraçado, que sabe a diferença entre *stand-up comedy* e *shut-up comedy*, a resposta de Växjö a Nisse Hellberg, não tenho ideia do que isso significa, mas aqui está ele! O apresentador diz o nome e um cara de camisa xadrez sobe correndo no palco. Ele golpeia o ar. O filho que não consegue sustentar a própria família, que não consegue fazer os filhos dormirem, que não consegue fazer a namorada feliz, sai pela porta e desaparece.

*

Um namorado que finalmente foi promovido a namorado percebeu há muito tempo que as pessoas são previsíveis como filmes de comédia americanos sobre a vida universitária. Basta ver os nomes na lista de créditos para saber quem é a menina feia que

VIII. QUARTA-FEIRA

vai ficar bonita, o cara nerd que é engraçado, o cara esportivo que é sem noção e a menina rica malvada que morre no final. É possível imitar as falas a cada réplica. Rir das piadas antes de elas serem contadas. Cada reviravolta dramática é anunciada com quinze minutos de antecedência. Todas as pessoas que ele namorou são basicamente as mesmas, igualmente previsíveis, igualmente comuns. Aí ele conheceu a namorada atual. Ela é um mistério. Ela é o contrário. Ela fica com raiva por nada e ri de coisas que fariam as outras namoradas chorar. Ela o apresenta como amigo, ao mesmo tempo que diz que o filho deles seria incrivelmente lindo. Ela o beija quando ele conta a ela sobre a sua infância e bate nele com a mão aberta quando ele esquece que não deve em hipótese alguma deixar a sua navalha na prateleira debaixo do armário do banheiro. Estar com ela é como assistir a um filme de David Lynch, dublado em romeno, de trás para a frente. E mesmo assim tudo parece tão certo. Nos últimos dias ele tem dedicado todo o tempo em que está acordado a provar para ela que está pronto para se tornar pai. Ele compra flores para demonstrar que a ama. Quando ela se irrita, ele para de comprar flores para provar que ele não é de desperdiçar dinheiro. Ele diminui o tempo que gasta com musculação para ela não dizer que ele prioriza somente a si mesmo e os seus bíceps. Ele promete terminar de escrever a sua tese em Cinema, parar de sair com certos amigos e apagar do telefone o número da ex-namorada. Ele se oferece a tirar toda a licença-paternidade, para que o filho deles não prejudique a carreira dela. Eu posso até considerar remover as minhas tatuagens, ele disse. Mas vai custar uma fortuna. Não nos conhecemos o suficiente para termos uma criança, ela diz. Pergunte o que quiser que eu respondo, ele diz. Como se chamava a sua primeira namorada?, ela pergunta. Louise Wallander, ele responde. Eu tinha dezoito, ela vinte, ela tinha ido ao internato de Sigtuna, o pai dela tinha um Jaguar, usava camisa polo e calça de brim, mas, em vez de jogar golfe, ele, estranhamente, jogava *disc-golf*, ficamos juntos por oito meses, e depois ela terminou comigo, ela contou que o pai a tinha ameaçado de cortar contato com ela se continuássemos saindo, mas quando já tínhamos terminado o pai dela entrou em contato comigo e disse que lamentava muito que tínhamos terminado da forma como terminamos. Por que você não gosta de azeitonas?, ela pergunta. Não sei, ele responde. Minha mãe conta que eu amava azeitonas quando era pequeno, principalmente as pretas, mas talvez eu as tenha comido em excesso. Por que você quer ter um filho comigo?, ela pergunta. Fácil, ele responde. Porque eu te amo. É tão difícil de entender? Eu amo a sua marca de nascença. Eu amo a sua ruga fofa de descontentamento, os seus pés cavos, as suas axilas cabeludas, o seu corte de cabelo estranho. Eu amo que você fica com raiva quando queima as suas torradas, mas ri das pessoas que se preocupam com o aquecimento global. Eu amo que você sempre dá dinheiro para os mendigos, mas só se eles forem mulher. Eu amo que você acha que sabe nadar crawl. Eu amo que você nunca percebe a forma como os salva-vidas nas piscinas públicas reagem quando você nada crawl. Eu amo que você nunca põe cadeado na sua bicicleta quando a estaciona no jardim. Que você deixa a porta da lavanderia aberta. Que você me deu a chave daqui depois da nossa terceira noite juntos. Eu amo que nada te quebrou por dentro, nem o seu ex-marido manipulador, nem o seu irmão paranoico, nem o seu pai, que, cá entre nós, parece ser meio perturbado. Você simplesmente continua sendo você mesma, e eu não entendo como você faz isso. Eu amo que você consegue ver a mesma série várias vezes. Eu amo que você é completamente honesta sobre o quanto você odeia filmes russos mudos. Eu amo que você joga direto no lixo as cartas da Agência de Seguro Social e Previdência. Eu amo que você nunca me julgou por causa da minha adolescência. Todos ficam diferentes depois que conto sobre a minha adolescência. Mas com você

VIII. QUARTA-FEIRA

219

eu nunca senti a necessidade de ter que me defender em relação ao meu eu antigo. Eu amo que você sabe dançar tango muito bem mas fica perdida quando tenta encontrar o ritmo dançando techno. Eu amo que você é naturalmente simpática com motoristas de táxi, recepcionistas e pessoas aleatórias no elevador. Eu amo que você se sente em sintonia com o mundo e que você, em geral, é uma pessoa maravilhosa. Em resumo: eu te amo. Você toda. Obrigada, ela responde. Você também é bastante ok. Eles riem. Mas a verdade é que faz pouco tempo que nos conhecemos, ela diz. Pouco tempo?, ele pergunta. A gente se conhece há mais de um ano. Tudo muda com uma criança, ela diz. Eu já mudei, ele diz. Sou um novo homem com você. Sou mais feliz, mais calmo e mais eu mesmo como nunca fui antes. Não sei se quero ter mais filhos, ela diz. Está falando sério?, ele pergunta. Você é nova. Não exatamente, ela diz. E não sei se daria conta da dor. Você pode tomar anestesia, ele diz. Não estou falando do parto, ela diz. Estou me referindo a tudo que pode acontecer depois do parto. Ele fica em silêncio. Não sou seu ex-marido, ele diz. Eu sou eu. E eu nunca vou querer ficar sem você. Por isso eu quero conhecer o seu pai. Tem certeza? Meu pai é uma pessoa estranha, ela diz. Com um senso de humor bizarro. Qual pai tem um senso de humor normal? Por fim ela acaba cedendo.

O homem que se tornará avô do filho dele demonstrou ser um cavalheiro idoso. Ele não fez nenhuma piada estranha. Não disse nada maldoso sobre o peso da irmã. Contou histórias engraçadas sobre o verão em que trabalhou como vendedor de camisetas num festival de jazz e conseguiu, na lábia, entrar no camarim e conhecer o Miles Davis (a mim ele disse oi, ao técnico que pediu um autógrafo ele disse: *Fuck off*). Por que você nunca tinha me contado isso?, pergunta a filha. Vocês nunca me perguntaram, ele responde. Quando eles contam que a filha dele está grávida, ele se emociona e suspira: crianças são a melhor coisa. No caminho de casa a namorada dele está com raiva. Ela afirma que não queria ter contado sobre a gravidez. Por que você contou então? Você me obrigou, ela diz. Por que você não quer compartilhar a nossa felicidade?, ele pergunta. Porque eu ainda não me decidi, ela responde. Para com isso, ele diz. A escolha é minha, ela diz. Mas o filho é nosso, ele diz. Mas o corpo é meu, ela diz e balança a cabeça sem olhar para ele. Quatro adolescentes bêbados entram no mesmo vagão e se sentam do outro lado do corredor. O eu antigo do namorado teria ido até eles e começado a gesticular. Teria pegado o maior deles, o levantado e apertado contra a janela e o obrigado a cuspir o *snus* e pedir desculpas a todos no vagão por causa da sua linguagem. Mas o seu novo eu não faz esse tipo de coisa. Ao contrário, ele se inclina em direção ao corredor e pede para abaixarem o volume. Completamente tranquilo. Sem ameaça de violência. Primeiro eles ficam em silêncio. Depois tentam segurar o riso nas duas estações seguintes. Em seguida eles descem do metrô e quando as portas se fecham eles começam a socar a janela e fazer gestos obscenos. Ele que é o namorado dela sorri para demonstrar que não se ofendeu. Ele não se irrita por algo tão pequeno. Mas, quando eles não param, ele se levanta, desce a janela do metrô e solta três palavras que fazem os rapazes pararem e ficarem em silêncio. Quando eles chegam em casa, ele faz massagem nos pés dela e pede desculpa por tê-la feito contar ao pai sobre a gravidez. E me desculpa se eu perdi um pouco a cabeça no metrô. Claro que a escolha é dela, ela deve fazer o que ela quiser e se ela decidir não deixar a criança nascer, ele acharia uma pena, ele ficaria triste, ele definitivamente não acharia que foi a decisão certa, mas estaria ao lado dela, iria com ela ao médico, seguraria a mão dela, apesar de sentir um pouco de pânico de hospital e ser um pouco sensível a injeções. Obrigada, ela diz. É importante sentir que estamos juntos nessa situação. Você tem aulas na sexta? Por quê?, ele pergunta. Eu talvez tenha conseguido um horário. Um horário para fazer

VIII. QUARTA-FEIRA

221

o quê? O que você acha?, ela pergunta. Ele esbarra sem querer no abajur com o cotovelo. Seu pé bate na mesinha de centro da sala. Ele esmurra a mão na parede, mas como a parede é feita de concreto não faz tanto barulho. A única coisa que acontece é que ela pisca. Ela olha para ele. Desculpa, ele diz. Ele se levanta e vai até a cozinha. Coloca um cubo de gelo na mão para diminuir o inchaço. Usa a vassoura para os cacos de porcelana e o aspirador de pó para o vidro quebrado. Pede desculpa novamente, diz que foi o eu antigo dele que reagiu, que ele não teve a intenção de agir assim de jeito nenhum. Você pode ligar para todas as minhas ex-namoradas, ele diz. Eu nunca fui fisicamente agressivo com elas. Mas isso é tão absurdo. Que você ache que tenha o direito de matar alguém que é metade minha, sem que eu possa participar e interferir. Ela olha para ele e por um segundo ele vê um sorriso despontando dos lábios dela.

*

Um filho que é um pai deveria ir direto para casa. Mas, em vez disso, ele envia uma mensagem para a namorada dizendo que vai ao supermercado fazer compras. Ela liga para ele logo em seguida. Como foi?, ela pergunta. Não muito bem, ele responde. Ninguém riu? Difícil saber, o lugar estava muito escuro. Mas eu subi de qualquer forma. Subi no palco. Com o microfone. Fiz o meu monólogo de abertura. Mas deve ter dado para escutar se eles riram, não? Eu não falei muita coisa, ele responde. Ela fica em silêncio. Me deu um branco, ele diz. Ela não diz nada. E ele não foi, ele diz. Quem? O pai. Eles ficam em silêncio. Não importa, ela diz. Você foi muito corajoso em tentar. Depois ela acrescenta: viver com você e duas crianças é como viver com três crianças. Como diabos você pode falhar em tudo que você faz? Minha família é composta de três gerações de guerreiros, meus pais cruzaram montanhas, fronteiras e um oceano para me dar a vida que eles não puderam ter, eles trabalharam turnos dobrados na fábrica, eles podaram macieiras e trocaram pneus de inverno, eles consertaram limpadores de para-brisa e limparam janelas, eles costuraram cortinas e barganharam os juros do empréstimo da casa. E o que você faz? Tudo que você faz é tornar a vida mais difícil para você mesmo e estou cansada pra caralho disso. Ela não diz essas coisas. Mas é o que ela pensa. Vou fazer compras, ele diz. Nos vemos daqui a pouco. Dirija com cuidado, ela diz. Ele coloca o celular de volta dentro da capa e põe em modo avião para não ter que atender mais ligações. Ele encontra uma boa vaga para estacionar atrás da área dos carrinhos de supermercado. Insere uma moeda de dez no compartimento para moedas, retira um carrinho e o empurra pela rampa. Pelo menos fazer compras ele sabe fazer. Ele pega um escâner manual, passa pelo portão de metal e procura a lista de compras no celular. Na verdade é uma lista desnecessária porque ele vai comprar de tudo. Ele começa pelo lado esquerdo, compra uma réstia de alhos, um saco de cebola branca, um saco de cebola vermelha, um saco de cebolinha. Ele compra batatas orgânicas, rúcula, alface-romana. Ele compra batata-doce, bró-colis, cenouras normais para os adultos e orgânicas para as crianças. Pensa em comprar alguns temperos frescos plantados em potinhos, estão em promoção, dois por trinta, e costumam custar dezenove cada. Ele os segura, os cheira e depois os coloca de volta e segue em direção às frutas. Ele compra peras embaladas num invólucro de plástico transparente em promoção, avocados em promoção, maçãs com desconto e depois algumas maçãs orgânicas bastante caras para o filho de um ano. Segue em direção às uvas--passas e nozes, pega damascos secos e amêndoas incrivelmente caras, tenta não comparar os preços, nem pensar no valor que cresce constantemente na tela toda vez que ele escaneia um produto. Não tem problema, a namorada tem um emprego, ele tem

VIII. QUARTA-FEIRA

os seus clientes, o mundo não vai acabar, tudo vai se resolver. Ele empurra o carrinho até as carnes (salsicha de peru para as crianças), e depois até os ovos (orgânicos, cartela com quinze unidades) e passa pelos derivados de leite (queijo halloumi, iogurte, coalhada, dez litros de leite de aveia). Ele enche o carrinho com congelados, bacalhau e salmão mais baratos, cortados em pedaços como tijolos para diminuir o preço por quilo, ervas congeladas e uma manteiga grande. Depois ele chega às prateleiras com tacos e produtos tailandeses, ele olha a lista e carrega o carrinho com cinco caixinhas tetrapak de leite de coco. Ele pega feijão em caixinha, molho de tomate em caixinha, painço e farinha de milho. Por algum motivo está especificado na lista que alguns produtos devem ser em caixinhas tetrapak e não enlatados, e ele segue as instruções. Ele escaneia cada produto. Não reflete sobre o fato de que pouquíssimas coisas são para ele e tantas outras são para o resto da família. Principalmente para ela. Ela que nunca faz compras grandes porque não tem carteira de motorista, ela escreve o que ela quer na lista em detalhes para que ele não compre errado. Atum caro, ela escreve, porque ela não gosta dos baratos. Framboesas e mirtilos congelados porque ela acha que as geleias têm muito açúcar. Amêndoas, ela escreve, porque ela não entende que um pacote pequeno custa o equivalente a um pedaço de carne. Ele tenta se acalmar. Ele não pode perder o foco. Ele está suando, as pessoas estão olhando para ele, o carrinho está tão cheio que as rodas começaram a ranger e ele nem começou a comprar as coisas para o aniversário: pratinhos de papel, copos de plástico coloridos, canudinhos e suspiros, guardanapos e sorvete, granulados de frutas e granulados de chocolate, calda de chocolate e calda de geleia e um balde grande de balas para a pescaria. Fraldas e papel higiênico vêm por último, depois ele dá mais uma olhada na lista e percebe que ela acrescentou outros produtos, ela quer pasta de curry vermelho e tahine e semente de psílio, ele estaciona o carrinho perto do freezer de sorvete e faz o percurso de volta dentro do supermercado, ele encontra a pasta de curry e o tahine, mas nenhuma semente de psílio, ele pergunta a uma funcionária, ela desce da escada e fica pensativa, ela liga para um colega de trabalho, não, infelizmente nós não temos. Ele volta para o carrinho com uma raiva fervilhando dentro do corpo, ele não sabe exatamente de onde vem essa raiva, se é porque ele não conseguiu achar as sementes ou porque ela tem um estômago para tanta coisa, ele não sabe ao certo, mas sente que deve comprar algo para si, ele também merece algo, ele tenta pensar em que gostaria de comprar, ele corre até os chips, ele continua até as castanhas, fica parado na frente dos doces durante cinco minutos, ele não acha nada que ele gostaria, tudo o que ele vê ou é muito caro ou é desnecessário, ou a embalagem é muito grande ou o conteúdo está velho. Ele deixa para lá e não compra nada para si, ele escaneia o último produto e empurra o carrinho até o portão onde ele tem que devolver o escâner manual e algum funcionário, às vezes, tem que verificar aleatoriamente se a pessoa de fato escaneou todos os produtos. Ele devolve o escâner manual. A pequena tela informa que alguém vai conferir todos os produtos que ele comprou. Ele prague ja alto. Empurra o carrinho pesado como um veleiro até a senhora no caixa. Ela diz que não vai demorar, ela se debruça sobre o carrinho e escolhe cinco produtos, o primeiro foi escaneado, o segundo e o terceiro também. O quarto parece não ter sido escaneado. Opa, ela diz. Algo errado parece ter acontecido aqui. O quinto também não foi escaneado. Acredito que você tenha se esquecido de escanear algumas coisas, ela diz. Mas não tem problema. Só te peço que dê a volta, entre num caixa comum, coloque todos os produtos na esteira, e fazemos assim. Os outros clientes usando o escâner olham para ele. Ele tenta aparentar como se nada estivesse acontecendo. Ele pensa no tempo que vai levar. Os congelados vão começar a derreter. Ele tem vontade de

VIII. QUARTA-FEIRA

simplesmente ir embora. Ao mesmo tempo, ele se sente culpado por ter feito algo errado. Todas as outras vezes ele fez certo, e agora as coisas demoram quinze minutos a mais, e quando ela termina e todos os produtos estão desordenados dentro das bolsas azuis da Ikea no carrinho abarrotado, a senhora olha o recibo e diz: ah, eram só esses dois produtos que não tinham sido escaneados. Algo mais? O filho faz que não com a cabeça. Ele enfia o cartão na carteira, o recibo no bolso de trás, e empurra o carrinho até o estacionamento. Ao descer a rampa ele tem que usar o peso do próprio corpo para o carrinho não sair descendo sozinho e atropelar o pedinte sentado em cima de um pedaço de papelão, estrategicamente parado entre a rampa e os carrinhos do supermercado. O filho empurra o carrinho até o carro. Ele coloca a carteira em cima do carro e distribui as compras no porta-malas, no banco traseiro e no banco da frente: as fraldas, leites de aveia e as conservas de milho orgânico. Os ovos ele coloca por cima ao fundo para não quebrarem. Apesar de estar estacionado a apenas dez metros da fileira de carrinhos, ele tranca o carro. Empurra o carrinho no final daquilo que parece ser uma minhoca de ferro, pega de volta a sua moeda dourada de dez coroas e a coloca no copo de café do pedinte. Ele se move lentamente para que as pessoas o vejam. Para que as pessoas notem que ele é uma pessoa legal, uma pessoa que não pensa somente em si mesma. O pedinte olha para ele. Não agradece, apenas sorri. Há algo irônico no sorriso dele. Como se ele tivesse visto tudo que estava no carrinho e agora ele olha para a moeda e pensa: tudo isso? De nada, diz o filho. O pedinte olha para o outro lado. O filho não desiste. *You're very welcome*, diz o filho. Qual é o problema?, pergunta alguém que está perto da fileira de carrinhos. O filho olha. São dois caras grandes com roupas esportivas combinando. Eles parecem hostis. O filho se vira e caminha rapidamente até o carro. Ele acha que escutou os caras rirem. Ele se senta no carro, dá ré e sai da vaga de estacionamento. Os caras vestidos com roupas esportivas acham que a maneira como ele deu ré foi desnecessariamente rápida. Eles dão um pulo e começam a bradar. O filho sai correndo do estacionamento. Um dos caras se abaixa até o chão e pega uma pedra que ele pensa em atirar. O filho está dirigindo em linha reta na estrada quando um carro atrás dele começa a piscar o farol alto. Seu primeiro pensamento é que é um carro policial disfarçado de civil que quer ultrapassá-lo. Ele diminui a velocidade e faz sinal de que vai parar perto do meio-fio. Mas, quando ele para, os outros também param. Um dos caras do estacionamento salta do carro. Ele tem algo na mão. O filho engata a primeira e pisa no acelerador até o fim. Pelo retrovisor ele vê o cara correndo de volta para o carro e pulando para o banco do passageiro.

Quando o filho chega à estrada, ele pega a ponte, sinaliza à esquerda, mas o carro ainda está atrás dele, um Audi azul-escuro com vidros escuros, piscando o farol alto. Ao invés de virar à esquerda, o filho segue à direita na rodovia E4. Ele não quer que esses loucos saibam onde ele mora e na rodovia há mais pistas e mais testemunhas caso algo aconteça. Mas, Deus do céu, o que pode acontecer? Já passou um pouco das 21h numa noite qualquer de quarta-feira. Ele está sentado no carro ao sul de Estocolmo. Está sendo perseguido por dois caras cheios de anabolizantes que sentem prazer em assustar os outros. Eles nunca farão algo. O que eles farão? Espremê-lo para fora da estrada? Pegar uma AK-47 e fazer um *drive-by*? Passar por ele mostrando a bunda contra a janela? Ele liga o rádio e os ignora. Eles ainda estão atrás dele. Às vezes eles fazem sinal com o farol alto. Eles chegam a alcançá-lo uma vez e olham para dentro do carro. O filho mantém o olhar fixo no volante, ele percebe no canto do olho que o cara no banco do passageiro está balançando algo, um bastão de baioneta talvez, um soco-inglês talvez. O filho finge que não os vê. Ele aumenta a velocidade. Pisa no acelerador até o fim. Aumenta a velocidade do

VIII. QUARTA-FEIRA

Mazda de 120 para 130 para 140 e sorri quando os perseguidores viram na próxima saída. Ele continua na pista da esquerda. Ele é outra pessoa com o carro. Em controle total. Ele vai simplesmente seguir adiante. Esta é a velocidade que ele foi feito para usar, todo o resto parece errado, ele vai seguir acelerando, ele nunca mais vai ficar parado, ele vai aumentar a velocidade ao máximo e depois aumentar um pouco mais. É aqui, no canto da pista da esquerda, quando ele consegue se desvencilhar dos seus perseguidores, que ele sente o seu melhor. Ele tenta diminuir a velocidade. Tenta ativamente levantar o pé direito do acelerador. Mas não consegue. Quando a velocidade se acomoda no corpo dele é impossível compreender que 110 quilômetros por hora é de fato um movimento para a frente. É como caminhar no mel, é como caminhar de andador na areia. Ele tenta voltar para a quarta, ele mesmo recorda que os perseguidores já desapareceram e que agora ele pode virar e voltar para casa. Mas, em seguida, uma música boa começa a tocar no rádio e ele percebe que a velocidade está subindo novamente, ele anda muito mais do que o planejado, as placas da cidade de Södertälje começam a aparecer, ele dirige sem um plano mas ele se sente bem aqui, as framboesas congeladas já devem estar derretendo, os mirtilos também, provavelmente ele vai ter que jogar fora o salmão e o bacalhau, ou cozinhar um ensopado de peixe gigante amanhã junto com mirtilo e framboesa, mas não importa, nada mais importa, ele nem calcula o valor do salmão e do bacalhau e do mirtilo e da framboesa, mas se ele fizer isso ele vai esquecer o valor total rapidamente, porque aqui ele se sente livre, ele está sozinho, ele tem quatro bolsas grandes da Ikea cheias de comida e um carro próprio com duas cadeirinhas infantis e ele pode ir aonde quiser. Há quanto tempo ele está dirigindo? Ele não faz ideia. Mas não faz muito tempo. Depois de um momento ele sai da rodovia e dirige em círculos ao redor de uma área industrial. Passa por um porto e uma floresta e um rio e uma área de casas geminadas. Entra no estacionamento vazio de um centro desportivo para derrapar no cascalho. Ele percebe que a luzinha do combustível está piscando, são quase 23h quando ele para num posto de gasolina para abastecer. É somente quando ele está parado no caixa para pagar e estica a mão para pegar a carteira que sempre fica no mesmo bolso interno da jaqueta que ele se dá conta do que aconteceu. Ele bate no peito. Ele confere os bolsos da calça. Frente e trás. Fica parecendo que ele está esvaziando a si mesmo. Ele pede desculpas à moça com *snus* na boca atrás do caixa e vai até o carro. Apesar de saber que isso é inútil, ele procura no compartimento entre os bancos, no chão, no porta-malas, onde os mirtilos congelados começaram a vazar das bolsas da Ikea. Quando ele volta, a moça já chamou um colega de trabalho. Sinto muitíssimo, diz o filho. Mas não sei onde está a minha carteira.

*

Um avô que tirou um cochilo acordou com o celular tocando várias vezes. Ele esfrega os olhos e olha para a televisão, já passa das 23h. É a namorada do filho. Aquela cujo nome ele nunca lembra. Ele está aí?, ela pergunta. Quem?, retruca o avô que ainda está tentando entender se está sonhando. Ele não está aí? Ele está aí ou não? Não tem ninguém aqui, responde o avô e ela termina a ligação, mas antes de desligar ele escuta um palavrão rouco. O avô se senta no sofá. Ele está confuso. Tenta dormir novamente e não consegue. Liga para a filha, ela conta que o irmão está desaparecido, que ele iria fazer um show de stand-up pela primeira vez e depois iria ao supermercado e que ele ainda não tinha chegado em casa. Balela, diz o avô. O que você disse?, pergunta a filha. Fazer compras não demora tanto tempo, diz o avô. Ok, diz a filha. Mas é o que aconteceu. Ele ainda não chegou em casa. Eu acabei de chegar aqui. Estou indo para aí também,

VIII. QUARTA-FEIRA

diz o avô. Estou a caminho. Pede um táxi para mim que já chego. O pai se levanta, dá uma volta no apartamento, tenta se vestir no escuro antes de se dar conta de que ele pode simplesmente acender a luz. Ele quase passa desodorante por cima da camisa. Ele pega a sua passagem aérea. Controla o seu calendário caseiro composto de dez números referentes aos dias escritos à mão que ele vai riscando, um por um. Faltam dois dias para ele ir embora. Que sorte que não é amanhã, ele pensa, ao descer as escadas e pular dentro do táxi, esperando na frente da portaria. O avô diz o nome da estação de metrô onde o filho mora com a família. Claro, responde o motorista de táxi. Vou para a casa do meu filho, diz o pai. Que bom, diz o motorista de táxi. Ele é um contador muito bem-sucedido. Ok. Ele tem dois filhos. Que legal. Tenho muito orgulho dele. Bacana. Eles moram no último andar. Que bom para eles, diz o motorista de táxi. Nós temos uma ótima relação, diz o pai. Me parece muito bom, diz o motorista de táxi. Agora estamos nos aproximando. Você tem o endereço exato? Eu te mostro onde é quando chegarmos lá, diz o pai, que é ótimo com muitas coisas mas sempre teve dificuldade em lembrar nomes de ruas, números das casas, rostos, datas de aniversário e nomes de namoradas, amigos e netos. Aqui está bom, diz o pai, quando o táxi estaciona diante daqueles prédios altos deprimentes marrons de cimento. Cartão ou dinheiro?, pergunta o taxista. Adivinha, e lhe entrega uma nota. Ele fica sentado no banco traseiro até receber o troco e o recibo. Em seguida ele espera até que o motorista abra a porta para ele.

*

Um filho que foi transformado de pai em ladrão de combustível tenta explicar aos funcionários o que aconteceu. Mas você está com o carro cheio de coisas, diz a moça, e olha para a câmera de segurança. Sim, mas a minha carteira foi roubada depois que eu fiz compras, diz o filho. E imagino que a carteira de motorista também tenha desaparecido, não é?, pergunta o homem que tomou banho de perfume e tem olhos estranhamente brilhantes. Sim, infelizmente, diz o filho. Então quer dizer que você não tem como pagar? E também não tem identidade? Nem carteira de motorista?, pergunta a moça. Nem mesmo um celular, diz o filho. Eles olham para ele. Eu tenho uma daquelas capas de celular que funcionam como carteira também. O filho percebe que a moça escreveu o número da placa num post-it amarelo. Se eu estivesse com o celular, poderia pagar com o *swish*, diz o filho. Ele faz uma piada, mas ninguém ri. Então o que fazemos agora?, diz o cara. Uma sugestão é que vocês me deem o número de uma conta, diz o filho. Vou direto para casa e transfiro o dinheiro assim que chegar. Os funcionários não chegam a cogitar isso como uma possibilidade. Podemos fazer assim, diz a moça. Você escreve o número da sua identidade. E nós temos o número da sua placa. Você tem uma hora para conseguir o dinheiro a partir de agora. Daqui a uma hora ligamos para a polícia e fazemos um BO. Uma hora?, pergunta o filho. Não dá tempo de cancelar todos os meus cartões e conseguir dinheiro em... daqui a pouco faltarão 59 minutos, diz o cara. Me deem duas horas, diz o filho. Vocês estão me escutando? Se vocês me derem duas horas eu consigo voltar com a merda do dinheiro. Cinquenta e nove, diz a moça. Daqui a pouco, cinquenta e oito, diz o cara. Mas que inferno, grita o filho e sai correndo em direção ao carro. Ele olha ao redor. Onde ele está? Ele conhece alguém que mora num raio de meia hora? Alguém que esteja acordado a esta hora? Alguém cujo número de telefone ele saiba de cor? Mas ele está sem celular. Alguém que more num prédio com portaria 24 horas? Todas as portarias fecham durante a noite. Alguém que mora em casa ou casa geminada, alguém com 445 coroas em dinheiro? Teoricamente deveria dar tempo de chegar ao escritório, o pai sempre tem dinheiro com ele, se há algo que ele tem é dinheiro

VIII. QUARTA-FEIRA

em espécie. Ele olha o relógio. Chega à conclusão de que deve funcionar. Desde que ele aja com rapidez. Ele sai acelerando até a rodovia, ele tem que estar de volta em 57 minutos.

*

Um avô caminha pelo apartamento do filho e percebe que muita coisa aconteceu desde que ele esteve aqui pela última vez. Eles finalmente colocaram alguns quadros nas paredes. Mas não são quadros que o avô teria escolhido. Em vez de quadros bonitos de artistas conhecidos como Salvador Dalí, o filho e a namorada têm pôsteres com olhos azuis e escritos em polonês, uma pintura de uma mulher de barba e um macaco, um quadro que retrata dois pássaros tristes enjaulados, que tentam fugir chutando o chão da gaiola. À direita da imagem a cabeça de um homem sorrindo. A garganta do homem está cortada. O avô suspira. Ninguém se importa com a presença dele. As mulheres no apartamento estão ocupadas com outras coisas. Sua filha caminha com o celular contra o ouvido, o avô entende pela voz dela que ela está conversando com alguma autoridade, ela soa decidida e exageradamente clara, ela repete o número da identidade do irmão, soletra o sobrenome, pede à pessoa do outro lado que ligue se eles souberem de alguma coisa. A namorada está sentada, os cabelos sobre o rosto, escrevendo uma mensagem na cozinha. Quando ela ergue o olhar, seus olhos estão vermelhos. O avô se senta ao lado dela no sofá da cozinha azul-turquesa. Ele diz à filha que está colocando água para ferver que ele também quer tomar chá, de preferência acompanhado de algo doce. Ele passa a mão nos ombros da namorada e diz que tem 100% de certeza de que não aconteceu nada sério. Daqui a pouco ele estará de volta, diz o avô. Como você sabe?, ela pergunta. Porque eu conheço o meu filho, responde o avô. Ele precisava de uma pausa. É o que acontece quando você é pai de família. Pode me perguntar, eu eduquei três filhos, eu sei como é difícil. A namorada olha para ele. Três?, ela pergunta com os olhos cheios de água. Dois filhos, responde o avô. E uma filha na França. Ela olha para ele. Ele não é como você, ela diz. Depois ela leva o celular ao ouvido e deixa mais uma mensagem no celular do filho. A filha dele faz três xícaras de chá. Tem alguma coisa doce?, pergunta o avô. Um pouco de chocolate? Biscoito? Tem no armário, diz a namorada. Você tem diabetes, não deve comer biscoitos, diz a filha. Tira o casaco. O avô tira o casaco e o coloca em um dos braços do sofá. Ele não está nem um pouco preocupado. Tudo vai ficar bem, ele murmura. Ele estará de volta logo.

*

Um filho sai da rodovia numa velocidade bastante alta, der-rapa na curva à direita, em seguida retoma o controle do carro e vira à esquerda na estreita estrada paralela à rodovia. Ele está sozinho aqui. Nenhum carro. O sinal vermelho muda para o verde quando ele se aproxima. Ele faz sinal à esquerda e entra no túnel debaixo da rodovia. Ele se pergunta se o pai está acordado. É claro que ele não está acordado. Ele vai ficar preocupado, vai exigir um monte de explicações, mas o filho não tem tempo para isso, me dá o dinheiro e te explico amanhã, ele vai dizer. Ele não precisa mencionar nada sobre a carteira. Agora não. Agora ele tem muito pouco tempo. Ele vira à esquerda na rotatória, vira à direita para subir a rua. É lá que ficam aqueles prédios baixos de tijolinho, com as portarias pretas, com os gramados desgastados. Ele estaciona no meio da rua diante do prédio, liga a luz do triângulo e sobe as escadas correndo. Primeiro ele aperta a campainha. Depois abre a porta. Ele encontra o hall completamente aceso. A televisão está ligada. O globo está aceso. Uma pizza comida pela metade está em cima da mesa da sala, do lado de um pacote aberto de

VIII. QUARTA-FEIRA

biscoitos Singoalla. Será que o pai finalmente resolveu usar a cama no quarto? Ele bate na porta. Não. A cama está feita e intacta desde quando ele deixou o escritório há uma semana. O pai não está aqui. Onde ele se enfiou? O filho começa a procurar nas coisas do pai. Ele olha na mala. Procura nos bolsos do blazer. Faltando 28 minutos, ele acha um envelope. Está dentro de uma nécessaire que está dentro de uma sacola de plástico, que por algum motivo está dentro do armário do banheiro. O filho conta o dinheiro. Tem mais de 10 mil. Tudo em notas de quinhentos. Ele pega uma nota. Depois pega mais uma, só por segurança. Depois ele sai do apartamento e desce até o carro.

*

Um avô que é um pai de verdade entra de fininho no quarto das crianças para olhar os netos. Os abajures estão acesos. As duas camas estão vazias. Ele vai até a janela e ergue a persiana. Lá fora fica a região industrial. Aquela chaminé grande branca, aquela chaminé menor feita de algum tipo de metal, caminhões brancos e grandes estacionados em fileiras. Os carros passam em alta velocidade. Daqui é possível ver toda a estrada até o centro da cidade. Ele vê a ponta dourada da igreja de Högaliden, vê as luzes e o contorno daquilo que deve ser a torre Kaknäs, à direita estão os edifícios construídos recentemente, com as varandas verdes transparentes e com uma luz na entrada do prédio que acende e apaga sozinha, acende e apaga. O pai olha para a luz. Ele imagina que ela é um farol. Ele pensa que, se conseguir prender a respiração quando a luz piscar e depois apagar vinte vezes, o filho voltará para casa. Ele respira fundo, segura a respiração, conta quantas vezes a luz acende e apaga, acende e apaga, quando chega em catorze ele quase desiste, ele precisa de ar, os seus pulmões não suportam mais, ele vê estrelas, ele vai desmaiar, mas ele percebe que o seu corpo se recusa a desistir, a boca está fechada, os lábios estão cerrados, quinze, dezesseis, ele se imagina como um cofre bancário, ele é um mergulhador que enxerga a superfície da água se aproximando, dezessete, dezoito, ele começa a soltar o ar dos pulmões aos poucos para que o corpo entenda que em breve mais oxigênio vai chegar, dezenove, vinte. Ele conseguiu. Agora ele sabe que o filho voltará intacto. Ele olha para o estacionamento. Ele espera para ver o carro preto do filho chegar. Ele vê um carro. Dois carros. Três carros. Seu filho não bateu o carro. Não cruzou uma ponte e bateu no corrimão. Não foi violentado por nazistas ou sequestrado por uma gangue de adolescentes. Ele fez uma pausa e agora está a caminho de casa. Em breve ele chegará. Agora ele chega. Aí está ele. O pai sorri. Um sedan preto estaciona. Duas senhoras descem. A placa no teto do carro se acende: táxi.

*

Um filho que é um pai chega ao posto de gasolina faltando oito minutos. Que sorte, diz a moça atrás do caixa. Ele não responde. Simplesmente dá a nota de quinhentos para pagar pelo combustível. Depois ele acrescenta um café, um pacote de balas e outro de chicletes, sem verificar o quanto são mais altos os preços aqui em comparação com os supermercados. Ela lhe entrega o troco e joga no lixo o post-it com o número da placa do carro. Ele vai embora noite adentro. Ele está de volta. Eles disseram que era impossível, mas ele conseguiu. Eles o desconsideraram, mas ele venceu na marra. Ele alcançou a linha de chegada. Ele superou o empate na prorrogação. Vai dar certo? Vai! Tudo pode dar certo, é só não desistir. Ele toma um gole de café, abre o pacote de balas e vira a chave. Podem ir para o inferno. Quem? Todos. Sua namorada. Seus filhos. Seus amigos. Sua carreira. O peixe congelado derretendo no porta-malas. Vão

VIII. QUARTA-FEIRA

se foder todos. É ele sozinho contra o mundo. Ele dirige até a rodovia. Sua casa fica no sentido norte. Ele dirige no sentido sul.

IX. QUINTA-FEIRA

Uma namorada que é uma mãe está no hall de entrada com as luzes apagadas e se despedindo da tia das crianças. Daqui a pouco é 1h da madrugada e as duas têm que trabalhar amanhã. Não há nada mais que possam fazer. Vai dar tudo certo, diz a tia. Me liga. E se lembre do espaguete cozido se você não conseguir dormir. Elas tentam sorrir e se abraçam. Abraçar a irmã dele é como abraçá-lo, mas com um cheiro de perfume diferente, mais carne e cabelos mais longos. Tem certeza que você não quer que eu o leve daqui?, pergunta a tia e aponta para a cozinha. Está tudo bem, diz a namorada. Deixa ele dormir. Que bom que pelo menos alguém está dormindo. O avô está esticado de costas no sofá da cozinha e roncando de forma tal que as xícaras de chá em cima da mesa trepidam. A gente se fala amanhã, diz a namorada. A primeira a ficar sabendo de algo manda mensagem para a outra, diz a tia. A namorada fecha a porta, tranca, olha pelo olho mágico, observa como as luzes do corredor se apagam quando os detectores de movimento percebem que não há mais ninguém lá. Ela pega o celular e tenta ligar. O celular dele está igualmente desligado desde quando ele falou que iria fazer compras. Caralho. Ela escova os dentes, tira as lentes de contato e experimenta ligar mais uma vez. Ela deita sob uma coberta no sofá da sala, desliga a luz e tenta dormir. Respira tranquilamente. Faz uma meditação *body-scan*. Ela se levanta e toma um relaxante muscular. Por fim ela tenta visualizar o corpo como se fosse um espaguete cozido, uma dica que ajudava os clientes com problemas de sono quando a avó das crianças trabalhava na loja de produtos naturais. A namorada pega o celular e entra na conta conjunta do banco para ver se algum dinheiro foi retirado. Não. A última transação ainda é a do supermercado. O cartão ainda não foi bloqueado. Da cozinha se escuta o ronco do avô. Ele que ainda não sabe ao certo como se pronuncia o nome dela. Mesmo assim ela se sente segura por ele estar deitado no sofá da cozinha. A primeira vez que eles se viram foi quando ele veio visitá-los na quitinete, quando a filha deles era recém-nascida. A mãe ainda estava sensível depois do parto. Como você se sente em ter se tornado avô?, ela perguntou e pegou o casaco dele. Bem, obrigado, ele respondeu, lhe entregou o casaco e seguiu para o quarto. Ele não levou nenhum presente. Eu deveria ter trazido flores, ele disse. Ah, não importa, disse o filho que agora era pai ao entregar o segundo neto da família para o avô. O importante é que vocês se conheçam. Aqui está ela. Ele disse o nome dela. O avô segurou aquele corpo pequenino contra o ombro. Ambos fecharam os olhos. O avô deu uns passos para o lado, primeiro ela achou que ele iria desmaiar, depois ela entendeu que ele estava dançando, ele segurou o corpo quente e adormecido da bebê de olhos vesgos de três semanas contra o seu próprio corpo, a ninou e dançou com ela pelo apartamento pequeno enquanto o filho pegava a câmera, que era usada só para que parentes que na verdade eram ausentes dessem a impressão de ser presentes naquela história familiar em comum. Quando o avô foi embora, eles se sentaram na cama com a filha entre eles. Ela segurando a cabeça. Ele segurando as pernas. Eles foram obrigados a se sentar bem perto um do outro, já que o corpo dela não era maior do que uma régua. Ele era tão pequeno

IX. QUINTA-FEIRA

que eles facilmente poderiam deixá-lo cair. Foi legal, disse o filho. Muito, ela disse. Quanta conversa incrível!, ele disse. Quantas perguntas!, ela disse. Extremamente inspiradoras! Como uma viagem ao espaço! Como uma expedição à mais sagrada das almas! Eles sorriram. Você percebeu que o seu pai não me fez uma pergunta sequer durante todo o tempo que esteve aqui?, ela perguntou. Para mim também não, ele disse. Aliás, ele me perguntou se eu havia imprimido os papéis do banco. Inacreditável. Sinto que teríamos vários assuntos para conversar a respeito. Como por exemplo. Não sei. Como foi o parto? Um clássico. Como estão se sentindo em ter se tornado pai e mãe? Exatamente. Mas pelo menos ele compensou com todos os presentes sensacionais, não? Pois é. Eu amo presentes feitos de ar. Flores invisíveis são as minhas favoritas. Aquele roupão transparente embrulhado no papel de presente igualmente transparente é incrível. Eles sorriram um para o outro. Eles existiam. Esta pequena pessoa de três semanas de idade que periodicamente se sacudia e se agarrava ao ar como se estivesse caindo de um galho invisível existia. E mesmo que todo o resto desaparecesse eles existiriam um para o outro. O fato de que eles existiam era como um air bag contra o mundo externo, nada poderia atingi-los profundamente ou causar-lhes algum tipo de dor. Família, ela disse. *Can't live with them*, ele disse. *Pass the peanuts*, os dois disseram. Eles riram. A filha deles acordou. Ela arregalou os olhos cinza-azulados e os observou, com aquele semblante que era metade mestre de kung fu, metade gato cego recém-nascido. Nós nunca vamos te afetar como os nossos pais nos afetaram, ele disse e se aconchegou ao redor de onde o cordão umbilical ensanguentado foi cortado. Vamos te afetar de outras maneiras, ela disse e acariciou a testa enrugada dela.

Ela olha o celular. Nenhuma chamada perdida, nenhuma mensagem. Como eles foram parar ali? Antes de se tornarem pais, eles quase não tinham brigado um com o outro. Agora ela se encontra no sofá deles se perguntando se ele está vivo ou morto, se está numa pista de dança ou num hospital, se está na casa de alguma ex-namorada ou desmaiado num buraco. Quando ela engravidou, eles brigaram pela primeira vez. Sobre o futuro sobrenome da criança. Ele queria que fosse o seu. Ela queria que fosse o dos dois. Ele não cedeu, ela também não. Por que é tão importante para você?, ela perguntou. Tudo o que eu tenho é o meu nome, ele respondeu. Você está criando uma pessoa dentro de você e se essa pessoa não receber o meu nome vou me sentir como se eu não tivesse tomado a minha responsabilidade como pai. Você ajuda de outras formas, ela disse. E era verdade. Enquanto ela criava braços, pernas, sistema imunológico e massa cerebral, ele se responsabilizou por comprar um carrinho. Ele criou um documento especial sobre diferentes carrinhos que ofereciam a opção de ficar sentado ou deitado, ele copiou e colou citações de diferentes fóruns, marcou com uma estrela aqueles que tinham a melhor classificação, destacou em negrito aqueles que eram bons para pessoas altas, comparou os preços, aprendeu muito sobre a qualidade de diferentes fabricantes, pesquisou as vantagens e as desvantagens de montar o seu próprio carrinho. Ao passar perto do computador dele, ela viu que lá estava ele de novo, inclinado para a frente como um abutre e afundado num longo artigo em alemão, que ele traduziu para o sueco com a ajuda do Google Tradutor, escrito por uma fisioterapeuta que avaliou e considerou os assentos ergonômicos como péssimos para as costas das crianças. Está indo tudo bem?, ela perguntou. Aham, ele respondeu sem levantar os olhos da tela. E ela deixou que ele fizesse desse jeito. Ela achou bonito ele ser tão meticuloso, e o que ele estava fazendo com o carrinho era para compensar o fato de que ele não podia criar outro corpo com o seu próprio. Ele tinha que se sentir envolvido de alguma forma, e o carrinho foi a ferramenta que ele achou. Depois de meses pesquisando, ele apresentou a sua opção

IX. QUINTA-FEIRA

favorita. Ela tinha sido bem testada, era popular entre os fóruns, perfeita para pessoas altas, tinha bom preço. Mas é muito feio, disse a namorada. Como assim?, ele perguntou. Esta armação parece volumosa demais de alguma forma. O que você acha? Ele ficou olhando para ela com um olhar selvagem. De volta ao documento. Ele procurou por novas opções. Fez longas listas com o que era importante e menos importante, pesquisou a possibilidade de importar um carrinho da Alemanha sem intermediários, ou encomendá-lo mais barato em sites americanos, ou pegar emprestado o carro do namorado da mãe e ir até Södertälje e comprar um carrinho usado. Ele aprendeu tudo sobre diferentes tipos de freios, ele sabia de cor o tamanho das cestinhas de diferentes carrinhos, sabia quais ganchos e porta-copos funcionavam melhor com cada carrinho e quais sites eram melhores para comprar câmaras de ar novas caso o pneu furasse. Um dia ela se levantou da cama, fechou o computador dele e o obrigou a dormir. Você não pode controlar isso aqui, ela murmurou quando ele protestou. Não importa o quanto você pesquise. O que está acontecendo dentro do meu corpo está fora do seu controle.

Quando ele finalmente escolheu um carrinho, ela sugeriu que eles fossem até uma loja para olhá-lo. Quando eles o testaram, acharam pesado e instável. Mas havia outro modelo ao lado, que tinha sido contemplado com o prêmio de melhor carrinho na avaliação do *Råd & Rön*, e era perfeito para pessoas altas. Barato, bom e de fabricante dinamarquês. Você chegou a cogitar este aqui? Ele balançou a cabeça. Eu nunca tinha ouvido falar, ele resmungou e pegou o documento com as informações gerais. Como não pude achá-lo? Ele coçou a testa. O carrinho era perfeito. Eles o compraram na loja e o levaram para casa. Aqui está, ela disse. Que bom. Temos um carrinho agora. Não entendo como eu não o vi, ele disse. Não pense mais nisso, ela disse. De agora em diante acho que devemos fazer o seguinte: nós saímos e experimentamos as coisas. Acreditamos em nosso *feeling*, em vez de você passar semanas fazendo pesquisa. Podemos fazer assim? Ele concordou. Eles sorriram. Algumas semanas depois, ele começou a pesquisar a oferta de cadeirinhas.

No começo ela amava o fato de ele ser tão minucioso. Depois ela começou a odiar que tudo demorava tanto. Antes das férias ela pegou emprestado o computador dele para conferir o nome do hotel que eles tinham olhado na semana anterior. Ela clicou no histórico de navegação dele. Ela foi voltando no histórico, dia por dia, viu os mesmos sites, repetidas vezes, jornais noturnos, jornais diários, e-mails, Facebook, Twitter. E depois viu buscas que a deixaram espantada. Para uma viagem que eles ainda não tinham marcado, ele pesquisou sobre o que levar numa viagem com crianças, como enrolar roupas, quais vacinas são necessárias para quais destinações, qual spray de nariz é o mais recomendado para crianças de um ano, quais brinquedos levar em longas viagens aéreas. Ele tinha visitado sites que testavam malas, sites onde turistas deixavam as suas avaliações e tiravam fotos dos seus hotéis, sites com dicas sobre como escolher praias ideais para crianças. Mas ela não ficou preocupada. Ela não interpretou como um sinal de que seria difícil conviver com ele. Ela simplesmente o achou cuidadoso o suficiente para que a viagem deles fosse a melhor possível. De vez em quando ela pegava emprestado o iPad dele e, como o navegador era conectado com a conta de e-mail dele, ela conseguia com tranquilidade ver o histórico de navegação sem ter que abrir o computador dele. Ali ela podia acompanhar a vida dos dois. No começo da relação, ele fez buscas sobre como estimular o clitóris, como retardar o orgasmo, o que pensar antes de ter o segundo filho. Depois, as buscas passaram a ser sobre carrinhos duplos, aparelhos de fisioterapia TENS e dicas sobre como fazer o parto perfeito. Antes do verão, ele pesquisou sobre como escolher o melhor corretor de imóvel, como polir um chaveiro, como verificar a economia do condomínio de um edifício privado, que

IX. QUINTA-FEIRA   243

tipo de varanda é mais popular de acordo com a posição dela em
relação ao sol, o quão grande um quarto de crianças deve ser e se é
possível transformar um closet em um quarto de crianças. Antes do
outono, ele comparou preços entre empresas de mudança, empresas
de reforma, empresas de assentamento de pisos, empresas de polimento de pisos, assentadores de azulejos e taxas de juros bancários.
Comparou provedores de internet e fornecedores de eletricidade,
seguros de casa e de filhos. Uma vez ele chegou a pesquisar um site
de comparação para comparar diferentes sites de comparação. Mas
as buscas que a deixaram mais surpresa foram aquelas que ela nem
imaginava ser possível pesquisar. Como a vez que ele procurou sobre
a melhor maneira de enrolar um cachecol ao redor do pescoço. Ou
a melhor maneira de terminar um e-mail. Ou a melhor maneira de
pedir em casamento. Ou a melhor maneira de amarrar os sapatos.
Ou a melhor maneira de lavar o carro. A melhor maneira. Eram
as palavras-chave. Havia muitas maneiras diferentes. Mas havia
também a melhor maneira. E era essa que ele queria encontrar.
Ela começou a entender que ele circulava pelo mundo convencido
de que havia bilhões de maneiras erradas e, potencialmente, uma
única maneira certa, e foi ficando cada vez mais claro para ela por
que algumas pequenas coisas eram infinitamente difíceis para ele,
enquanto eram fáceis para os outros. Precisamos conversar sobre
esse comportamento estranho, ela pensou. Mas nunca disse nada.
Parou de monitorar as buscas dele. Talvez por medo de descobrir
buscas sobre a melhor maneira de terminar um relacionamento. Ou
a melhor maneira de morar em casas separadas com os filhos. Ou a
melhor maneira de abandonar a família. Não era só ele quem estava
sendo afetado pelo fato de ter filhos. Ela passou a ter uma nova preocupação dentro de si. Às vezes ela se perguntava se foi ele quem a
contagiou. Mas ele tinha uma crença estranha de que os filhos eram
fortes e saudáveis. Ela era a única que acordava várias vezes durante
a noite para controlar se os filhos estavam respirando. Não entendo,

ele disse. Por que eles parariam de respirar? Porque são crianças, ela respondeu. As crianças são ótimas para respirar, ele disse. É uma das poucas coisas que elas de fato sabem fazer. Quando começou a nevar e ele queria levar a filha para a pré-escola puxando-a num trenó, foi ela quem mencionou o risco grande de os motoristas não verem que o pai estava puxando um trenó e assim pensarem que ele estava caminhando sozinho e passarem por cima da filha sentada no trenó. Sim, ele disse. Há um pequeno risco. Se o motorista for cego. Mas é muito muito muito raro encontrar um motorista cego. Quando os tetos começaram a se encher de pingentes de gelo, foi ela quem procurou o link do artigo sobre a mãe que estava andando na rua Drottninggatan quando um pingente de gelo caiu em cima do carrinho e matou a criança, e a mãe ficou em choque e a associação de moradores responsável pelo prédio foi processada pela empresa do seguro da mãe. Aham, ele disse depois de ler o artigo. O que você quer que eu faça com essa informação? Vamos parar de sair quando a temperatura estiver negativa? Vamos evitar andar próximo aos prédios? Vamos nos movimentar somente em campos abertos? Vamos comprar um capacete com viseira para bebês? Ela suspirou. Sério, ele disse. Temos que viver. Ele não entendia. Ele não entendia que o mundo era cheio de bastões de ferro, tubarões, pneus de lego, bolinhas de plástico, produtos tóxicos, pilhas de livros, pedófilos, sequestradores, assassinos de crianças, pingentes de gelo, sol, frio, pedaços grandes de salsicha, carne de frango malpassada, tesouras, portas entreabertas, portas de carros, portas de elevador, lápis, canetas, chaves de fenda. E marcos de portas. Porque uma amiga contou sobre aquele pai na Bélgica que quebrou o pescoço da filha ao jogá-la para cima estando debaixo de uma porta. E ímãs de geladeira. Porque outra amiga contou sobre alguma criança que tinha comido um ímã e o intestino havia parado de funcionar e a criança morreu. O mesmo aconteceria se eles comessem uma pilha. Você está convivendo com as amigas erradas, disse o pai. Você é

IX. QUINTA-FEIRA

estranho, ela respondeu. O problema era ele. Quanto mais tempo eles passavam juntos, mais nítido ficava para ela que ele não parecia assimilar o fato de que os filhos eram criaturas vivas de verdade. Ele filmava os filhos, tirava fotos, elogiava e tentava ensinar o alfabeto e as horas e a dizer obrigado, antes mesmo que eles pudessem dizer cachorro e gato. Mas, ao mesmo tempo, ele sempre mantinha aquela distância, ele estava aqui, mas ao mesmo tempo em outro lugar. Ela está deitada no sofá. Ele deve estar numa festa rave ilegal em alguma área industrial. Ela olha o celular. Ele está trepando na cama de estranhos com alguma comediante de stand-up que ama livros. Ela pensa no espaguete cozido. Ele está em coma em alguma emergência. Ela balança a cabeça. Não. Ele está a caminho de casa. Ele tem que estar a caminho de casa. Vem para casa. Vem para casa. Eu não posso viver com você. Eu não posso viver sem você. Então vem para casa agora. Vem para casa.

*

Um avô está deitado no sofá da cozinha, acordado e piscando os olhos. Ele olha para a parede em cima da porta da cozinha porque no apartamento antigo eles tinham um relógio no mesmo lugar. Mas aqui não há nenhum relógio. Para saber as horas ele tem que se levantar e olhar o relógio digital no forno. Ele vai até a sala. A namorada do filho está dormindo no sofá, de lado, abraçada com o celular como se fosse um ursinho de pelúcia. Os cachos dela estão espalhados pela almofada. Ela é tão jovem e bonita que dói olhar para ela. Do quarto que na verdade é o quarto dos pais dá para escutar um barulho estranho, e quando ele entreabre a porta vê o filho de um ano tentando achar uma posição, ele foi parar debaixo do travesseiro, e agora está enfiando a cabeça por entre a grade de madeira do berço. O bebê resmunga e o avô coloca uma mão em cima dele para tentar acalmá-lo. Ele o acaricia e passa os dedos por cima das pálpebras pequenas dele. Ele cantarola aquela cantiga que sempre entoou para os próprios filhos. Por incrível que pareça funcionou, o filho de um ano respira mais calmamente e volta a dormir. O avô fica parado perto da cama. De repente ele não tem certeza de onde está, em qual ano estamos, quem está deitado na cama, quem ele é. Ele sai de fininho do quarto. Ao abrir a porta, a luz entra atravessada e ele escuta um sussurro abafado vindo da cama. Vovô? Eu não vou ganhar uma cantiga também? A filha de quatro anos se senta com o cabelo despenteado na cama dos pais. O avô dá meia-volta no escuro. Ele diz que claro que a filha de quatro anos vai ganhar uma cantiga. Qual cantiga você quer ouvir? Aquela sobre quando o Zogoo e o Zlatan competem no trenó. Ok, diz o avô. Que cantiga é essa? O papai costuma cantá-la, sussurra a filha de quatro anos com uma voz que está começando a soar preocupantemente animada. Você pode escolher qual esporte o Zogoo e o Zlatan vão praticar. Às vezes eles mergulham, às vezes pescam, às vezes jogam beisebol de balão, às vezes esquiam. Ok, ok, sussurra o avô com a voz mais baixa na esperança de que a filha de quatro anos o imite. Como é a cantiga? Às vezes eles vão até o espaço, às vezes eles competem sobre quem pode pular mais alto. Ok, vou cantá-la, sussurra o avô e olha para o filho de um ano se mexendo no berço. Se você ficar em silêncio, eu prometo cantá-la. Vovô? Sim. Estou com fome. Fome? Está de madrugada. Todos estão dormindo. Mas tenho um buraco na minha barriga e quando alguém tem um buraco na barriga não consegue dormir. Quem disse isso? Minha barriga disse. Ok, diz o avô. Venha. Eles saem devagarinho do quarto, passam pela sala e entram na cozinha. O avô fecha as portas para não acordar o filho de um ano e a mãe. O que você está com vontade de comer? A neta fica pensativa. O avô abre e fecha o armário que tem copos empilhados, louças combinando e quatro pacotes iguais de café. Aqui tem comida como se fosse véspera de uma guerra. No armário que parece ser de limpeza há

IX. QUINTA-FEIRA

pilhas de pacotes de macarrão, molho de tomate, latas redondas de atum e pacotes de três unidades de milho. Atrás de outra porta há panelas, muitas, quatro, cinco, seis unidades feitas do mesmo material inoxidável, mas com as tampas deitadas em um compartimento especial ao lado. Em uma das gavetas da cozinha ficam os frasquinhos com temperos. Outra gaveta está cheia de canetas e fitas adesivas e aqueles pregadores coloridos usados em sacos de plástico para evitar a entrada de ar. Mas não tem nenhum elástico aqui, pensa o avô. Elásticos não são mais necessários, agora que todo mundo usa esse tipo de pregador. O que havia de errado com os elásticos? Eles não ocupavam espaço. Não custavam nada. Eram fáceis de transportar para qualquer lugar. Nunca ou quase nunca arrebentavam. Funcionavam igualmente bem como essas coisas grandes de plástico que certamente custam caro, que alguém inventou só para arrancar dinheiro das pessoas. O que você está procurando?, pergunta a filha de quatro anos. Não sei, diz o avô. Você sabe o que a minha barriga está com muita vontade de comer?, pergunta a filha de quatro anos. Quer um pouco de leite quente?, sugere o avô. Sim, mas o que a minha barriga mais quer é pipoca, responde a filha de quatro anos. Pipoca? Aham. Minha barriga está dizendo que está com muita fome de pipoca doce com gosto de coco. A filha de quatro anos mostra onde está o pacote, lá em cima do armário da cozinha ao lado do freezer. Você costuma ganhar pipoca doce no meio da noite? Aham, responde a filha de quatro anos. Mas essa é a primeira vez que eu como pipoca doce no meio da noite. O avô e a neta se amontoam um do lado do outro no sofá da cozinha. Eles comem pipoca doce e observam a vista da janela. Olha, está nevando, diz o avô. Eu tenho um *snowracer*, diz a filha de quatro anos. Ganhei de presente de aniversário. Quando fiz quatro anos. Da próxima vez eu faço cinco anos. É verdade, diz o avô. Você vem na minha festa? Talvez, diz o avô.

Ele realmente não gostaria de viver assim tão no alto. Os ladrões podem entrar pelo telhado. Ele tem vertigem. Venta muito na varanda. Vovô? Mmm. Você realmente não é magro. É verdade. Você tem uma barriga muito redonda. Concordo. Mas as suas pernas não são muito redondas. Não. É mais a barriga. Concordo. O Malcolm da minha escola, o irmão dele, ele é muito gordo. Mais gordo do que eu?, pergunta o avô. Não, responde a filha de quatro anos e dá uma gargalhada. Não?, pergunta o avô. De verdade, não, responde a filha de quatro anos e enfia na boca uma mão de pipoca doce.

*

Uma namorada que é mãe e filha acorda de supetão. Ela chegou a dormir? Não, ela não pode ter dormido. Deve ter só fechado os olhos. Ela pensou ter escutado vozes, mas deve ter sido só imaginação. Ela olha o celular. Ela aceita que não vai conseguir dormir. Agora já é tarde. É melhor ela parar de tentar e se levantar. Esse pensamento faz seu corpo relaxar e ela volta a dormir.

*

Um avô carrega a neta de quatro anos para a cama. Está satisfeita agora? Aham, minha barriga se sente muito melhor agora, responde a filha de quatro anos. Mas eu acho melhor eu dormir na minha cama do que na cama da mamãe. Qual é a sua cama?, pergunta o avô. A filha de quatro anos mostra o caminho até o seu quarto. Ela está cansada e se sente pronta para dormir. Ela só quer fazer xixi primeiro. E tomar um pouco de água. E ler uma historinha. Qual historinha? A filha de quatro anos volta para a cama com um livro grosso *pop-up* sobre o universo. Não vamos ler o livro todo, diz o avô. Metade, diz a filha de quatro anos. Eles começam a

IX. QUINTA-FEIRA

ler. O avô conta que o planeta Terra é um caroço de pedra grande e redondo que paira no espaço, e a Lua é uma bola de pedra que gira em torno da Terra, e o Sol é uma estrela que fornece luz e calor aos planetas, é uma esfera maciça de gases explosivos e poderosos que são gigantes, um milhão de vezes maior do que a Terra. Maior que mil?, pergunta a filha de quatro anos. Sim, um milhão é mais de mil, responde o avô. Nada é maior do que mil, diz a filha de quatro anos. Sim, dois mil é mais que mil, diz o avô e continua a leitura. Ele conta que as tempestades solares são vórtices de gás que giram rapidamente. Conta que espículas são fluxos de jatos dinâmicos que são arremessados para cima e depois voltam a cair. Conta que mais de mil planetas Terra cabem em Júpiter. Mais de mil?, pergunta a filha de quatro anos. Aham, responde o avô. É realmente de verdade?, pergunta a filha de quatro anos. Sim, responde o avô. Uau, diz a filha de quatro anos. O avô conta sobre os anéis de Saturno, as tempestades de areia em Marte, a nuvem de gás em Vênus e os ventos em Netuno. Ele conta sobre a Nebulosa do Caranguejo e a Nebulosa do Olho de Gato e a Galáxia Cartwheel que nasceram há milhões e milhões de anos, quando duas galáxias se chocaram. A filha de quatro anos fica em silêncio. O avô olha para ela. Os olhos dela estão bem abertos. Você está cansada?, pergunta o avô. Ela balança a cabeça. O avô continua lendo em voz baixa. Ele conta sobre Sputnik e Apollo, Cassini e Hubble, Alma e Soyuz. Ele vira a página e mostra todos os experimentos que já foram feitos em Marte: a sonda espacial Viking 1 que aterrissou em 1976, o *rover* Opportunity que está lá desde 2004, o Curiosity que aterrissou em 2012. Quem te deu esse livro?, pergunta o avô. O papai, responde a neta. Ela levanta a cabeça. Cadê o papai? Daqui a pouco ele chega, responde o avô. Mas onde ele está?, ela pergunta. Ele já vem, responde o avô, que volta a ler o livro sobre o universo.

Por fim a filha de quatro anos adormece. Ela está deitada com a cabeça no peito do avô, com a respiração ofegante. O avô a observa. Ela é tão parecida com o filho. Tão parecida com a filha. Ele se sente como há trinta anos. Fica deitado completamente imóvel. Se ele não se mexer, talvez haja uma chance de recomeçar tudo do zero. Ele fecha os olhos. Pela primeira vez em anos ele dorme uma noite inteira sem televisão.

*

São 7h30 da manhã quando uma namorada acorda. Ela mal pode acreditar nisso. Ela olha o celular. Ela balança a cabeça. Ela sente como se tudo tivesse sido um sonho estranho. O sentimento fica mais forte devido à claridade lá fora. Ela se levanta do sofá e olha pela janela. As copas das árvores estão brancas. Os galhos estão brancos. Os caminhos estão brancos. Os troncos das árvores estão brancos de um lado, como se alguém com paciência curta quisesse decorá-las com um pó branco. Ela ouve vozes na cozinha. Durante alguns segundos maravilhosos ela entende que o namorado está de volta. Ele teve uma crise momentânea, ficou andando de carro por algumas horas, esqueceu-se de carregar o celular e agora está na cozinha com as crianças novamente. Ela vai até a cozinha. Oi, mamãe, grita a filha de quatro anos. O vovô está aqui! O filho de um ano está sentado na sua cadeira de plástico comendo flocos de milho com as mãos. Faz quanto tempo que vocês acordaram?, pergunta a mãe. Onde está o papai?, pergunta a filha de quatro anos.

*

Um avô e uma neta estão com as mãos cheirando a pipoca doce quando eles acordam de manhã bem cedo. Eles vão até a

IX. QUINTA-FEIRA

cozinha para não acordar a mãe. Quando o filho de um ano começa a resmungar, o avô volta e o busca também. A filha de quatro anos mostra onde ficam as fraldas e onde ficam os lenços umedecidos. O que são lenços umedecidos?, pergunta o avô. São como papel, mas papel molhado, explica a filha de quatro anos. O avô troca a fralda quase estourando do filho de um ano e o coloca sentado na cadeira infantil na cozinha. Ele abre a porta da sala para perguntar o que as crianças comem de café da manhã, mas há algo nos círculos ao redor dos olhos da namorada e na forma espasmódica como ela está segurando o celular que o faz preferir não a acordar. Ele volta para a cozinha e tira tudo o que há na geladeira. Ele pega ketchup e manteiga e queijo, pega tomates e pepino e pão e aquilo que a filha de quatro anos diz que é leite mas em cuja embalagem está escrito bebida à base de aveia. Uau, quanta coisa de café da manhã, diz a filha de quatro anos. Me diga o que você quer e eu preparo, diz o avô. Cadê o papai?, pergunta a filha de quatro anos. Você quer pão com queijo ou com manteiga?, pergunta o avô.

Um avô que é um pai deveria, na verdade, voltar para casa e trocar de roupa. Mas quando a mãe das crianças acorda ele entende que ela precisa dele. Ela está uma pilha de nervos. Ela circula pela casa de roupão com uma camisola bem fina por baixo, sem pensar que ele está sentado no sofá e consegue ver o corpo dela quando ela se abaixa para limpar alguma comida do chão. Não importa o que ela faça, ela mantém o celular na mão. O avô tenta acalmá-la. Ele explica que não há nenhuma razão para se preocupar. Meu filho nunca faria alguma estupidez, ele diz. O que você quer dizer com estupidez?, pergunta a namorada. Quero dizer, diz o avô. Que ele é um bom homem. Um homem competente. Um homem honesto. Talvez você ache que ele está com uma prostituta? Ou que tenha passado a noite com uma amante? Eu não acho isso. Tenho certeza de que ele vai chegar a qualquer momento. A namorada fica olhando para ele. Ela se acalma. Obrigada pelo apoio, ela diz. De nada, responde o avô. Vocês têm café? Faça o seu próprio café, ela responde. Ele escutou certo? Ele prefere perdoá-la. Ela está fora de si. Tem uma carga de agressividade dentro de si que ela não está conseguindo controlar. Coitada. Não deve ter passado por muita coisa na vida para ficar alterada desse jeito com o namorado que resolveu se divertir um pouco e se esqueceu de dar notícias.

*

Uma namorada que é uma mãe pede licença do trabalho para ficar em casa e avisa a pré-escola que a filha de quatro anos está doente. Ela não tem forças para sair de casa hoje, mas ao mesmo tempo é impossível ficar em casa porque tudo a faz lembrar que ele não está aqui. Agora vamos sair e andar de trenó, ela diz à filha de quatro anos, com uma voz animada que soa mais falsa do que um piano desafinado. Sua esperança é que o avô entenda a indireta e os deixe em paz. Ela não tem forças para cuidar de duas crianças e um bebê grande. Mas o avô não é um homem que entende indiretas. Ele não entenderia uma indireta nem se ela pulasse em cima dele e mordesse o seu nariz. Quando ela diz que ela e as crianças vão sair para o parque, o avô começa a se vestir. Você também vem?, pergunta a filha de quatro anos. Não, o vovô provavelmente vai para casa, diz a namorada. Não tem problema, diz o avô. Vou com vocês com prazer. Não tenho nada melhor para fazer. Ela ouve o próprio suspiro. Mas, verdade seja dita, é muito mais fácil conseguir sair do apartamento com dois adultos se ajudando. O avô pega as luvas das crianças que caíram atrás da cômoda amarela no hall, ele ajuda a filha de quatro anos a colocar as calças do macacão por cima das botas de inverno. Isso aqui também vai?, ele pergunta ao pegar o capacete do chão. Sim, obrigada, ela diz e coloca o capacete na filha de quatro anos. É o meu capacete de bicicleta, diz a filha de quatro anos. Meu capacete de trenó está na escola. Você

IX. QUINTA-FEIRA   253

tem dois capacetes?, pergunta o avô. Aham. Mas o outro é preto.
E arredondado. O avô e a filha de quatro anos saem para o corredor, eles se ajudam, o avô carrega o *snowracer* e os trenós, e a filha
de quatro anos leva as cordas dos trenós. Você está machucado?,
pergunta a filha de quatro anos. Não, responde o avô. Estou com
um pouco de dor nos pés. Não é nada sério.

*

Um avô que já foi um pai não vai a uma colina para descer de
trenó há mais de trinta anos. Quando eles saem do prédio, ele é
obrigado a cerrar os olhos recém-operados para não ficar cego por
causa do branco da neve. Eles entram em um novo mundo. Ainda
não deu tempo de nenhum caminhão limpa-neve chegar. A neve
ainda está amontoada nas trilhas sem a mistura de sal e areia.
O filho de um ano fica com o trenó pequeno e a filha de quatro anos
com o *snowracer*. Eles sobem a colina puxando as crianças, tudo o
que se ouve são os seus passos rangentes e aquele silêncio ensur-
decedor que chega quando a primeira neve surpreende a cidade,
quando todo aquele enchimento branco faz o mundo se isolar e
eles sentem como se estivessem circulando dentro de um estúdio
de som. Como é bonito, ele diz. Muito, ela diz. Ao chegarem ao
bosque lá em cima, eles param. Primeiro avistam um veado fêmea.
Depois dois machos e mais para a frente um filhote pequeno de
veado. As duas crianças ficam encantadas com os frágeis animais
marrons sozinhos no meio de todo aquele branco. Vocês estão
vendo?, sussurra a mãe. Eles são uma família de alces?, sussurra
de volta a filha de quatro anos. São uma família de veados, sussurra
a mãe. Quando um deles se move, todos se movem, eles saltitam
colina acima, e depois de alguns segundos eles desaparecem. Uma
vez eu vi 27 caracóis, diz a neta ao avô. Vinte e sete? Uau. Onde? Lá
nas escadas, diz a filha de quatro anos e aponta para a escadaria de

pedra. Eu estava com o papai. Tinha chovido. Os caracóis gostam muito de chuva. Onde está o papai? Ele já vai chegar, responde o avô. Conta mais sobre quais animais você já viu. Eu já vi todos os animais que existem, diz a filha de quatro anos. Eu já vi coelhos e gatos e cachorros e dinossauros e uma vez eu fui na casa do Noa e estava voltando para a casa com o papai e a gente viu um esquilo completamente morto. Completamente morto?, pergunta o avô. Ela faz que sim. Completamente completamente morto.

A pista para trenós fica do outro lado do bosque. A primeira descida é lenta porque a neve precisa ser achatada, depois vai mais rápido. A filha de quatro anos desce sozinha, primeiro no *snowracer*, depois no trenó, depois no minitrenó verde. O filho de um ano parece contente sentado no seu trenó e observa o seu entorno. O catarro sobre o seu lábio superior brilha. Sem pensar muito o avô estica a mão, remove o catarro com o dedo e limpa na neve, é um movimento antigo, ele costumava fazer assim em outra vida, agora tudo parece estranho e ao mesmo tempo familiar. Quando olha para cima, ele vê a mãe observando-o com um olhar que poderia ser considerado afetuoso. Vovô?, grita a filha de quatro anos. Você não vai andar de trenó?, Eu não tenho capacete, ele responde. Quer pegar o meu emprestado? Acho que é pequeno para mim, diz o avô. Você entende o que ele está fazendo?, pergunta a mãe. Quem? Seu filho, ela responde. Você alguma vez fez isso com os seus filhos? Ele para e pensa. Você sabia que eu tinha duas filhas? Ela faz que sim. Ele limpa a garganta. Eu perdi contato com a minha primeira filha. O que aconteceu?, ela pergunta. A vida aconteceu, ele responde. Primeiro a vida. E depois a morte. Ele fica em silêncio. Tem vontade de dizer que foi tudo culpa da mãe. Sua primeira esposa não impunha limites. Ela deu à filha tudo o que ela queria. Sem fazer nenhuma exigência em troca. E depois aconteceu o que aconteceu. Ele, por sua vez, fez tudo para a filha. Ia visitá-la

IX. QUINTA-FEIRA

frequentemente, pelo menos uma vez a cada dois anos. Pelo menos no começo. Quase sempre levava presentes. Ele a convidou para vir para cá três vezes. Ela morou com a família nova dele. Ele pagou as passagens dela. A alimentação. Da primeira vez correu tudo bem. A segunda foi ok. Mesmo que ela tenha ficado com aquela raiva de adolescente quando ele a proibiu de ir ao parque com uma saia preta e branca curta ridícula. Na terceira vez, eles não tinham se visto por muitos anos e quando ela saiu no setor de desembarque os olhos dela pareciam mortos. Ela falava muito rápido. Ela segurava firme a sua mala. No dia seguinte ela ficou gripada. O nariz dela escorria diante da mesa de café da manhã. Na hora do almoço ela tinha desaparecido. Ele foi até o centro da cidade e a encontrou na praça Sergel. O que você está fazendo aqui?, ele perguntou. Nada, ela respondeu. Vamos para casa agora, ele disse e a pegou pelo braço. Eles jantaram. A ex-mulher dele tentou preencher o silêncio ao redor da mesa com perguntas sobre arquitetura em Marselha. A filha respondia monossilabicamente. As mãos dela tremiam quando ela levantava o copo de água. Ela disse que estava gripada. Deitou-se no colchão que eles tinham colocado no quarto do filho. Ela ficou deitada acordada por horas. O pai a olhava pela janela da varanda de vidro. Ela tremia. Seu corpo se revirava na cama. Ela parecia uma marionete. Primeiro ele achou que era por causa da febre, depois ele percebeu que ela se coçava. Nos braços, no couro cabeludo, nas coxas. Ela se virava e se remexia e o filho acabou acordando. Ele se sentou na cama e olhou para ela, primeiro com um olhar de divertimento, como se achasse que ela estava brincando, que estava imitando alguém ou tocando violão no ar. Depois ele ficou com medo. O pai que ainda não era avô entendeu. Ele já tinha visto coisas parecidas no Túnel dos Suspiros. Ele entrou no quarto e a segurou firme. Ligou para a mãe dela e contou. A mãe negou. Disse que a filha tinha tido alguns problemas mas que agora ela estava limpa, fazia mais de seis meses que ela não punha as mãos em uma seringa. Ela está prestes a desmaiar exatamente nesse minuto dentro do quarto do meu filho, ele disse. A mãe desligou. Ela achava que ele não tinha o direito de criticá-la, nem de criticar a filha. Enquanto isso a filha tinha começado a gritar, ela se revirava atormentada, ela vomitou bile e teve diarreia, e quando eles a levantaram o corpo dela havia deixado uma mancha escura no colchão. Eles a levaram para a emergência, eles queriam interná-la para que se desintoxicasse, mas ela queria ir embora o mais rápido possível, ela contou que estava seguindo um programa de desmame, que ela tinha um patrocinador e um coach e não queria perder o próximo encontro. Ele a levou ao aeroporto. Ele a fez prometer que nunca, nunca, nunca mais ela tomaria algo novo. Ela prometeu. Ele disse que as drogas danificam o organismo e que se você continuar assim você vai morrer cedo. Ela prometeu. Ele disse que se ela se drogasse mais uma vez ela não seria mais a sua filha. O que mudaria?, ela perguntou. Eles se despediram. Foi a última vez que ele a viu. Pelo menos foi a última vez que ele a viu como filha. Nos anos seguintes eles não tiveram nenhum contato. Um conhecido a viu sair de uma clínica de metadona. Outro a viu, ou melhor, viu uma menina que se parecia com ela entrar num carro vermelho no Boulevard Michelet, perto da estação. Ele cortou o contato com ela para tentar forçá-la a parar. Mais tarde ele viajou até lá para confrontá-la. Ficou parado esperando na frente do prédio dela. Quando ela saiu, iluminada pelos raios de sol, ele não entendia como podia ser ela. Ela tinha envelhecido trinta anos desde a última vez que eles se viram. As pernas dela estavam cheias de teias de aranha vermelhas e manchas que pareciam cicatrizes de queimaduras de cigarro. Ele a seguiu durante um dia inteiro. Ela se encontrou com uma menina mais nova de cabelo curto que lhe entregou uma bolsa

IX. QUINTA-FEIRA

de pano que parecia conter drogas. Ela entrou num cinema para poder se injetar em paz. Tomou café com um homem de barba que poderia muito bem ser o cafetão dela. Quando ela ficou sozinha, ele apareceu. Ele a obrigou a entrar num táxi e a levou para a casa da mãe. Ela não se opôs. Ela entendeu que o jogo tinha acabado. Ele subiu com ela. Ele contou tudo. Contou onde ela havia estado, com quem ela tinha feito negócios, ele disse à mãe para olhar na bolsa de pano se quisesse ter provas de que ela ainda estava se drogando. Eu estou limpa há cinco anos, disse a filha. Você seguiu a minha filha?, perguntou a mãe. Nossa filha, ele respondeu e revirou a bolsa de pano. Livros e DVDs se espalharam pelo chão. As drogas tinham acabado. Ela tinha jogado fora as seringas. Como você se atreve a sumir da nossa vida e depois reaparecer e seguir a minha filha?, perguntou a mãe. Você está dez anos atrasado, disse a filha. Nunca é tarde demais, disse o pai. Estou doente, disse a filha. Ela falou o nome da doença. O pai disse algumas palavras que ele nunca mais poderá retirar. Ele deixou o apartamento sem se despedir da mulher que não era mais a sua filha.

*

Uma namorada que é uma mãe está no topo da colina olhando para a filha de quatro anos que balança os pés no ar para que o minitrenó pegue velocidade. Olha como vou rápido, ela grita, e desce cinco metros antes de sair rolando na neve e gargalhando. Ao lado dela está o avô das crianças. De repente ele menciona sua primeira filha. O que de fato aconteceu entre vocês?, ela pergunta. A vida aconteceu, ele responde. Depois a morte. Ele fica em silêncio. Ela espera a continuação. Ele não diz mais nada. Ele abre a boca algumas vezes, mas interrompe a si mesmo. O vento sopra. Você tinha uma boa relação com o seu pai?, pergunta a namorada na tentativa de mudar de assunto. Nenhuma resposta. Fiz tudo o que pude, diz o avô. Não me arrependo de nada. Depois ele não diz mais nada. Ela olha para ele. Os lábios dele estão trêmulos. Ele se vê infinitamente velho. A filha de quatro anos percebe que algo está errado. O vovô está com frio? Sim, o vovô está com frio, ela diz. Daqui a pouco vamos para casa. Dá uma última volta. Três porque eu já tive três anos, responde a filha de quatro anos. Ok, três voltas. Não, quatro voltas, porque eu tenho quatro. Não, três voltas e depois vamos para casa, grita a mãe.

Ela olha o celular. Nenhuma chamada perdida. Nenhuma mensagem. Ela fecha os olhos. Respira fundo e pede a Deus, Alá, Buda, Zeus, Thor, Oden, Tupac para que o carro esteja no estacionamento quando eles chegarem em casa.

*

Um avô ajudou a neta a pendurar todas as roupas molhadas no secador de toalhas que fica no banheiro principal. Lá estão pendurados o macacão, as meias, a blusa de frio, as ceroulas. Tudo menos a calcinha e a camiseta!, diz alegremente a filha de quatro anos. A mãe preparou o almoço, macarrão frito com legumes estilo tailandês ao molho de coco. O avô gosta de coisas doces, mas não molho para macarrão doce, molho para macarrão tem que ter carne moída ou frango, molho de tomate e folha de louro. Mesmo assim, ele se esforça para comer tudo. Ao terminar ele se senta com a filha de quatro anos na frente da televisão. Eles assistem a um filme animado sobre dinossauros. O Littlefoot faz uma longa caminhada com os amigos dinossauros para salvar o pai que foi capturado debaixo de um tronco perto de um vulcão em erupção. A filha de quatro anos explica com voz séria que os dinossauros de dentes afiados comem outros dinossauros. A mãe vai até o quarto e coloca o filho de um ano na cama. Ele estava quase dormindo

IX. QUINTA-FEIRA

em cima da sua tigela de comida na mesa, ele esfregou os olhos e inclinou a cabeça como um cavalo cansado. Agora ele parece disposto a fazer qualquer coisa menos dormir. Eles o escutam gritar, rir, pular para cima e para baixo e, algumas vezes, depois de ele ter ficado em silêncio durante um tempo, mugir como uma vaca. Por fim, tudo fica em silêncio dentro do quarto. A mãe sai lentamente na ponta dos pés. Ela fecha a porta, um milímetro de cada vez. Vou sair e fazer compras, ela sussurra. Ele deve dormir uma hora pelo menos. Provavelmente uma hora e meia. O avô faz que sim com a cabeça e levanta o polegar. Só depois de ela ter se despedido da filha de quatro anos com um beijo e desaparecido no corredor é que o avô se pergunta o porquê de ela sair para fazer compras agora. A cozinha está abarrotada de coisas. E o filho dele não saiu para fazer compras ontem? Por que ela não pode usar o que já tem? O Littlefoot se cobre com grama fétida para que os dinossauros de dentes afiados não sintam o cheiro dele, diz a filha de quatro anos e aponta para a televisão. Esperto, diz o avô.

*

Uma namorada que é uma mãe corre até o metrô. Ela já está com o cartão em mãos ao se aproximar das catracas, ela chega a tempo de pegar o metrô sentido centro. Ela desce em Liljeholmen e, como faltam nove minutos para o próximo bonde, ela prefere ir caminhando ao lado do rio. Ela passa por donos de cachorros usando fones de ouvido grandes e por aposentados sentados em cima dos seus andadores para aproveitarem o sol. Será que ele vai estar lá? Ele tem que estar. É o único lugar na cidade onde ela imagina que ele possa estar. Se ela estivesse passando por uma crise e cogitasse abandonar a família, este seria o lugar onde eles a encontrariam. Foi aqui onde tudo começou. Ela tem certeza de que ele vai estar nas pedras e vai vê-la chegar. Ele vai acenar.

Vai sorrir. Vai dizer algo do tipo: estou muito feliz de te ver. Ela não vai acenar de volta. Não vai responder ao cumprimento dele. Ela vai dar um tapa na cara dele. Dar uma joelhada no saco dele. Vai chutá-lo na canela e derrubá-lo no chão e, quando ele estiver deitado e gemendo, ela vai dizer que se ele a tratar assim mais uma única vez ela vai pegar as crianças e ir embora. Desaparecer. Para sempre. Ela corta caminho pelo parque vazio, cruza os trilhos do trem e sobe a colina em direção ao ponto de encontro. As pedras que cobrem o pavimento estão escorregadias. As placas cobertas de neve. Um carro sem pneus de inverno tenta acelerar em vão para sair do estacionamento. De longe ela vê que as pedras estão abandonadas. A vista está lá, a ponte e as ilhas e as florestas e a água. Mas ele não. Uma van branca está parada em cima da calçada de onde sai uma corda amarela descendo para dentro do solo. Eles tiveram um problema com o esgoto, diz o rapaz com protetor de ouvido alaranjado. Está tudo bem com você? Ela faz que sim com a cabeça e vai embora. Mas desta vez não há ninguém lá para observá-la desaparecer morro abaixo.

*

Um avô que é um pai tenta entender por que a neta não consegue parar de falar no próprio pai. No início era fofo. Agora começou a ficar irritante. A cada cinco minutos a filha pergunta onde o pai está. O que o pai está fazendo. Se o pai não vai chegar em casa logo. Em seguida a neta quer jogar beisebol de balão, que aparentemente se joga com um balão cheio que você fica arremessando no ar sem que ele encoste no chão. Você sabe quem inventou esse esporte?, pergunta a neta. Imagino que tenha sido o papai, responde o avô. Aham. Mas eu e o papai inventamos o jogo juntos, diz a filha de quatro anos. O papai volta hoje à noite? Volta sim, ele vai voltar com certeza. Como você sabe? Eu simplesmente sei,

IX. QUINTA-FEIRA 261

responde o avô e vai até a janela para olhar para o estacionamento. Agora ele vai chegar. Daqui a pouco ele chega. Ao escutar a chave na fechadura, a filha de quatro anos sai para o hall antes que o balão caia no chão. Quando ela vê quem é, ela cai no choro, a mãe a pega no colo, diz que ela também está com saudades do pai mas que ele em breve vai voltar. Como você sabe?, pergunta a filha de quatro anos. Estou sentindo que sim, ela responde. O avô fica enjoado. A filha de quatro anos está chorando como um bebê. Ele se pergunta quem ensinou a filha de quatro anos a ser tão sensível. Só pode ter sido o pai dela. Ele ainda está dormindo?, pergunta a mãe. Como uma pedra, responde o avô. Obrigada, diz a mãe. De nada, diz o avô e estica a mão para pegar o casaco.

*

Uma namorada chega em casa e vê que os sapatos do pai ainda não estão na entrada. A filha de quatro anos tentou se conter durante todo o dia. Agora ela não consegue mais. Derrete no colo dela. Chora por quinze minutos. A mãe a consola. Ela dá tchau para o avô, que finalmente decidiu ir embora. Agora ela está sozinha com aqueles que são os mais importantes. Ela nunca vai decepcioná-los. O filho de um ano acorda. Eles vão para a cozinha e preparam um bolo de banana sem glúten e sem açúcar. O filho de um ano está de pé em cima do banco alto branco perto da pia colocando e tirando a mesma tâmara da mamadeira transparente. A filha de quatro anos está descascando e amassando as bananas que ficaram amarronzadas. A mãe deixa o celular de lado e se esforça para se concentrar naquilo que eles estão fazendo. Isto aqui é mais importante do que qualquer outra coisa neste momento. Eles estão no meio do caminho quando ela escuta a chave virar no hall. A porta se abre e a primeira coisa que ela vê é a cor azul da sacola grande da Ikea. Depois ela o vê. Ele entra com as sacolas da Ikea primeiro. Quatro unidades cheias de compras; ela vê um pacote grande de papel higiênico, vários pacotes de fraldas, pratos de papel e guardanapos e uma caixa com dez leites de aveia. Papai, grita a filha de quatro anos e sai correndo até o hall para abraçá--lo. Oi, meu amor, ele diz e se agacha para poder cheirar o pescoço da filha. Onde você estava?, a filha de quatro anos pergunta. Fui fazer compras, responde o pai. Demorou muito. De vez em quando fazer compras demora, diz o pai. Tinha muita gente. Ele tira os sapatos e pendura o casaco. Leva as sacolas até a cozinha e começa a tirar as coisas. Ele está com a barba por fazer e os olhos vermelhos. As roupas são as mesmas de ontem. Ele não diz uma palavra. Eles jantam em silêncio. A única pessoa que conversa é a filha de quatro anos, ela fala sobre futebol, robôs e que o vovô disse que ela é um anjo do universo. O vovô esteve aqui?, pergunta o pai. Ele dormiu aqui, responde a filha de quatro anos. Ele é muito gordo. Ele é mais gordo do que o irmão mais velho do Malcolm. *Muuu*, diz o filho de um ano e vira o seu prato no chão.

*

Uma irmã que é uma mãe fez uma lista no celular de coisas que ela tem que fazer antes do fim de semana. Ela tem que entrar em contato com a assessora de imprensa da Unilever para acertar os últimos detalhes antes do lançamento da campanha da Knorr na próxima semana. Tem que ligar para se despedir do pai que está indo embora amanhã. Tem que responder quatro e-mails importantes, responder o convite de casamento de uma amiga e devolver os sapatos que ela comprou na internet. E amanhã ela vai se encontrar com aquele que é o seu namorado, mas que não está pronto para se tornar pai, na clínica de aborto para que juntos eles ponham fim à vida que está crescendo dentro da barriga dela. Mas não é nenhuma vida. Porque passa a ser uma vida somente depois

IX. QUINTA-FEIRA

263

da vigésima segunda semana, quando já não é permitido fazer um aborto, quando o feto consegue sobreviver fora do útero. Até lá o feto não é um feto. Ele é uma parte dela, e o que vai acontecer amanhã não é nada de mais. É uma intervenção para retirar algo que ela não quer ter. É como espremer um cravo ou retirar um apêndice inflamado. Ao subir o elevador até o apartamento ela envia uma mensagem ao filho. Uma música sobre como o mundo está repleto de amor. Ela ainda entra em contato com ele, pelo menos a cada dois dias. Ou por e-mail ou por mensagem. Ele nunca responde. Ela chega em casa num apartamento igualmente vazio como quando o deixou. Ela se lembra de quando ela chegou em casa e percebeu que o filho havia mexido nas suas coisas, pegado o seu iPad e jogado nele sem pedir permissão ou remexido na sua bolsa de ginástica à procura de moedas. Agora ela acha incompreensível como algo assim poderia irritá-la. Ela se envergonha só de pensar que se irritou com ele algumas vezes por ele ficar insistindo em comer chips no café da manhã mesmo depois de ela dizer não. Agora ela faria qualquer coisa para chegar em casa e ver rastros do filho, suas meias sujas e amassadas penduradas no aquecedor na parede, seu boné sujo no chão, seus livros da escola empilhados de qualquer jeito em cima da mesa da cozinha. Um copo de achocolatado esquecido com marcas de dedos engordurados de manteiga e uma borra grossa e marrom no fundo. Farelos de pão. Um pedaço de queijo suado e enrijecido. Agora é somente ela quem deixa rastros no apartamento. É ela quem entra de sapatos para buscar os fones de ouvido e deixa marcas no chão. É o seu café da manhã solitário e triste que fica esquecido em cima da mesa da cozinha. E não importa quantas taças ela use, quantos amigos ela convide para jantar, quanto tempo o namorado já tenha morado lá. Mesmo assim é nítido que ela é a única pessoa morando lá e seus rastros não têm a mesma vida que os do filho. Ela sente falta do cheiro e do suor dele e daquele desodorante que na verdade era dela, mas que ele achava que tinha um cheiro tão bom que ele costumava pegar emprestado.

Ela pendura o casaco num cabide, tira os sapatos e vai até a cozinha. Ela deveria cozinhar, mas não há nada mais entediante do que cozinhar para si mesma. Ela abre a geladeira para pegar umas sobras de comida. Ela sente falta das coisas que ela comprava só porque ele gostava. Ketchup. Geleia. Salsicha. Pão de cachorro--quente. Beterraba em conserva. O celular toca. Ela presume que seja algo de trabalho. Estica-se para pegar o celular e atende com a sua voz de trabalho. A voz soa tensa e já sinaliza logo que ok, ela pode falar, mas não tem todo o tempo do mundo.

É ele. Seu filho. Ela percebe que é ele por causa da respiração. Percebe que é ele por causa do nariz entupido dele. Percebe que é ele por causa do barulho ao fundo. Eles ficam em silêncio e escutando a respiração um do outro durante dez segundos. Mas ela sabe que é ele. Ela simplesmente sabe. Ela sempre vai saber. Mamãe?, ele diz. Sim, meu amor, ela diz. Sim, amor do meu coração. O que foi? Onde você está? Você está bem? O que eu posso fazer por você? Onde você está? Ele se recompõe. Ele tenta dizer algo. Ela não escuta a voz dele há mais de um ano, e, mesmo assim, ele soa tão pequeno, sua voz está mais sóbria, mas também mais leve. Mamãe, você mandou alguém ir na minha escola? Quê? Quem? Como assim? Do que você está falando? Seu irmão foi na minha escola hoje, diz o filho. Você pediu para ele me procurar? Ela fica em silêncio. Ela não sabe o que pensar. Um pensamento rápido a atravessa: ele está gravando isto aqui? Será que isto é algo que pode ser usado contra ela num julgamento futuro? Estará o pai ao fundo, pronto para conduzir a situação? Não. Porque quando o pai está ao fundo ela sente na voz do filho. Do que você está falando, meu amor?, ela pergunta. Claro que não. Meu irmão foi até lá? Ele esteve na sua escola? Quando?

IX. QUINTA-FEIRA

No intervalo do almoço, ele responde. Ele subiu com o carro no pátio da escola. Caramba, diz a irmã. O que ele foi fazer lá? Ele disse que queria conversar comigo, responde o filho. Ele pediu para eu entrar no banco da frente e depois travou as portas e ficou falando por uns quinze minutos. Ele parecia um pouco... O filho procura a palavra certa. Emocionalmente instável.

Emocionalmente instável, repete a irmã e sorri. Meu filho está usando palavras como emocionalmente instável. Não faz muito tempo, ele ainda usava fraldas e beijava a própria imagem no espelho no hall da entrada e agora ele mora com o pai e tem seu próprio celular e usa palavras como emocionalmente instável. O que você quer dizer com instável?, ela pergunta, porque desde que eles conversem sobre qualquer assunto eles não precisam conversar sobre eles mesmos, e por isso ela está disposta a ficar conversando até o fim do mundo.

Não sei, responde o filho. Ele cheirava a suor. Ele estava com a barba por fazer e falava a 180 por hora que ele tinha dormido mal e perdido o celular e dirigido a noite toda e... Não consegui entender o que ele queria. Te entendo, ela diz. Mas que bom que você me ligou e me contou. Você não precisa de forma alguma se preocupar com ele. Vou tomar conta de tudo. Ele disse mais alguma coisa? Ele ficou dizendo várias vezes que temos que ter uma boa relação com o pai e com a mãe porque nunca sabemos em qual deles podemos confiar. Ele disse isso?, pergunta a irmã. Aham, responde o filho. Você acha que ele tem razão?, ela pergunta. Depende, ele responde. Se os pais são carinhosos ou estúpidos. Depois a Selma e o Nicky apareceram, me viram no carro e bateram no vidro para perguntar se estava tudo bem. Quem é Selma e Nicky? Eles são da minha turma. A Selma é um ano mais velha, ela teve que repetir de ano porque o pai é da Austrália. A mãe não tem muita certeza sobre a lógica entre ter um pai da Austrália e repetir de ano, mas ela não diz nada, ela apenas quer desfrutar da sua voz vacilante de puberdade que soa tão adulta e tão infantil ao mesmo tempo. Eu só queria saber se foi você que o tinha mandado até lá, diz o filho. De jeito nenhum, diz a irmã. Mas fiquei feliz que você me ligou. Vou conversar com ele. Ele não tem o direito de ir até a sua escola sem falar comigo primeiro. Ele parecia de fato estar emocionalmente instável, diz o filho, e a irmã sorri ao ouvir a boca desacostumada do filho pronunciar as duas palavras que ele deve ter aprendido na escola, ou em alguma série de TV ou talvez com o pai. Você contou para o seu pai?, ela pergunta e se arrepende quando ela percebe o filho mudar, sua voz se fecha e fica com aquele tom ríspido que ele tinha antes de se mudar da casa dela. Ainda não, ele responde. Eles ficam em silêncio. Você acha melhor eu não contar?, ele pergunta. Você decide, ela responde. Você já é grande o suficiente para decidir esse tipo de coisa sozinho. Ok. Tchau. Tchau. Te amo, ela diz, mas ele já desligou. Ela fica parada com o celular na orelha durante um bom tempo.

X. SEXTA-FEIRA

Um namorado que nunca vai ser um pai não vive a sua vida de verdade. Isso é uma reprise de novela. Um remake inútil. Uma continuação que nunca deveria ter sido produzida. Amanhã cedo ele tem uma aula de educação física com a turma 9B, mas neste exato momento ele está cambaleando na ponte Skeppsbron. Um dos seus amigos está fazendo xixi atrás do ponto de ônibus. Dois outros amigos estão tentando convencer duas meninas a continuar a festa. A primeira menina trabalha como segurança. A outra é uma estátua. A bola está com o namorado para conduzir a situação, já que ele é o mais sóbrio neste momento, ele tem que trabalhar amanhã cedo, ele já cumpriu muitos créditos do curso de cinema, ele é quem sabe que o ônibus noturno sai do outro lado. Venham. Seus amigos o seguem contrariados. Um dos amigos se apoia numa parede. O outro começa uma discussão sem sentido com um motorista de táxi ilegal. Fazia meses que ele não encontrava os amigos e eles deveriam ter infinitos assuntos, mas ele não pode conversar com eles sobre a única coisa que o interessa agora. Ele quer contar que a namorada está grávida. Que ela decidiu fazer um aborto. Que na verdade era para eles terem se visto esta noite para conversar, mas ela não atendeu o celular e isso só pode significar uma coisa.

Ela está decidida. A pessoa na barriga dela nunca vai chegar a nascer. Eles brigaram a semana inteira e toda vez ela alegou que ele era um perdedor. Que seus genes não deveriam ser passados para a frente. Ela quer se limpar daquilo que é dele o quanto antes e assim que a intervenção tiver terminado ela vai poder terminar com este experimento e seguir em frente, e então ele vai se tornar apenas um parêntese na vida dela, um desvio temporário do qual ela vai se lembrar e se perguntar o que ela estava fazendo. Quem era aquele cara estranho tatuado que podia citar um Eisenstein, Renoir e Truffaut?, ela vai se perguntar. Ele, que ao se preparar para a sua tese sobre temporalidade, assistiu voluntariamente ao filme de 24 horas do Marclay *The Clock*? Você está falando sério?, ela perguntou quando ele contou para ela. Dura 24 horas? Ele fez que sim com a cabeça. Mas eu assisti dividido em cinco partes, ele respondeu. E parece curto em comparação com o *Empire* de Andy Warhol. Qual é a duração dele?, ela perguntou. Umas oito, ele respondeu. Horas?, ela perguntou. Ele fez que sim. O que você achou?, ela perguntou. Bom, tinha algo interessante, ele disse. Você fica muito envolvido, apesar de ser só uma câmera fixa no Empire State Building. É um tanto hipnotizador se sentir tão entediado. Era como o *The Clock*, mas ao contrário.

O ônibus noturno que eles estavam esperando passa direto. Um dos amigos se deixa cair na calçada. O outro acende um cigarro e mostra um dedo para o motorista. Com esta velocidade eles vão chegar em casa por volta do Natal. O namorado que nunca vai se tornar um pai se agacha. Meu pai era motorista de ônibus, ele diz aos amigos. Uma vez quando estávamos voltando para casa do parque de diversões Gröna Lund, a minha mãe cumprimentou o motorista. Você o conhece?, eu perguntei. É o seu pai, ela respondeu. Os amigos o escutam. Meu irmão e eu fomos até a parte da frente do ônibus. Ele estava sentado atrás do volante e eu me senti muito orgulhoso quando o vi, apesar de não nos falarmos havia

X. SEXTA-FEIRA

muitos anos. Apesar de ele ter nos dado muita porrada quando erámos pequenos. Lá estava ele sentado acelerando e freando e abrindo as portas para os turistas. Eles ficam em silêncio. Os amigos se entreolham. Eles começam a rir. Você está viajando, diz um dos amigos. Pior cena de filme, diz o outro amigo. Seus idiotas, diz o homem que nunca vai ser pai. É verdade. Aconteceu exatamente assim.

Eles chegam ao ponto de ônibus. Eles vão para casa em silêncio. Depois de se despedirem, ele pensa naquilo que os amigos chamaram de cena de filme. É exatamente o contrário de uma cena de filme. Parece mais uma cena que nunca funcionaria em um filme justamente por ser tão explícita, tão romântica, tão aleatória. O pai desaparece e se transforma numa fotografia em preto e branco pendurada numa vitrine de loja. Ele se transforma numa sombra no corredor. Ele se transforma num super-herói para o filho se gabar na pré-escola. Um animal ameaçado de extinção para passear no parque nos fins de semana quando ele vem visitar, sempre de mãos dadas, com os braços como se fossem uma coleira, de forma tal que ninguém o olhe e ache que ele é o pai de outra pessoa. Depois do divórcio, eles se viam, com sorte, a cada três meses. Depois passou a ser menos frequente ainda. O pai ficou morando na mesma cidade, mas arrumou uma nova família e começou a trabalhar como motorista de ônibus, até que um belo dia ele depara com a sua família antiga voltando do Gröna Lund e indo para o centro da cidade. A cor vermelha do ônibus simbolizando o amor eterno entre pais e filhos, mas também o sangue que os conecta, o ódio vermelho que força a separação, a raiva vermelha que incapacita o perdão, a paixão vermelha que fez o pai e a mãe se encontrarem. Os pneus pretos simbolizando o material que encapsula os sentimentos, que equilibra o aperto na garganta, mas que também protege contra possíveis golpes. O pai tem que respeitar a tabela de horários, a vida segue adiante, as crianças têm que apertar o botão para que as portas se abram, e eles deixam o seguro seio familiar, saem no frio, somente na companhia da mãe. Os filhos assumem o controle da sua sina. A mãe mais cedo ou mais tarde vai morrer, o pai acredita estar livre para seguir sua rota, ele não pode nem parar para ir ao banheiro, ele tem que continuar dirigindo e dirigindo e dirigindo.

Um professor de educação física que na verdade é bacharel em Cinema olha o celular. Daqui a cinco horas a sua primeira aula começa. Daqui a oito horas eles vão se encontrar na clínica. Mas não importa. Ele vai começar agora. Ele vai terminar a sua tese agora de madrugada. Ele não vai desistir. Se ele conseguir expelir a dissertação, a tese de doutorado depois vai jorrar dele como se fosse leite saindo de uma teta, lava de um vulcão, vinho de uma daquelas bolsas de vinho para turistas que ele comprou de presente para os amigos quando estava viajando de trem na Espanha, e era bom beber daquilo até que você sentia que todo o vinho que tinha permanecido ali mais do que alguns segundos ficava com um forte cheiro de borracha e um gosto de plástico. Ele avista a sua portaria, ele aperta o passo, ele sente a energia, ele não está nem um pouco cansado, tudo está dentro dele, não existe outro assunto que ele saiba melhor, ele já assistiu a todos os filmes, já leu tudo o que há de teoria, ele só vai fazer um pouco de chá e se sentar na frente do computador e deixar a dissertação jorrar para fora, amanhã ela vai estar pronta, e dentro de algumas semanas ele vai conseguir uma vaga no doutorado, a professora Koskinen vai ligar para ele e pedir que ele comece o quanto antes. Fazia anos que não recebíamos um tema tão incrivelmente fascinante, diz a professora. Nossa faculdade precisa de você. Eu preciso de você. Por favor, venha até aqui agora. Estou no trabalho, responde o namorado. Qual trabalho?, pergunta a professora Koskinen. Sou professor de educação física. Ele é professor de educação física!, grita a professora Koskinen para os outros que aguardam ansiosamente na

X. SEXTA-FEIRA

mesma sala. Vamos pedir um táxi, diz a professora. Precisamos conversar urgentemente sobre como você planeja dissertar sobre o tema que você apresenta como sua tese em Cinema, e considerando a forma interessante que você aborda temas como viagens no tempo, mundos paralelos e temporalidade dilatada, ela tem potencial para se tornar uma obra-prima interdisciplinar. No elevador, ele já pediu demissão e começou a escrever a tese, quando o elevador chega ele já terminou, todos ficam em silêncio na faculdade quando ele entrega a tese, ninguém consegue acreditar que é verdade, seus concorrentes rangem os dentes, a professora Koskinen bate palmas, ao fim da defesa três professores especialistas convidados o premiam, um deles cai no choro, a segunda diz que nunca tinha lido nada tão provocador, o terceiro fica sentado em silêncio com um sorriso sutil nos lábios, em seguida ele se levanta, aperta a mão do namorado e diz: Obrigado. Ele é convidado a dar palestras nos EUA, Berkeley e Harvard brigam para ver quem consegue contratá-lo como professor convidado, o festival de Cannes se sente honrado quando ele aceita o convite para ser o presidente do júri e nada disso teria acontecido se ele, uma vez há muitos anos, não tivesse sido traído pela mulher que alegava ser a sua namorada, mas que depois decidiu matar o seu filho. Ele liga o computador. Ele coloca água para ferver. Ele procura a última versão da dissertação e adormece com a cabeça apoiada na mesa da cozinha antes de a água terminar de ferver.

*

Uma irmã que é uma mãe combinou de se encontrar com o namorado perto dos bancos que ficam a vinte metros da entrada da clínica. Ela quer que eles entrem juntos. Ela quer que as secretárias, as enfermeiras, as médicas e principalmente as outras mulheres na sala de espera vejam que os dois tomaram a decisão juntos. Ela não está sozinha. Vou com você, disse o namorado depois que ela lhe comunicou sua decisão. Apesar de implorar para você escutar o seu bom senso. Mas ela tem certeza. Tirar essa criança não quer dizer que eles não possam ter outra. Mais para a frente. Quando eles realmente quiserem. Mas no caminho para a clínica ela começa a ter dúvidas. Imagina se ela se arrepender? Ninguém nunca se arrepende de ter tido um filho, as pessoas lhe diziam quando ela engravidou pela primeira vez e o seu ex-marido começou a se comportar de forma estranha. E elas tinham razão. Independentemente de tudo que aconteceu, ela nunca tinha se arrependido de ter mantido o filho. Ou será que em alguns momentos lá no seu íntimo ela se questionava se tinha tomado a decisão certa? Nunca. Ela está prestes a cometer o mesmo erro agora? Imagina se ela não conseguir engravidar de novo? Ela tem que conversar sobre isso com ele uma última vez, ele que, na verdade, não é o seu ex-marido, mas sim uma pessoa muito mais gentil e honesta. Por isso ela escreve para ele e pede que ele chegue meia hora mais cedo. Ela imagina que ele vai estar lá quando ela chegar, que ele vai ficar de joelhos e implorar para que ela repense mais uma vez, ele diz que a ama, que quer estar com ela para sempre e que a pessoa que eles teriam juntos merece uma chance. Ela chega aonde os bancos estão. Ele não está lá. Ele não respondeu à sua mensagem. Ela se senta. Escreve para ele de novo. Tenta ligar. Olha as horas. São quase vinte para. Quinze para. Onde você está?, ela escreve quando faltam cinco para. Faltando três minutos ele liga, está com uma voz áspera, ele diz que surgiu um imprevisto no trabalho, que um aluno ameaçou outro aluno, o diretor está lá, a polícia foi chamada, ele tem que ficar e arrumar a bagunça. Ele lamenta muito não poder estar lá, mas ao mesmo tempo ele não sabe ao certo que tipo de suporte ele daria, porque ele se sente um pouco exaurido, e ele sempre, como ela sabe, teve um pouco de aflição de hospitais e seringas. Mas ele está mandando o máximo

X. SEXTA-FEIRA

de energia positiva e espera que eles se encontrem em breve. Ela permanece sentada completamente imóvel. Ela desliga sem dizer tchau. Enfia o celular na bolsa e entra pela porta de vidro. Uma secretária sorri e se certifica de que ela é ela mesma. Por um segundo ela não tem certeza. Depois ela faz que sim com a cabeça e segue em direção à sala de espera.

*

É sexta-feira de manhã e o avô que é um pai se prepara para pegar o metrô até o terminal rodoviário e o ônibus até o aeroporto. Ele coloca na mala as coisas que ele comprou em promoção. Camisas da Dressman, calças da Grosshandlarn, blusas e roupas infantis da H&M, sapatos infantis da Deichmann. Nada é para ele. Tudo vai ser vendido a preços modestos, sem acréscimos, em dinheiro vivo em outros países. Ele guarda as embalagens de plástico. Guarda os cabides. Guarda as etiquetas, mas retira os adesivos vermelhos de promoção. Ele risca o penúltimo dia no seu calendário caseiro e enfia tudo o que é comestível na bolsa que ele leva como bagagem de mão. Enfia maçãs, laranjas, granola, coalhada, dois pacotes de feijão, metade de um pepino, metade de um queijo, um pacote de pão de forma e uma lata de cavalinha ao molho de tomate. Ele pega um recipiente de plástico com tampa e despeja nele quase todo o pacote de café solúvel. Em seguida ele fecha a mala com um cadeado. O voo sai às 19h. Ele quer deixar o apartamento por volta da hora do almoço. Quer chegar lá com pelo menos quatro horas de antecedência. Ele não gosta de estresse. Há aparelhos de televisão no aeroporto e ele não tem nada melhor para fazer. São 11h30 quando ele escuta um carro buzinando lá fora.

Um filho que é um pai está sentado no carro do lado de fora do escritório. Ele não quer subir. Não quer descobrir que o pai deixou o escritório no mesmo estado em que costuma deixar. Não quer acordar o filho de um ano no banco traseiro e subir as escadas com ele para ver torres de caixas de pizza, montes de unhas cortadas em cima da pia da cozinha, montanhas de peles velhas do pé lixadas no banheiro. Além disso, o filho de um ano não pode ficar lá, só depois que a dedetização contra as baratas tiver terminado. O rapaz da Anticimex perguntou especificamente se haveria alguma criança aqui e, quando o pai respondeu que não, ele colocou um pouco mais do veneno pastoso no chão do banheiro, nas prateleiras da cozinha, atrás do micro-ondas e no espaço entre a geladeira e o freezer. Mas. Estranhamente, o pai não quer subir e descobrir que o seu pai limpou. Ele não sabe ao certo por quê. Talvez porque seria uma prova de que as pessoas podem mudar. Ou talvez porque seria um sinal de que ele sempre teve a capacidade de fazê-lo durante todos esses anos, mas só se dispôs a se esforçar quando sofreu uma ameaça concreta. O filho buzina para mostrar que está aqui. O pai sai na varanda. O que você quer?, pergunta o pai. Queria me despedir, responde o filho. Sobe então, diz o pai. Não posso, diz o filho e aponta para o banco traseiro onde o filho de um ano está dormindo. Espera um pouco, vou descer. Traz a sua mala, diz o filho. Posso te levar ao aeroporto. O pai fica parado na varanda por dois segundos a mais do que deveria. Vou descer daqui a pouco, ele diz. Só vou terminar de fazer a mala. O pai desce com a mala abarrotada. Você merece uma nova mala, diz o filho. Compra de presente de aniversário para mim, diz o pai. O filho coloca a mala no porta-malas, senta atrás do volante, olha no retrovisor, liga a seta e sai dirigindo. Não esquece o ponto cego, diz o pai. Eu conferi o ponto cego, diz o filho. Você precisa conferir com atenção. Eles fazem o retorno e voltam em direção à rotatória.

X. SEXTA-FEIRA

O que é isso?, pergunta o pai. Um celular temporário, diz o filho. O que aconteceu com o outro? Quebrou, responde o filho e o enfia num compartimento para evitar ficar olhando para ele. O carro está sujo, diz o pai. Vou lavar, diz o filho. Está cheirando a peixe. Vou lavar, repete o filho. Você tem que cuidar das suas coisas, senão elas estragam, diz o pai. O filho vira à direita, à direita de novo, e sai na rodovia. Se você não consertar, isso aqui no vidro pode acabar virando uma rachadura, diz o pai ao apontar para uma marca de pedra no para-brisa. Aí você vai precisar trocar todo o para-brisa. É só uma trinca, diz o filho. Agora, diz o pai. Mas depois pode se transformar numa rachadura. Espera para ver quem tem razão. O filho se coloca na pista da direita. Você comeu alcaçuz?, pergunta o pai. Por quê? Quando a sua mãe comia alcaçuz ela sempre ficava com espinhas. Tenho dormido mal ultimamente, responde o filho. Faz quanto tempo? Os últimos quatro anos, responde o filho. Acelera, diz o pai. Não temos o dia inteiro. O voo não sai daqui a umas seis horas?, pergunta o filho. Não faz mal chegar mais cedo, responde o pai. Estresse não faz bem para o estômago. O filho olha o retrovisor, dá seta e se coloca na pista da esquerda. Não esquece o ponto cego, diz o pai. Sou eu que estou dirigindo e já conferi o ponto cego, diz o filho. Você olhou muito rápido, diz o pai. Tem que olhar com atenção. Pelo amor de Deus, diz o filho. Podemos fazer um teste? Só hoje. A viagem demora 45 minutos. Será que durante esse tempo podemos tentar conversar sem que você me critique? Como se fosse um experimento. Fazemos um teste. Toda vez que você for dizer alguma coisa, você pensa antes e, se houver *alguma coisa* naquilo que você for me dizer que possa ser interpretada como uma crítica a mim, você não diz nada. Vamos tentar? É você quem fica procurando erros em mim, diz o pai. Ok, diz o filho. Agora você acabou de me criticar por isso também. Podemos tentar de novo? De agora em diante? Nenhum de nós critica o outro. Vamos ver se conseguimos. Quarenta e cinco minutos.

Deveríamos conseguir. O pai olha para fora. O filho presta atenção no trânsito. Duas vezes ele percebe pelo canto do olho como o pai abre a boca para dizer algo e depois fica em silêncio.

*

Um avô que é um pai está em choque. Pela primeira vez na história do mundo o filho se oferece para levá-lo ao aeroporto! Inacreditável. É o seu dia de sorte. Ele deveria jogar na loteria. Mas, em vez de fazer isso, ele se senta no banco do passageiro do carro e faz algumas piadas engraçadas. O filho não ri. Ele entende tudo errado. Ele acha que a piada é uma crítica. O que aconteceu ontem?, pergunta o avô. Como assim?, pergunta o pai. Você saiu para fazer compras e depois desapareceu, diz o avô. Eu tinha umas coisas para fazer, diz o pai. O avô acena com a cabeça. Ele entende. Ele também já foi pai. De vez em quando você tem coisas para fazer e então tem que as fazer. E essas coisas não dizem respeito nem às namoradas nem aos pais. Você está precisando de dinheiro?, ele pergunta e apalpa o bolso interno do casaco na altura do peito. Não, responde o pai. Você está precisando de uns músculos? O avô flexiona os bíceps. O pai sorri. Não, obrigado. Já resolvi tudo. Eles seguem em silêncio. Eu tive vontade de ir embora, diz o pai. Só isso.

O avô se sente aliviado. Ele gosta do fato de o pai não querer contar tudo para ele. É sinal de que ele é adulto o suficiente para entender que algumas coisas devemos guardar para nós mesmos.

*

Um filho que é um pai começa a avistar as placas que indicam que o aeroporto está próximo. Em breve eles chegam. Em breve eles vão se despedir. Em breve vai ser tarde demais. O filho dá

X. SEXTA-FEIRA

seta para a direita, sai da rodovia e estaciona o carro na beira da estrada. O que você está fazendo?, pergunta o pai. O filho liga o pisca-alerta e deixa o motor ligado para que o filho de um ano no banco traseiro não acorde por causa do silêncio. Pai, ele diz. Você não pode ficar parado aqui, diz o pai. Pai, ele diz. O que você está fazendo, é extremamente perigoso parar aqui, alguém pode bater na gente a qualquer momento. Pai, diz o filho. Presta atenção. Eu tentei ir embora ontem. Mas eu não pude. Eu quis voltar. Preciso dos meus filhos. Entendo, diz o pai. Agora dirija. Você fez um estrago muito grande, diz o filho. Mas mesmo assim eu não fiquei tão destruído a ponto de abandonar a minha família. Obrigado por isso. O pai fica em silêncio. Nós tivemos alguns conflitos ao longo dos anos, diz o filho. Você teve conflitos, diz o pai. E nós dois dissemos e fizemos coisas das quais acredito que nos arrependemos, diz o filho. Eu não me arrependo de nada, diz o pai. Mas eu quero que você saiba uma coisa, diz o filho. Eu... te perdoo. Agora dirige, diz o pai. Nós te perdoamos, diz o filho. Nós quem?, pergunta o pai. Eu e minhas irmãs, diz o filho. O pai fica em silêncio. Ele desvia o olhar. Ele balança os ombros. Ele faz uns sons estranhos. O filho olha para a frente até que o pai tenha parado. Agora dirige, diz o pai e coloca os óculos escuros. Não se esquece do ponto cego.

*

Um filho que é um pai e um pai que é um avô chegam ao aeroporto. O pai estaciona, o filho de um ano se espreguiça e acorda. Eles vão juntos até o guichê de embarque. Vocês fizeram o check-in on-line?, pergunta a mulher atrás do balcão. Ele é meu filho, diz o avô. Ele me deu carona até aqui. Que filho mais gentil você tem, diz a mulher. Já fizeram o check-in? Não, responde o avô. Não consigo fazer o check-in sozinho. Sou analfabeto. Ele ri da própria piada. O filho também ri. A mulher o ajuda a fazer o check-in. Você quer plastificar a mala por segurança? Esta mala tem dado conta das minhas viagens há trinta anos e vai dar conta desta viagem também, diz o avô.

Eles andam juntos até o controle de segurança. O filho de um ano pisca para o teto do aeroporto. *Muu*, ele diz ao ver o agente alfandegário com o cão farejador. O avô se inclina na direção do neto. Ele o beija nas bochechas, três vezes. Em seguida, mais três vezes. Vou ficar com saudade dele, diz o avô. Ele vai ficar com saudade de você também. Na próxima vez vocês devem tentar se ver mais. Com certeza, diz o avô. Ele enfia a mão no bolso e pega uma nota de quinhentas coroas. Para o combustível. É muito, diz o pai. Usa o que sobrar para comprar meias de futebol para a sua filha. Dá pra comprar muitas meias, diz o pai. Ela merece, diz o avô.

O avô e o pai se abraçam e se beijam na bochecha, três vezes. A gente se fala, diz o pai. Com certeza, diz o avô. Promete enviar uma mensagem quando você chegar, diz o pai. Claro, diz o avô. Senão você sabe como eu fico. Como você fica?, pergunta o avô. Preocupado, diz o pai. Não fica preocupado, diz o avô. Mas eu fico mesmo assim, diz o pai. Você pensa demais, diz o avô. Só promete que você vai escrever?, diz o pai. Você é muito sensível. É tudo o que te peço. Uma mensagem curta quando você chegar. Ok, diz o avô. Estou falando sério, diz o pai e se sente como um filho. Vou te escrever, diz o avô e sorri. Se você não me escrever vou me vingar, diz o pai, meio brincando. Como?, pergunta o avô. Escrevendo sobre isso, diz o pai. Escreve, diz o avô. Escreve um livro sobre um filho que joga na rua o próprio pai amado. Você quer dizer um pai que trata a própria família como se fosse um bem, diz o pai. Eles sorriem um para o outro. A última coisa eles não chegam a dizer. Eles apenas dizem adeus. O avô caminha em direção ao controle de segurança. O filho que é pai fica para trás parado perto do carrinho de bagagem. Ele espera o avô se virar e acenar dando tchau. O avô não se vira. O pai nunca

X. SEXTA-FEIRA

pegou as chaves de volta. O avô nunca escreveu assim que chegou. Daqui a cinco meses e 28 dias eles vão se ver de novo.

*

À noite o filho que é pai passa pelo escritório. Ele está pronto para deparar com qualquer coisa ao virar a chave e abrir a porta. O lixo foi jogado fora. O chão está limpo. O banheiro lavado. Todas as embalagens de pizza, com exceção de uma, foram jogadas fora. Até a louça ele lavou. Inacreditável. Ele não encontra nem mesmo os cadáveres das baratas para varrer, o que é sinal de que o veneno e as armadilhas funcionaram. O filho já pode abrir a correspondência que se acumulou, separar recibos, imprimir extratos e preparar as declarações. É só sentar e começar. Em breve ele vai começar. Mas, primeiro, ele vai até a cozinha e coloca água para ferver. Pega um saquinho de chá e uma caneca. Na mesa da cozinha há um bilhete escrito num papel branco. É a letra do pai. Ele escreveu: *Nos vemos em breve*. Nada de: *Obrigado*. Nada de: *Eu te amo*. Ele anotou os dez dias e riscou todos com exceção do último.

O filho joga o papel na lixeira debaixo da pia da cozinha. Seu celular toca. Uma vez. Duas. Três. Ele atende. A voz chateada da irmã conta que o filho ligou para ela e que ela terminou com o namorado que nunca foi um namorado e que hoje de manhã ela fez um aborto sem se arrepender. Onde você está?, pergunta o filho que não é o pai dela. Estou indo para aí.

Dados Internacionais de Catalogação na Publicação (CIP)
(Câmara Brasileira do Livro, SP, Brasil)

Khemiri, Jonas Hassen
A cláusula do pai / Jonas Hassen Khemiri ;
tradução Clarice Goulart. — Belo Horizonte, MG :
Editora Âyiné, 2022.
Título original: Pappaklausulen.
ISBN 978-65-5998-035-2
1. Romance sueco I. Título.
22-105733   CDD-839.73

Índices para catálogo sistemático:
1. Romances : Literatura sueca 839.73
Eliete Marques da Silva — Bibliotecária — CRB-8/9380

DAS ANDERE

1 Kurt Wolff *Memórias de um editor*
2 Tomas Tranströmer *Mares do Leste*
3 Alberto Manguel *Com Borges*
4 Jerzy Ficowski *A leitura das cinzas*
5 Paul Valéry *Lições de poética*
6 Joseph Czapski *Proust contra a degradação*
7 Joseph Brodsky *A musa em exílio*
8 Abbas Kiarostami *Nuvens de algodão*
9 Zbigniew Herbert *Um bárbaro no jardim*
10 Wisława Szymborska *Riminhas para crianças grandes*
11 Teresa Cremisi *A Triunfante*
12 Ocean Vuong *Céu noturno crivado de balas*
13 Multatuli *Max Havelaar*
14 Etty Hillesum *Uma vida interrompida*
15 W. L. Tochman *Hoje vamos desenhar a morte*
16 Morten R. Strøksnes *O Livro do Mar*
17 Joseph Brodsky *Poemas de Natal*
18 Anna Bikont e Joanna Szczęsna *Quinquilharias e recordações*
19 Roberto Calasso *A marca do editor*
20 Didier Eribon *Retorno a Reims*
21 Goliarda Sapienza *Ancestral*
22 Rossana Campo *Onde você vai encontrar um outro pai como o meu*
23 Ilaria Gaspari *Lições de felicidade*
24 Elisa Shua Dusapin *Inverno em Sokcho*
25 Erika Fatland *Sovietistão*
26 Danilo Kiš *Homo Poeticus*
27 Yasmina Reza *O deus da carnificina*
28 Davide Enia *Notas para um naufrágio*
29 David Foster Wallace *Um antídoto contra a solidão*
30 Ginevra Lamberti *Por que começo do fim*
31 Géraldine Schwarz *Os amnésicos*
32 Massimo Recalcati *O complexo de Telêmaco*
33 Wisława Szymborska *Correio literário*
34 Francesca Mannocchi *Cada um carregue sua culpa*
35 Emanuele Trevi *Duas vidas*
36 Kim Thúy *Ru*
37 Max Lobe *A Trindade Bantu*
38 W. H. Auden *Aulas sobre Shakespeare*
39 Aixa dc la Cruz *Mudar de ideia*
40 Natalia Ginzburg *Não me pergunte jamais*
41 **Jonas Hassen Khemiri *A cláusula do pai***

Composto em Lyon Text e GT Walsheim
Impresso pela gráfica Rede
Belo Horizonte, 2022